het Wasbord dieet voor vrouwen

Een strakke buik in 6 weken

David Zinczenko
hoofdredacteur van *Men's Health*
& Ted Spiker

Spectrum

Voor alle vrouwen, overal ter wereld, die weten hoeveel we van hen houden en hen bewonderen. Voor hen, de eerste belangrijke stap op weg naar een gezonder, gelukkiger en strakker 'ik'.

Uitgeverij het Spectrum
Postbus 2073
3500 GB Utrecht

Oorspronkelijke titel: *The Abs Diet for Women*

Published by arrangement with RODALE INC. Emmaus, PA, U.S.A.
Vertaald door: René Boom voor Scribent, Rotterdam

Eerste druk 2008
Omslagontwerp en zetwerk: Scribent, Rotterdam
Ontwerp binnenwerk: Petra Gerritsen, Utrecht
Druk: Ter Roye, België

ISBN 978 90 274 6974 8
NUR 485
www.spectrum.nl

HET WASBORDDIEET VOOR VROUWEN

Inhoud

Voorwoord van dr. Heidi Skolnik, Men's Health afslankcoach 7

Inleiding – Ja, ook jij hebt buikspieren 9
Het programma dat van je vet spieren gaat maken
Spiekbrief Wasborddieet

1 **Weg met het vet, weg met de problemen** 19
Zes manieren waarop een platte buik je uiterlijk, uitstraling en leven aanzienlijk zal verbeteren

De Wasborddieetboodschappenlijst 31

2 **Waarom het Wasborddieet volgen? En waarom nu?** 34
Verbazingwekkende nieuwe doorbraken in de voedingswetenschap

3 **Dag en nacht vetverbranden** 40
Hoe je figuur bepaald wordt door je stofwisseling en hoe je die stofwisseling kunt veranderen

4 **Hoe het Wasborddieet werkt** 55
Wat je lichaam doet met wat je net hebt gegeten

5 **Een platte buik in zes weken** 82
Een wekelijks overzicht van hoe je lichaam zal veranderen

6 **Schokkend: hoe koolhydraatarme diëten je dik maken** 96
De waarheid over de dieettrend die je gezondheid bedreigt

7 **Het Wasborddieetvoedingsprogramma** 109
Het systeem van krachtvoedingsmiddelen die je lijf zullen veranderen

8 **De twaalf krachtvoedingsmiddelen** 118
Leer de krachtvoedingsmiddelen kennen die je buik laten verdwijnen en je sterk en gezond maken

9 **De Wasbordrecepten** 141
Krachtvoedingsmiddelen verwerkt in makkelijke en snelle recepten

10 **Maaltijdprogramma's** 173
Met drie perfecte weekmenu's voor vrouwen

11 **Voedingsaanpassingen** 188
Het programma op maat maken voor de vrouw in kwestie

Speciale bijlage
Hoe gaat het geestelijk? 201
Psychologische strategieën om hobbels te nemen – en emotioneel stabieler te worden

12 **Het Wasborddieet inpassen in het dagelijks leven** 208
Hoe dit eenvoudige voedingsprogramma je leven eenvoudiger maakt

13 **Het Wasborddieet versnellen** 213
Hoe training vet verbrandt en spieren opbouwt

14 **Het Wasbordtrainingsprogramma** 223
Het makkelijkste, meest effectieve trainingsprogramma ooit

15 **Je wasbord in beeld** 266
Zesenvijftig oefeningen voor je wasbord

Speciale bijlage
Het geheim van slanke benen 327
Wasbordoefeningen om je onderlichaam strakker en slanker te krijgen

16 **Het Wasborddieet en je hormonen** 345
Hoe het programma kan aansluiten op je hormoonhuishouding

17 **Het Wasborddieet voor moeders** 353
Het programma gebruiken voor zwangerschap en vormverlies na de bevalling

18 **Het stressbestrijdingsprogramma** 370
Een trainingsprogramma voor een fit lichaam en een kalme geest

Het onderhoudsprogramma van het Wasborddieet 407

Voedingswaarde van gangbare voedingsmiddelen 409

Glycemische belasting van voedingsmiddelen uit het Wasborddieet 420

Register 422

Voorwoord

Voor het omslag van het allereerste Wasborddieetboek schreef ik de kreet: *'Eindelijk een dieet dat gaat over wat je wel mag eten, in plaats van wat je niet mag eten!'* Nou, na een aantal variaties op het thema *(The Abs Diet Eat Right Every Time Guide; The Abs Diet Get Fit, Stay Slim Plan (Het Wasborddieet voor altijd); The Abs Diet 6-Minute Meals for 6-Pack Abs),* ben ik blij en trots dit nieuwe boek te presenteren: *Het Wasborddieet voor vrouwen.* Nu kan ik zeggen: 'Eindelijk een dieet dat aansluit op de specifieke behoeften van vrouwen.' Van PMS tot vormverlies na de zwangerschap: *Het Wasborddieet voor vrouwen* kijkt naar de wetenschap achter de aanbevelingen. Bomvol realistische en praktische adviezen, biedt dit boek je een programma dat je tweede natuur kan worden.

De schrijfstijl is onderhoudend, de informatie verhelderend, de kaders en tabellen boeiend. Ik weet dat David Zinczenko weet waarover hij praat, dat hij zijn uiterste best heeft gedaan om alle voor vrouwen belangrijke onderwerpen te behandelen. *Het Wasborddieet voor vrouwen* pakt ook thema's aan als zwangerschap, borstvoeding en hoe je vormverlies na de bevalling weer op een veilige en effectieve manier kunt terugdraaien. Speciaal daarvoor is er ook een trainingsprogramma voor na de bevalling, altijd een woelige periode in het leven van vrouwen. Dan zijn er natuurlijk ook nog de kwesties van botsterkte, borstvoeding en hoe om te gaan met de stress van het dagelijks leven.

Vrouwen zijn geïnteresseerd in vegetarisme, de effecten van antidepressiva op het gewicht en medische kwesties als het prikkelbaredarmsyndroom en lactose-intolerantie. Allemaal kwesties die in *Het Wasborddieet voor vrouwen* worden behandeld. Hoewel het oorspronkelijke dieet niet pleit voor het beperken van het aantal calorieën, heeft David wel geleerd dat vrouwen calorieëntellen handig vinden om af te slanken. Daarom is het tellen van calorieën opgenomen in het Wasborddieet, voor die vrouwen die daaraan behoefte hebben. Van boodschappenbriefje en recepten tot duidelijke en verhelderende illustraties: het Wasborddieet helpt elke vrouw om haar persoonlijke doelen en streefgewicht te halen.

We weten dat training alleen niet genoeg is om gewicht te verlíézen, maar we weten ook dat training helpt om je eenmaal bereikte streefgewicht vast te houden. Training lijkt ook te helpen bij het continueren van de gewichtscontrole en houdt ons alert. Het vergroot ons gevoel van eigenwaarde, onze gezondheid en ons welzijn. Het Wasbordtrainingsprogramma doorvoeren in je dagelijkse leven, samen met een fantastisch voedingsprogramma, is niet de slechtste beslissing die je kunt nemen.
Er is een e-mailgrap die over het internet zwerft en die ik af en toe als spam krijg, over hoe God eerst Adam schiep om te oefenen en daarna de schepping vervolmaakte met Eva. Het oorspronkelijke Wasborddieet was goed, maar *Het Wasborddieet voor vrouwen*, nou ja, dat is gewoon nog veel beter!

Dr. Heidi Skolnik, *Men's Health* afslankcoach

Inleiding

Ja, ook jij hebt buikspieren

Het programma dat van je vet spieren gaat maken

Bij buikspieren denk je al gauw aan Brad Pitt of Janet Jackson. Aan covermodellen en reclamespotjes voor ondergoed. Je denkt misschien aan een wasbordje, een middel zo strak dat je er een knikker op kunt laten stuiteren. Op moeilijke momenten denk je misschien aan liposuctie, hongerdiëten en een trainingsprogramma dat zo veel tijd kost dat de arbeidsinspectie er een stokje voor zou steken. Buikspieren, heb je het idee, zijn eigenlijk alleen voor topsporters, superslanke modellen, turnsters, bodybuilders, zwaar gespierde rappers, eigenlijk al die halfblote 'talenten' die in thuiswinkelprogramma's hun waren aansmeren, voor supergetalenteerde freaks, voor diegenen die hebben gespaard voor een uitgebreide liposuctie en voor mensen die bij een nagerecht aan knolselderij denken.

> **Buikspieren, heb je het idee, zijn eigenlijk alleen voor topsporters en superslanke modellen.**

De conclusie: de kans dat je de honderd meter binnen de tien seconden loopt, is groter dan de kans dat je ooit een platte buik en een fraai wasbordje ontwikkelt.
Als hoofdredacteur van *Men's Health* weet ik dat iedereen in staat is om buikspieren te ontwikkelen, het maakt niet uit hoe groot die buik is en hoeveel diëten je al hebt geprobeerd, of hoe aantrekkelijk die honderd meter sprint ook klinkt. Ik beoordeel informatie over fitness en gezondheid namelijk zoals een handelaar in aandelen de beurs bekijkt. Het is mijn taak om de slimste, snelste en meest effectieve manier te ontdekken om maximaal rendement uit je belangrijkste investering te halen:

je lichaam. Dus denk ik aan buikspieren, dan denk ik eigenlijk maar aan één ding: hoe haal je zo'n wasbordje binnenboord?
Ik begrijp de worsteling. Je kijkt omlaag en je ziet om je middel geen zwemband, maar een complete rubberboot en een paar dijen waar een dinosaurus de hik van zou krijgen, en je denkt dat de slanke en strakke dagen van weleer nooit meer zullen terugkomen. Maar je buikspieren beschouwen als een prehistorische diersoort helpt niet echt. Je moet je wasbordje meer zien als dat verre neefje uit Tietjerkstradeel dat je al zo lang niet meer hebt gezien. Je weet nog vaag hoe hij eruitziet, maar waar hij inmiddels uithangt, Joost mag het weten. Hoe lang het ook geleden is dat je je buikspieren gezien hebt, anatomisch gezien zíjn ze er natuurlijk nog steeds. En het Wasborddieet gaat je helpen ze weer boven water te krijgen.
In een tijd dat alleen al in Amerika meer dan 130 miljoen mensen worstelen met overgewicht, vaak extreem overgewicht, en afslankrubrieken even gretig gevolgd worden als de laatste roddels over de sterren, is het belangrijker dan ooit om je gewicht, gezondheid en conditie eens grondig onder de loep te nemen. Ik weet dat sommige cynici een duidelijk zichtbaar wasbordje zien als het eigentijdse symbool van oeroude ijdelheid, maar het ontwikkelen van duidelijk zichtbare buikspieren en je kleding een paar maten kleiner kunnen kopen is meer dan alleen de beurs van spiegelfabrikanten spekken.
Een platte buik – en het wasbord komt dan al snel in zicht – is het moderne kenmerk van een goede conditie en bovendien een belangrijke graadmeter voor je gezondheid.
Afhankelijk van hoe je figuur ervoor staat, is de kans beslist niet denkbeeldig dat je al eens op zoek bent geweest naar je wasbordje. Misschien dat vorige afslankpogingen mislukt zijn en dat je daarbij vaker gejojood hebt dan de jojo-afdeling van de speelgoedwinkel. Ik weet wat je hebt doorgemaakt, want ik weet zelf maar al te goed hoe het is om dik te zijn.
Als sleutelkind van hardwerkende ouders maakte ik begin jaren tachtig zo'n beetje elke fout die je maar kunt bedenken. Ik at patat en snoep en andere rommel, terwijl ik gezonde, verstandige voeding had moeten eten. Ik speelde urenlang computerspelletjes terwijl ik lekker buiten had moeten spelen. Op mijn veertiende woog ik een wanstaltige 96 kilo bij een lengte van 1,74 m. Ik wilde het lichaam van een basketballer hebben, maar ik was zo rond als een bal. En ik kreeg het zwaar op mijn brood doordat ik aan een waar bombardement van vernederende opmerkingen

werd blootgesteld. Mijn oudere broer Eric nam vriendjes mee naar huis, speciaal om te zien hoe ik mij volpropte. 'Laat dat zwijn maar met rust,' zei hij dan tegen ze. 'De varkens krijgen eten.'
Net als de meeste kinderen had ik dit gedrag geleerd van mijn ouders, vooral van mijn vader, een man die zijn hele volwassen leven meer dan 45 kilo overgewicht met zich meesleepte. Uiteindelijk kreeg hij hoge bloeddruk, suikerziekte en een lichte hartaanval en moest hij bij het beklimmen van een kleine trap al halverwege stoppen. Een zwaar herseninfarct velde hem op 52-jarige leeftijd. Mijn vader overleed doordat hij de talloze signalen van een slechte gezondheid had genegeerd, vooral de enorme buik die over zijn broekband puilde.
Maar ik had geluk. Toen ik van de middelbare school kwam, diende ik een tijdje bij een reserveafdeling van de marine, waar ik de basisbeginselen van fitness dagelijks stevig kreeg ingepeperd. Na de universiteit ging ik bij *Men's Health* werken en leerde ik over het belang van gezonde voeding en vooral ook over het risico van te veel buikvet.

Buikvet is het gevaarlijkste vet in je lichaam.

Buikvet, het vet dat je middel naar buiten drukt, is het gevaarlijkste vet in je lichaam. Het is een van de redenen waarom het Wasborddieet het belang benadrukt van het wegwerken van buikvet. Het vergroot je kans op een lang leven namelijk enorm. Buikvet is het dieper gelegen vet achter je buikspierwand en rondom je interne organen. Omdat het snel een weg vindt naar je hart en andere belangrijke organen, is visceraal vet het type vet dat mensen de das om kan doen. Ik denk daarbij aan een onderzoek van de universiteit van Birmingham in Alabama waarbij wetenschappers zeven risicofactoren onderzochten die het persoonlijke risico op hart- en vaatziekten konden voorspellen. Hun conclusie: de mate van inwendig vet is de belangrijkste voorspellende risicofactor.
Of je nu je lichaam wilt veranderen om gezonder te worden, er beter uit te zien, meer energie te krijgen of meer seksappeal, het Wasborddieet doet een eenvoudige belofte: volg dit programma en je zult al je doelen weten te verwezenlijken. Als toegift doet het Wasborddieet nog wat anders behalve je leven een stuk leuker maken: het zorgt ervoor dat je gezond blijft.
In deze speciale uitgave van *Het Wasborddieet voor vrouwen* leer je meer dan alleen hoe je strakker en slanker kunt worden. Je leert ook hoe je de basisbeginselen van het Wasborddieet op maat

kunt snijden voor je eigen situatie, zoals jouw specifieke levensstijl en hormoonhuishouding, en het feit dat veel vrouwen te maken hebben met een biologische factor waar mannen zich geen zorgen om hoeven te maken: je buik krijgt het niet alleen zwaar te verduren van romige kaasjes en slagroompunten, maar ook van die kleine rakkers die na negen maanden je leven komen verrijken.

Als je denkt aan alles wat het Wasborddieet voor je kan doen, dan wordt het duidelijk wat er mis is met de meeste populaire diëten: ze gaan allemaal over gewicht verliezen. Nu is gewicht verliezen gezien het enorme aantal mensen dat worstelt met overgewicht natuurlijk een nobel streven. Maar ik denk dat er een fundamentele psychologische oorzaak is waardoor de meeste mensen zich uiteindelijk niet aan een dieet kunnen houden: verliezen werkt helemaal niet motiverend. Zeker Amerikanen houden niet van verliezen. Niet bij spelletjes en niet bij beleggen op de beurs. We haten het als onze huid zijn glans verliest, onze tanden uitvallen, ons lichaam de strijd tegen de zwaartekracht verliest. We houden er zelfs niet van om gewicht te verliezen, want we hebben met de paplepel ingegoten gekregen dat groter beter is. Kortom, we zijn geprogrammeerd voor groei. We willen fitter worden. We willen sterker worden. We willen leven toevoegen aan ons bestaan, niet inleveren. We willen winnen, resultaten zien. Zie het Wasborddieet daarom als een andere manier om tegen het oude afslankprobleem aan te kijken. Dit programma draait om wat je kunt winnen en hoe je dat kunt doen. Als gevolg van wat je allemaal met dit programma kunt winnen – een wasbordje, strakkere spieren, meer energie, een betere gezondheid, een bevredigender seksleven (daarover straks meer) – zul je bijna moeiteloos in staat zijn om vet weg te werken en je lijf blijvend te hervormen.

We zijn geprogrammeerd voor groei.

Geen voedingsprogramma werkt zonder goede voeding en dat is dan ook meteen het belangrijkste kenmerk van het Wasborddieet. Je leert niet alleen wát je moet eten, je leert ook hóé je moet eten om ruim vet te verbranden en je eetlust, zoetbehoefte en vreetaanvallen in toom te houden. De kern van het programma draait om de twaalf krachtvoedingsmiddelen die je een wasbord en gezondheid schenken, zoals eiwit, voedingsvezels en andere voedingsstoffen en ingrediënten die

'Dieet' is zo'n **rotwoord**

Eerlijk gezegd had ik er weinig zin in om het woord 'dieet' bij de titel van dit boek te betrekken. Als mensen het over een dieet hebben, bedoelen ze meestal iets waar ze een tijdje mee bezig zijn: 'ik ben op dieet'. Maar als je 'op dieet' gaat, moet je er ook weer een keertje mee stoppen. En daarom werken de meeste diëten je uiteindelijk tegen.

De meeste diëten gaan over minder eten of bepaalde dingen niet mogen eten. Meestal werken zulke diëten even, voornamelijk omdat je bij de meeste ervan minder calorieën binnenkrijgt, waardoor het lichaam zichzelf in feite moet opeten om te overleven. En ja, je verliest gewicht. Maar hier komt het probleem: het eerste wat je lichaam inlevert bij een tekort aan calorieën, is het weefsel dat nu juist de meeste calorieën verbrandt: het spierweefsel. Dus bij een dieet met weinig calorieën breekt je lichaam spierweefsel af en probeert het lichaamsvet vast te houden. Natuurlijk, na een tijdje verlies je gewicht en uiteindelijk ook vet. Maar als je dan weer stopt met diëten, zit je al snel weer op je oude gewicht. En drie keer raden welk 'soortelijk' gewicht dat is. Precies: vet, puur vet. Dat komt doordat het lichaam een harde les heeft moeten leren: voortdurend alert te zijn op perioden van een calorieëntekort en dat het daarom beter is om wat extra vet op te slaan. Je hebt ook spierweefsel ingeleverd, weefsel van het type dat nu juist de stofwisseling hoog houdt. Het eind van het liedje is dan ook dat je vetter uit een dieetperiode komt dan je eraan begon. Daarom worden mensen die dieet na dieet volgen op de lange termijn zelfs dikker.

Het Wasborddieet is geen 'als ik maar afval' manier van gewichtscontrole. Natuurlijk, je zult gewicht verliezen en behoorlijk snel ook. Maar dan wél vet en geen spiermassa. En het zal je vet blijvend buiten de deur weten te houden. Je zult de richtlijnen van het Wasborddieet blijven volgen en ook kunnen volgen, want je mag volop volwaardige voeding eten in dit programma. We gebruiken dan wel steeds het woord 'dieet', omdat het zo ingeburgerd is, maar lees telkens voor 'dieet' het woord 'voedingsprogramma'. Afgesproken?

je helpen de strijd tegen een stijgend lichaamsvetpercentage te winnen. Bouw je voedingsprogramma rond deze 'krachtvoeding' op en je bent al een heel eind (overigens hoef je je niet te beperken tot de genoemde twaalf).

We hebben dit voedingsprogramma echter naar een heel nieuw niveau getild. Hoewel voeding een belangrijk onderdeel is van de meeste diëten, richten te veel voedingsprogramma's zich op het veranderen van je voedingsgewoonten, zoals minder koolhydraten, vaker koolsoep eten, vette dingen mijden. Die programma's vergeten echter een belangrijk element van gewichtscontrole: het feit dat ons lichaam zijn eigen vetverbrandingsmachine heeft... spiermassa!

Ons lichaam heeft zijn eigen vetverbrandingsmachine: spiermassa!

Een paar kilogram spiermassa opbouwen is het fysiologische equivalent van vet de deur uit schoppen en roepen dat het nooit meer terug moet komen. Spiermassa – strakke, slanke spieren, we hebben het niet over dikke bodybuildingspieren – verhoogt de stofwisseling met 100 kcal per kilo spiermassa die je extra weet te ontwikkelen. Stel je eens voor wat er gebeurt als je een kilo of drie van die slanke spieren extra hebt. Dan heeft je lichaam dagelijks driehonderd calorieën meer nodig, alleen al om die spieren van energie te voorzien. In feite zou je zo elke maand anderhalve kilo vet kunnen verliezen zonder verder iets te veranderen (en dan hebben we het nog niet over de inhaalslag die je kunt maken als je ook je voeding gaat veranderen). Combineer je training met een voedingsprogramma dat spiermassa opbouwt, voeding van het type waar je hongergevoel van verdwijnt en dat je lichaam waardevolle stoffen levert, dan zit je pas goed op de rit en gebeurt precies datgene waarvoor we dit boek hebben geschreven.

Je verandert de vorm van je lichaam door spieren op te bouwen en vet weg te werken.

Betekent dit dat je van het Wasborddieet een grote, zwaargespierde bodybuilder wordt, of gouverneur van Californië? We dachten van niet! Het Wasborddieet en het Wasbordtrainingsprogramma leggen de nadruk op slanke, strakke spieren, geen dikke bodybuilderspieren. Nog even terugkomend op je belangrijkste investering: je kunt spiermassa beschouwen als een progressief oplopende rente-uitkering. Als je ooit lessen economie hebt gevolgd, dan weet je hoe samengestelde investering met progressief oplopende rente-uitkering werkt. Je investeert honderd euro in een betrouwbaar fonds en je investering groeit elke maand wat meer aan. Op den duur kan zo'n samengestelde investering oplopen tot een half miljoen euro of meer. En dat terwijl je maar een klein deel van dat bedrag hebt ingelegd. Een samengestelde investering is precies datgene wat je in staat stelt hoge winsten te boeken. Dit investeringsprincipe werkt ook voor je lichaam.

Investeer de komende zes weken een beetje in spiermassa door de juiste voeding tot je te nemen en een trainingsprogramma te volgen voor spieropbouw die de stofwisseling opvoert. Dan heb je geïnvesteerd in een slank en sterk lichaam dat een leven lang mee kan, omdat de extra spiermassa die je hebt opgebouwd voorkomt dat je weer dikker wordt.

In de loop van dit zes weken durende programma kun je 8 tot 9 kilo vet verliezen.

Ik ben heel gepassioneerd over dit programma, want ik weet dat het werkt. Ik heb gezien dat het werkt en jij zult het zelf ervaren. In de loop van dit zes weken durende programma kun je 8 tot 9 kilo vet verliezen (veel daarvan al in de eerste weken en het eerst van de buik) en misschien wel 1 tot 2 kilo spiermassa opbouwen. Maar de grootste verandering die je zult merken, is toch dat je lichaam een heel andere vorm krijgt. Sommige lezers zullen bij het in de praktijk brengen van het programma misschien nog wel grotere veranderingen meemaken (zie pagina 42 voor het verhaal van Linda Toomey, die al in de eerste zes weken 7 kilo wegwerkte en haar lichaamsvetpercentage wist te verlagen van 36 naar 25). Het Wasborddieet bevat de drie componenten voor een succesvolle verandering van lichaamssamenstelling (minder vet, meer slanke spieren): voeding, training en de motiverende principes om het programma te kunnen volhouden, ook al ben je in het verleden meerdere malen in de fout gegaan. Het is gemakkelijk te volgen, want:

- elk onderdeel van het dieet- en trainingsprogramma is snel, eenvoudig en flexibel genoeg om te kunnen worden aangepast aan je dagelijks leven;
- alle doelen zijn haalbaar;
- alle principes zijn wetenschappelijk onderbouwd.

Het Wasborddieet zal de manier waarop je tegen je lichaam aankijkt compleet veranderen. Het is het eerste programma waarin niet alleen de calorieën die je consumeert worden geteld, maar ook het aantal calorieën dat je lichaam verbruikt. Met behulp van de laatste wetenschappelijke onderzoeken op voedings- en trainingsgebied, laat het Wasborddieet je zien hoe je je lichaam zo kunt reguleren dat het sneller en effectiever vet verbrandt, zelfs als je ligt te slapen, en hoe je maaltijden samenstelt met voedingsmiddelen die helpen meer kolen op het vuur van de stofwisseling te gooien. Het Wasborddieet gaat niet over het tellen van calorieën, al doe je dat in deze versie wel, maar meer over de zorg dat iedere calorie telt.
In dit boek behandel ik een voor een de basisbeginselen van het Wasborddieet en laat ik zien hoe je het zes weken durende programma moet volgen. Ik leg ook uit hoe je de oefeningen moet doen en hoe je de maaltijden moet klaarmaken (voor de dames met een overvolle agenda zeg ik er meteen bij dat je voor de meeste krachtvoedingsrecepten alleen een blender nodig hebt).
Om je gemotiveerd te houden, heb ik een aantal uit het leven gegrepen verhalen van vrouwen toegevoegd, die met behulp van het Wasborddieet hun lijf en leven hebben weten te veranderen, om van hun garderobe nog maar te zwijgen.

Het Wasborddieet zal de manier waarop je tegen je lichaam aankijkt compleet veranderen.

Spiekbrief Wasborddieet

Dit voedingsoverzicht geeft een samenvatting van de basisbeginselen van het Wasborddieet: het zes-weken-programma voor een blijvend platte buik.

Onderwerp	Richtlijn
Aantal maaltijden	Zes per dag, gelijkelijk verdeeld over de dag. Eet twee keer voor de hoofdmaaltijden een tussendoortje.
Portiegrootte	Hoewel veel diëten zijn gebaseerd op het onder controle houden van de grootte van de porties, zit er in het Wasborddieet een veiligheidsklep ingebouwd. De vezelrijke, eiwitrijke voedingsmiddelen die je in dit boek krijgt voorgeschoteld, maken dat je urenlang een verzadigd gevoel hebt. Je lichaam laat je weten wanneer het tijd is om te eten, en wanneer het tijd is om te stoppen met eten. Maar wil je toch graag calorieën tellen, dan kun je de voedingstabellen in dit boek gebruiken.
Voedingsstoffen waar de nadruk op ligt	Eiwit, enkelvoudig en meervoudig onverzadigde vetzuren, voedingsvezels, calcium.
Voedingsstoffen die je moet beperken	Geraffineerde koolhydraten (of koolhydraten met een hoge glycemische index), verzadigde vetten, transvetzuren, fructoserijke stropen en siropen.
De twaalf krachtvoedingsmiddelen	Baseer de meeste van je maaltijden op deze twaalf voedingsgroepen. Elke maaltijd moet ten minste twee voedingsmiddelen uit deze groepen bevatten: – amandelen en andere noten; – bonen en peulvruchten; – spinazie en andere groene groenten; – zuivel (magere: melk, yoghurt, kaas); – havermout (ongezoet); *(vervolg zie volgende pagina)*

De twaalf kracht-voedingsmiddelen *(vervolg)*	– eieren; – kip en andere magere vleessoorten; – pindakaas; – olijfolie; – volkorenbrood en ontbijtgranen; – eiwitpoeder (wei); – frambozen en verschillende soorten bessen
Geheime wapens	De krachtvoedingsmiddelen van het Wasborddieet zijn gekozen als geheime wapens die in stilte hun heilzame werk verrichten – de voedingsstoffen werken als natuurlijke vetverbranders die je weerstand verhogen en je voor de rest van je leven strak en gezond houden!
Alcohol	Beperk jezelf tot twee of drie alcoholische consumpties per week om de voordelen van het Wasborddieet te maximaliseren.
Ultieme powershake	In de blender of blender: de combinatie van calcium en eiwit in melk, yoghurt en wei-eiwit mixen met de voedingsvezels van havermout en fruit. Deze powershake vult en voert belangrijke stoffen aan. Drink ze geregeld.
Smokkeldag	Eén keer per week mag je eten wat je wilt.
Trainingsprogramma	De eerste twee weken optioneel. In week 3 tot en met 6 doe je drie keer per week een training van 20 minuten waarbij het hele lichaam wordt getraind. De nadruk ligt op krachttraining, tempowandelen en wat buikoefeningen.
Thuistraining	Trainen in het fitnesscentrum en thuistraining worden uitgebreid besproken, zodat je geen enkel excuus meer hebt om je niet in te spannen.
Buikspiertraining	Aan het begin van twee van je kracht-trainingen. Een oefening voor elk van de vijf onderdelen van je buikspieren.

Hoofdstuk 1

Weg met het vet, weg met de problemen

Zes manieren waarop een platte buik je uiterlijk, uitstraling en leven aanzienlijk zal verbeteren

In fitnesscentra, op sportvelden en stranden, en in slaapkamers door het hele land wordt ons lichaam voortdurend de maat genomen. Op weegschalen worden we voortdurend gewogen en 'te zwaar' bevonden. Maar laten we al dat meten en wegen laten voor wat het is en ons op belangrijker zaken concentreren: het aantal vetcellen dat we met ons meeslepen. De gemiddelde Amerikaan heeft ongeveer 30 miljard vetcellen, allemaal gevuld met een vettige substantie, lipiden geheten. Als we ons volproppen met donuts, chips en patat met mayo, dan vullen die vetcellen zich met vet en kunnen maximaal gevuld uitdijen tot wel duizend keer hun originele grootte. Maar ook een vetcel kent zijn grenzen. Heeft hij die eenmaal bereikt, dan begint hij zich te gedragen als een soapserie zonder einde. De vetcel maakt twee of meer kopieën van zichzelf die allemaal ook weer duizend keer groter kunnen worden. Het ultieme probleem is echter dat vetcellen of adipocyten, zoals ze officieel heten, geen 'niet goed, geld terug'-beleid voeren. Het is eerder een 'eigen schuld, dikke bult'-beleid. Is er eenmaal een nieuwe vetcel geboren, dan zit je er de rest van je leven aan vast. Naarmate je dikker en dikker wordt en het aantal vetcellen in je lichaam

Is er eenmaal een nieuwe vetcel geboren, dan zit je er voor de rest van je leven aan vast.

mogelijk zelfs verdubbelt, verdubbel je daarmee ook de moeite die het kost om de vetten in de vetcel af te breken.
Veel mensen slaan dat vet in hun buik op en dat is precies waar het gevaar van overgewicht begint. Sommige mensen slaan het boven de broekband op en sommige mensen in het onderlichaam. In ieder geval hangt buikvet niet zomaar aan je middel, het doet ook iets; het is in zekere zin actief weefsel. Het functioneert als het ware als een extra orgaan en produceert ontstekingsbevorderende stoffen die schadelijk zijn voor je gezondheid. Het geeft daarnaast bijvoorbeeld vrije vetzuren af, die je vermogen om het hormoon insuline goed te gebruiken kunnen verstoren (een te grote productie van insuline kan diabetes veroorzaken). Vet scheidt ook allerlei stoffen af die het risico op hart- en vaatziekten en beroertes verhogen en daarnaast de productie van het stresshormoon cortisol opvoeren (hoge concentraties cortisol worden ook in verband gebracht met hoge bloeddruk, diabetes en overgewicht). Buikvet is verantwoordelijk voor veel welvaartsziekten omdat het in de omgeving van hart, lever en andere organen ligt opgeslagen, waardoor het functioneren van die organen bemoeilijkt wordt.

Buikvet is verantwoordelijk voor veel gezondheidsproblemen.

Maar laten we nu eens kijken naar mensen met een platte buik of wasbordje. Dat zijn de toonbeelden van kracht en een goede gezondheid. Ze zijn slank, zien er met kleren aan goed uit en ook zonder kleren aan mogen ze gezien worden. Duidelijk zichtbare buikspieren zijn in veel opzichten het kenmerk van een goede conditie. Maar ze vertegenwoordigen nog iets anders: ze zijn het kenmerk van een persoon die controle heeft over zijn/haar lichaam en op die manier ook controle over zijn/haar gezondheid.
Hoewel sommige mensen misschien vinden dat het ontwikkelen van goed zichtbare buikspieren een kinderachtige bezigheid is, is er niets mis met het verlangen naar een platte buik of duidelijk zichtbaar wasbordje. Natuurlijk maken fraaie buikspieren je de moeite van het bekijken waard, en inspireren ze mensen om ooit hetzelfde te bereiken. (Uit onderzoek blijkt dat zowel mannen als vrouwen buikspieren zien als het meest sexy deel van het lichaam.) En dat heeft een goede reden: heb je een platte buik of wasbordje, dan laat je de buitenwacht

Een vette dominotheorie

Een te hoog lichaamsvetpercentage kan leiden tot verschillende klachten:

- **50%** meer kans op het ontwikkelen van hart- en vaatziekten (bij obesitas of ernstig overgewicht tot 100%)
- tot **360%** meer kans op het ontwikkelen van diabetes (bij obesitas tot **1020%**)
- **16%** meer kans op overlijden bij een eerste hartaanval (bij obesitas tot **49%**)
- **50%** meer kans op een cholesterolgehalte van boven de 250 (bij obesitas tot **122%**)
- **14%** minder aantrekkelijk voor het andere geslacht (bij obesitas tot **43%**)
- meer kans dat je **37%** meer medicijnen slikt (bij obesitas tot **105%**)
- meer kans dat je **19%** langer in het ziekenhuis ligt (bij obesitas tot **49%**)
- ruim **20%** meer kans op astma (bij obesitas tot **50%**)
- tot **31%** meer kans op voortijdig overlijden (bij obesitas tot **62%**)
- **120%** meer kans op het ontwikkelen van maagkanker (bij obesitas tot **330%**)
- Tot **90%** meer kans op het ontwikkelen van galstenen (bij obesitas tot **150%**)
- **590%** meer kans op het ontwikkelen van slokdarmkanker (obesitas tot **1520%**)
- **35%** meer kans op het ontwikkelen van nierkanker (bij obesitas tot **70%**)
- **14%** meer kans op het ontwikkelen van osteoartritis (bij obesitas tot **34%**)
- **70%** meer kans op het ontwikkelen van hoge bloeddruk (bij obesitas tot **170%**)

50% meer kans op het ontwikkelen van hart- en vaatziekten

zien dat je een gedisciplineerde, gemotiveerde, harde werker bent. Een zelfbewust en gezond persoon en daarmee ook een begerenswaardige partner. En soms kan een vleugje ijdelheid heel goed zijn voor de gezondheid: uit recent Canadees onderzoek onder meer dan achtduizend mensen bleek dat er over dertien jaar gemeten onder de mensen met de zwakste buikspieren een twee keer hogere sterfte was dan onder mensen met goed ontwikkelde buikspieren. Een dergelijk onderzoek toont overduidelijk aan dat goed ontwikkelde en zichtbare buikspieren meer doen dan alleen de aandacht trekken op het strand. Buikspieren hebben namelijk veel meer invloed op je lichaam dan je wellicht denkt, ze zorgen er niet alleen voor dat je er beter uitziet, maar dragen ook bij aan een betere gezondheid.

Buikspieren helpen je **langer te leven**

Het ene onderzoek na het andere toont aan dat mensen met de grootste tailleomvang het hoogste risico lopen op levensbedreigende ziekten. Het bewijs zou niet overtuigender kunnen zijn. Volgens de Amerikaanse *Institutes of Health* betekent een tailleomvang van meer dan 84 cm voor vrouwen een sterk verhoogd risico op hart- en vaatziekten en diabetes. Een onderzoek in het *International Journal of Obesity* stelde dat vrouwen moeten proberen de omvang van hun taille beneden de 80 cm te houden, want naarmate je taille in omvang toeneemt, stijgt ook het risico op hart- en vaatziekten. En nu het echt griezelige gedeelte: uit een onderzoek bleek dat de tailleomvang van de gemiddelde vrouw op 91,4 cm komt, wat betekent dat ze een verhoogd risico heeft op tal van welvaartsziekten.

Natuurlijk garanderen buikspieren niet dat je volledig van gezondheidsproblemen gevrijwaard zult blijven, maar uit onderzoek blijkt dat het ontwikkelen van goede buikspieren je lichaamsvetpercentage duidelijk omlaag brengt en daarmee ook het risico op tal van welvaartsziekten, niet alleen hart- en vaatziekten.

Kanker bijvoorbeeld komt bij mensen met overgewicht 33% vaker voor dan bij slanke mensen, zo blijkt uit een Zweeds onderzoek. De Wereldgezondheidsorganisatie (WHO) schat dat een derde van de kankers aan de dikke darm, de nieren en het

Waar is die laatste maaltijd gebleven?

Je laatste maaltijd is niet alleen in je maag terechtgekomen. Na een maaltijd begint je lichaam de geconsumeerde calorieën naar om voedingsstoffen schreeuwende organen te transporteren, naar de spieren en ja, ook naar je buikvet. Dr. Michael Jensen, hoogleraar in de endocrinologie en werkzaam op de afdeling Endocrinologie, Diabetes en Metabolisme van de *Mayo Clinic,* maakte onderstaande verdeling van hoe je lichaam je voeding verwerkt.

10% gaat naar de nieren. De nieren zorgen ervoor dat het bloed is samengesteld uit de juiste verhouding water en voedingsstoffen.

5-10% gaat naar het hart. Het hart krijgt de meeste energie uit vet, omdat vet langer energie levert aan het hardwerkende hart dan glucose.

23% gaat naar de lever, alvleesklier, milt en bijnieren. Nadat de lever de voedingsstoffen eruit heeft gehaald, stuurt hij overtollige energie naar de glycogeenvoorraden.

25% gaat naar de spieren. Spieren hebben 24 uur per etmaal energie nodig, alleen al om de spiermassa vast te houden. Dus hoe meer spieren je hebt, hoe meer calorieën je kunt verbranden.

10% gaat naar de hersenen. Glucose is de brandstof voor de hersenen. Het kan niet voor langere tijd worden opgeslagen en dat is waarom mensen zich duizelig en slap gaan voelen als ze een maaltijd overslaan.

10% wordt verbruikt voor thermogenese (warmteproductie). Het feit alleen al dat voeding moet worden afgebroken neemt een tiende deel van de energie in beslag die je haalt uit de voedingsmiddelen die je zojuist hebt gegeten.

2-3% gaat naar de vetcellen. Je vetcellen groeien en als ze hun maximale grootte hebben bereikt, delen ze zich in nog meer vetcellen voor een grotere opslagcapaciteit.

10% gaat naar niemand weet waar. Dit laatste is een echt mysterie. Je lichaam is een flinke fabriek en van een deel van de calorieën weet niemand waar ze eindigen.

spijsverteringskanaal wordt veroorzaakt door overgewicht en te weinig beweging. Vooral een forse buik is gevaarlijk. Kanker wordt namelijk veroorzaakt door mutaties tijdens de celdeling. Het vetweefsel in de buik stimuleert het lichaam om hormonen te produceren die de celdeling bevorderen. Meer celdeling betekent meer kans dat er veranderingen in de cel plaatsvinden, waarmee ook het risico op kanker stijgt.
Een slanke taille houdt ook andere gezondheidsproblemen op afstand, zoals diabetes. Op dit moment worstelen dertien miljoen Amerikanen met diabetes type II en er zijn schattingen die nog veel hoger uitkomen. Vet, en dan vooral buikvet, is de belangrijkste boosdoener bij diabetes of suikerziekte. Het is een misverstand dat suikerziekte ontstaat door een overdadige consumptie van geraffineerde koolhydraten en suikers, bijvoorbeeld in chocolade en ijs. Mensen ontwikkelen diabetes na jarenlange consumptie van koolhydraatrijke voedingsmiddelen. Voedingsmiddelen die snel in suiker kunnen worden omgezet, zoals witbrood, witte pasta en aardappelpuree. Het snel wegwerken van een mandje witbrood en een flink bord witte pasta kan dezelfde schade aanrichten als een liter roomijs: het lichaam wordt overspoeld met calorieën uit suikers. Overtollige calorieën die niet worden verbrand, worden omgezet in vetweefsel dat zich rond je middel ophoopt en je opzadelt met een ziekte, die, als ze onbehandeld blijft, kan leiden tot blindheid, hartaanvallen, beroertes, amputaties en de dood. En dat, beste vriendin, is natuurlijk verschrikkelijk slecht nieuws. Maar er is veel wat je kunt doen om aan dit lot te ontkomen. Uit een onderzoek onder 1400 mensen gedurende negen jaar is gebleken, dat gewoon proberen gewicht te verliezen het risico op suikerziekte al met 30% verlaagt.

Vet, en dan vooral buikvet, is de belangrijkste boosdoener bij diabetes

Overgewicht, vooral op het bovenlichaam, is de belangrijkste factor bij de ontwikkeling van slaapapneu, een aandoening waarbij tijdens de slaap het zachte weefsel achter in je keel in elkaar klapt en daarbij de luchtwegen blokkeert. Gebeurt dat, dan geven de hersenen een signaal waardoor je wakker wordt en doorgaat met ademhalen. Maar als je weer in slaap valt, begint de ellende van voren af aan en dit proces kan zich in een nacht honderden keren voordoen. Zo bouw je een chronisch slaaptekort op en krijgt je lichaam niet de rust die het zo hard nodig heeft. (Je weet 's ochtends niet dat je 's nachts telkens weer wakker bent geworden. Je vraagt je alleen af waarom je na acht uur slaap nog steeds zo moe bent.) De rol van vet hierbij is dat het de spieren die zorgen voor het in- en uitademen van de longinhoud kan verzwakken, waardoor ze harder moeten werken om voldoende lucht te krijgen. Toen Australische wetenschappers 313 patiënten met ernstig overgewicht onderzochten, ontdekten ze dat 62 procent, met een tailleomvang van 120 cm of meer, ernstige slaapstoornissen vertoonde en dat 28 procent van de patiënten met een iets minder omvangrijke taille (86 tot 120 cm) ook last had van slaapproblemen.

Overgewicht brengt ook risico met zich mee op nog heel andere gezondheidsproblemen die je van een goede nachtrust kunnen beroven, zoals astma en zure oprispingen. Een drie jaar lopend Frans onderzoek onder 67.229 vrouwen toonde aan dat overgewicht het risico op astma verdubbelde. En vrouwen die vanaf het moment dat ze begonnen te menstrueren tot aan hun volwassenheid meer dan 10 kilo waren aangekomen, hadden 66% meer kans om astma te ontwikkelen. Dit alles kan een bijzonder negatieve spiraal in gang zetten: buikvet zorgt voor een gebrekkige nachtrust, slecht slapen betekent dat je jezelf door de dag heen moet slepen, moe en afgemat verlangt het lichaam naar snelle energie en voor je het weet grijp je naar calorierijke rotzooi. De extra calorieën leiden weer tot meer vetopslag in je buik, wat weer leidt tot... nou ja, je snapt het plaatje inmiddels wel.

Ik zou dit boek kunnen vullen met nog meer bewijs, maar ik zal het in een enkele zin samenvatten: een slankere taille zorgt voor minder problemen met je gezondheid.

Een platte buik geeft een **beter seksleven**

Vrouwen beweren dat het belangrijkste seksorgaan tussen je oren zit; mannen denken nogal eens dat het zich meer tussen de benen bevindt. Misschien kunnen we het beste ergens in het midden zoeken en ons concentreren op wat echt van groot

belang is voor een goed seksleven.
Belangrijk zijn dan sterke buik- en onderrugspieren die je het uithoudingsvermogen en de kracht geven om nieuwe posities te ontdekken (of vaardig te blijven in oude standjes) en van seks een plezierige ervaring te maken. Maar belangrijker nog, een smalle taille geeft vrouwen een gigantisch voordeel op een heel belangrijk terrein: de bloedtoevoer.
Vaatvernauwende cheeseburgers maken geen onderscheid, dus heb je fors overgewicht, dan remt de troep die je hart en bloedvaten laat dichtslibben ook de bloedtoevoer naar je geslachtsorganen. Er vormt zich een vettige substantie in je aderen, die door de nauwere doorgang de bloedtoevoer afremt. Dat betekent domweg dat het bloed moeite heeft om naar het bekkengebied te stromen. Een verminderde bloedtoevoer naar het bekkengebied van vrouwen kan leiden tot een verminderde vochtafscheiding, gevoeligheid en plezier in het geslachtsverkeer. Een onderzoek onder meer dan tweehonderd vrouwen toonde aan dat bij een verbeterde bloedtoevoer naar het genitale gebied van vrouwen de vochtafscheiding, gevoeligheid en het plezier in het vrijen sterk toenamen. Hoewel de resultaten nog wat prematuur zijn, lijkt het duidelijk dat goed werkende kranen een belangrijke rol spelen bij de seksuele bevrediging.

Een platte buik **beschermt tegen gevaar**

In 1666 ontstond er in het huis van de Londense bakker Thomas Farrinor een klein brandje, dat zich langzaam uitbreidde. Drie dagen later stond vrijwel de hele stad in lichterlaaie. Deze tragedie voltrok zich in een tijd dat de meeste huizen nog van hout waren. Tegenwoordig is zo'n ramp ondenkbaar geworden, omdat de infrastructuur van moderne steden uit staal is opgetrokken. Staal dat recht overeind blijft bij brand, tornado's of aardbevingen.
Je buikspierwand kun je beschouwen als de infrastructuur van je lichaam. Je wilt geen kern van kurkdroog hout of stro dat gemakkelijk brandt. Je wilt er een van keihard staal, een beschermingslaag die een slappe, dikke buik nooit zou kunnen bieden.
Laten we eens kijken naar een onderzoek van het Amerikaanse

leger waarbij sterke buikspieren in verband werden gebracht met het voorkomen van blessures. 120 infanteristen moesten de standaard militaire fitnesstest afleggen van sit-ups, opdrukken en 5 km joggen. Daarna hielden de onderzoekers een jaar lang blessures van het onderlichaam bij (onderrugklachten en achillespeesontsteking). De 29 mannen die de meeste sit-ups konden doen (73 in twee minuten) hadden een vijf keer lager risico op blessures aan het onderlichaam dan de 31 soldaten die er met moeite 50 wisten te doen. Maar dat is niet het belangrijkste punt. De mannen die het goed deden bij het opdrukken en joggen ondervonden geen blessurepreventieve werking, waaruit mogelijk blijkt dat kracht in het bovenlichaam en uithoudingsvermogen minder effect hadden op het gezond blijven van het lichaam. Het was de kracht van de buikspieren die bescherming bood. In tegenstelling tot andere spieren in je lichaam, heeft een sterke romp invloed op het functioneren van het hele lichaam. Of je nu gaat skiën, tuinieren of de kinderen moet wegdragen van de snoepautomaat, je buikspieren zijn de belangrijkste spieren die bescherming bieden tegen blessures. Hoe sterker ze zijn, hoe sterker en veiliger jij bent.

Je buikspieren zijn de belangrijkste spieren die bescherming bieden tegen blessures.

Een platte buik maakt **je rug sterker**

Ik had een vriend die gemiddeld zo'n twee, drie keer per jaar door zijn rug ging. Het gebeuren had meestal een heel eenvoudige oorzaak. Hij sliep in een ongemakkelijke houding of kwam net even te kwiek van de bank af. Hij ging een keer door zijn rug toen hij in de auto zat en iets probeerde op te pakken wat zijn dochtertje op de achterbank had laten vallen. Eén keer deed het zo'n pijn dat hij bij het plassen in een openbaar urinoir tegen de vlakte sloeg (stel je dat toch eens voor!). Het probleem was niet eens dat hij een zwakke rug had, het was gewoon een kwestie van slecht ontwikkelde buikspieren. Had hij ze geregeld

'Ik vond mijn innerlijke atleet'

Naam: Rebecca Carr

Leeftijd: 29 jaar	*Startomvang taille: 83 cm*
Lengte: 1,66 m	*Huidige tailleomvang: 68 cm*
Startgewicht: 67 kg	*Startkledingmaat: 40*
Huidige gewicht: 53 kg	*Huidige kledingmaat: 34*

Rebecca Carr had altijd het gevoel dat ze een beetje te zwaar was. 'Terwijl ik opgroeide zag ik allemaal mensen die aan fitness deden, verstandig aten en met hun gezondheid bezig waren, en ik had altijd het gevoel dat ze iets goed deden in hun leven. Ik zei: "Zo wil ik ook leven." Ik wilde altijd al zijn zoals die mensen,' zegt ze.

Op een ochtend keken Carr en haar echtgenoot naar de televisie en hoorden over het Wasborddieet in het ochtendnieuws.

'Toen viel het kwartje bij mij,' zegt ze. 'Ik geloof er ook in, het past bij me en het voelde ook goed. Ik kocht het enige exemplaar dat in de lokale boekhandel in de etalage lag en las het in één ruk uit.'

Carr pastte haar voeding aan door minder toetjes en gebakken dingen te eten. Dat ging zo goed dat het toetjesmonster haar nagerechten niet eens meer miste. (De wekelijkse smokkelmaaltijd van het Wasborddieet helpt haar de zaak onder controle te houden: 'Als ik trek heb in een hamburger en frietjes, dan zeg ik tegen mezelf dat het zo weekend is, maar als het weekend dan daar is, heb ik er niet eens trek meer in.')

Carr heeft eigenlijk nooit honger en ze maakt de maaltijden voor de volgende dag 's avonds klaar om tijdens hectische dagen niet in de fout te gaan. Behalve dat haar huid er mooier op is geworden en dat ze meer energie heeft, is Carr ook geïnspireerd geraakt om dieper door te dringen in de wondere wereld die fitness heet. Ze heeft inmiddels meegedaan aan 5 km en 10 km hardloopwedstrijden en ze is nu aan het trainen voor een halve marathon. 'Op mijn 29e heb ik mijn innerlijke atleet gevonden,' zegt ze.

Tegenwoordig zeggen haar ouders dat ze een heel ander mens is geworden – dat ze zo'n motiverend voorbeeld is geworden door haar gezonde kijk op het leven. Carrs echtgenoot en haar vader hebben ook allebei gewicht verloren met het Wasborddieet, zo gemotiveerd raakten ze door haar.

'Het voelt niet eens als een dieet,' zegt ze. 'Het voelt meer als het leven zelf.'

getraind, dan was hem veel van het leed bespaard gebleven waar jaarlijks miljoenen mensen mee worstelen. En ja, hij is met het trainingsprogramma van het Wasborddieet begonnen en binnen enkele weken was hij van zijn rugklachten af.
Omdat de meeste rugklachten worden veroorzaakt door zwakke rompspieren, is het opbouwen van een sterke middenpartij iets wat veel rugklachten de wereld uit kan helpen. Het spierkorset van de romp werkt niet in zijn eentje, het is als een web dat met allerlei draden aan je wervelkolom is bevestigd. Wanneer je zwakke buikspieren hebt, moeten de spieren in je billen (je gluteus maximus en andere spieren) en je hamstrings (achterkant bovenbenen) dat gebrek aan kracht compenseren. Het effect is, naast het feit dat deze spieren harder moeten werken voor die slappe buikspieren, een destabiliserende werking op de wervelkolom, die uiteindelijk zorgt voor rugklachten en overbelasting van de ruggengraat.

Een platte buik **helpt je winnen**

Of je nu golf speelt, of basketbal, toeren uithaalt op de loopband of een andere sport beoefent die beweging vergt, de belangrijkste spiergroepen zijn niet je benen of armen. Het is je romp, de spieren in je torso en heupen. Rompkracht ontwikkelen geeft je kracht. Het versterkt de spieren in je hele middenpartij en traint ze om de juiste hoeveelheid steun te geven als dat nodig is. Dus heb je moeite met serveren, dan zullen sterkere buikspieren je slagkracht vergroten. Maar ook bij sporten waarbij je veel moet lopen en stoppen, zoals tennis en basketbal, helpen sterke buikspieren fantastisch. Dat komt doordat snelheid eigenlijk draait om versnellen en afremmen. Hoe snel ga je vanuit stilstand van punt A naar punt B? Je benen maken hier niet de dienst uit, dat doen je buikspieren. Toen wetenschappers onderzochten welke spieren het eerst in actie kwamen bij deze bewegingen, ontdekten ze dat de buikspieren het eerst samentrokken. Hoe sterker je buikspieren, hoe sneller je aan de bal bent.

Een platte buik **vermindert pijn en overbelasting**

Naarmate je ouder wordt, begin je vaak een beetje last te krijgen van je gewrichten, meestal in je knieën, maar misschien ook in je voeten en enkels. De oorzaak van die pijn ligt misschien niet bij zwakke gewrichten: het zouden wel eens zwakke buikspieren kunnen zijn. Vooral als je aan sport doet, of het nu golf of tennis is. Bij het sporten helpen je buikspieren je lichaam om zich te stabiliseren tijdens start- en stopbewegingen, zoals van richting veranderen op de tennisbaan of tijdens de kickboksles. Heb je zwakke buikspieren, dan komt de druk van je bewegingen op je gewrichten terecht. Vergelijk het met een trampoline. Spring in het midden en het springvlak vangt je gewicht op en duwt je omhoog. Spring je aan de zijkant dan maak je de veren kapot. Je lichaam is een soort trampoline, met je buikspieren als het centrum van het springvlak en je gewrichten als de veren die het springvlak bevestigen aan het frame van de trampoline. Zijn je buikspieren sterk genoeg om de schok op te vangen, dan is er geen probleem. Zo niet, dan is de druk op de gewrichten een stuk groter dan ze eigenlijk kunnen hebben.
Hetzelfde gaat ook op voor mensen die niet aan sport doen. Uit een Nederlands onderzoek onder zesduizend mensen bleek dat mensen met een grotere tailleomvang meer kans hadden op hielklachten en een carpaal tunnelsyndroom, een pijnlijke aandoening van hand en pols. Uit het onderzoek bleek zelfs dat 70 procent van de mensen met een carpaal tunnelsyndroom overgewicht had of zelfs leed aan obesitas.

Dit zijn allemaal prima redenen om het Wasborddieet te volgen. Maar de beste reden is deze: het programma is gemakkelijk te volgen en je hoeft er helemaal niet veel voor op te offeren. Je mag gewoon voldoende eten van de dingen die je lekker vindt en je ziet er aan het einde van de rit nog geweldig uit ook. Het dieet is ontworpen om je gewicht te laten verliezen op de makkelijkste manier, door je interne vetverbrandende fornuis opnieuw af te stellen, door de nadruk te leggen op voedingsmiddelen die je stofwisseling verhogen en het vet wegwerken. Kortom, het verandert je in een strakke, vetverslindende machine.

De Wasborddieet-boodschappenlijst

Deze eenvoudige boodschappenlijst bevat alles wat je nodig hebt om direct met het Wasborddieet en het bijbehorende trainingsprogramma te beginnen.

Eén keer kopen

Blender
1 liter lijnzaadolie
1 pot multivitamine-mineralen

Basisboodschappenbriefje, de twaalf basis- en aanverwante voedingsmiddelen van het Wasborddieet

Amandelen, snippers of heel
Bonen naar keuze
Eieren
Extra eiwit-(wei-)poeder, vanille- en chocoladesmaak, pakken van 1 liter
Frambozen, vers
Havermout, ongezoet
Kalkoen, gesneden
Olijfolie
Pindakaas, natuurlijke (geen suiker toegevoegd)
Spinazie, vers of ingevroren
Volkorenbrood en ontbijtgranen
Zuivel, magere of halfvolle melk en magere yoghurt

Plus:
Aardbeien, vers of uit de diepvries
Bosbessen, ingevroren
Cannellinibonen
Cashewnoten en pinda's, ongezouten
Forel, gerookte zalm of andere magere vis naar keuze
Garnalen, uit de diepvries
Gartbanzobonen

Gemengde groenten
Grapefruit
Groene groenten naar keuze
Italiaanse groene salade
Kippenborst
Langkorrelrijst
Mager rundvlees
Pecannoten
Pijnboompitten, geroosterd
Rozijnen, gedroogd
Tonijn uit blik, op waterbasis
Volkorenpasta
Zwarte bonen

Boodschappenbriefje met ingrediënten voor recepten (zie recepten voor specifieke hoeveelheden)

Avocado
Avocadoboter
Balsamico- en wijnazijn
Balsamicovinaigrette
Bananen
Barbecuesaus
Basilicum
Beef Jerky (Amerikaanse snack)
Bieslook
Bloem
Canadese bacon
Cayennepeper
Champignons
Cheddar, kwark en feta
Chilimix, gedroogde
Chilipoeder
Chocoladesaus
Citroenen en limoenen
Citroensap, geconcentreerd
Crackers, gezouten, of broodkruimels
Dijonmosterd
Gortepap
Granny-Smith-appels, rode en groene
Groenten, Franse
Hoisinsaus
Honing
Honingmeloen
Honingmuffins
Italiaanse croutons
Italiaanse dressing, magere
Jalapeñopepers
Kaas, magere
Kalkoenham
Kalkoenworstjes
Kaneel
Kerriepoeder
Ketchup
Kidneybonen
Kippenbouillon uit blik
Knoflook
Komkommer
Koriander
Maïs, bevroren
Maïs, zoete

Maïsmeel
Maïsstroop
Mandarijntjes uit blik
Margarine zonder transvet
Mayonaise, vetarme
Mozzarella
Munt, vers of gedroogd
Oregano
Paprika, groene en rode
Peterselie
Pindaolie
Pitabroodjes
Pompoen uit blik
Prosciutto
Rijst, bruine
Rode paprika, geroosterde
Rodepepersnippers
Roggebrood
Romainesla
Roomijs, light
Rosbief, dungesneden
Rozemarijn
Rozijnen
Rozijnenbrood
Runderlende, magere
Salsa
Selderij
Sinaasappelen
Sojasaus, zoutarme
Spaghettisaus
Tabasco
Thousand-Island-sladressing
Tomaten uit blik, gepelde
Tomaten, Mexicaanse
Tortillachips
Turks brood
Uien, groene, rode en witte
Uiensoepmix
Varkensvlees zonder bot
Volkorentortilla's
Volkorenwafels
Watermeloen
Worcestersaus
Worteltjes, kleine
Zwitserse ricotta

Thuistrainingsbenodigdheden (Een goed fitnesscentrum heeft wel alle toestellen die je nodig hebt)

Oefenmat (optioneel)
Vlakke bank (optioneel, maar aanbevolen)
Een of twee paar middelzware dumbbells (4 tot 12 kg voor iemand met trainingservaring, lichter voor beginners)
Hardloopschoenen
Zwitserse bal (optioneel, maar aanbevolen)

Hoofdstuk 2

Waarom het Wasborddieet volgen? En waarom nu?

Verbazingwekkende nieuwe doorbraken in de voedingswetenschap

Het Wasborddieet is een eenvoudig programma, opgebouwd rond twaalf oergezonde krachtvoedingsmiddelen die je alle vitamines, mineralen, vezels en voedingsstoffen geven die je nodig hebt voor een optimale gezondheid, de opbouw van slanke, strakke spieren en het verhogen van de stofwisseling, zodat je meer vet verbrandt. Ik vertel je in het volgende hoofdstuk meer over deze voedingsmiddelen, maar hier alvast een klein overzichtje. (En ga me nu niet vertellen dat je met dit programma niets kunt beginnen!)

Amandelen en andere noten
Bonen en peulvruchten
Spinazie en andere groene bladgroenten
Zuivel (magere varianten zoals magere melk, magere yoghurt, magere kaas)
Havermout (ongezoet)
Eieren
Kip en ander mager vlees
Pindakaas
Olijfolie
Volkorenbrood en ontbijtgranen
Kwaliteitseiwit (wei-eiwit)
Frambozen en andere rode vruchten

Ik heb deze voedingsmiddelen gekozen omdat ze bomvol

gezonde voedingsstoffen zitten en je er gemakkelijk mee kunt werken. Ze zijn letterlijk 'lekker makkelijk'. In mijn ogen zijn de meeste diëten veel te ingewikkeld en dat leidt er alleen maar toe dat je het dieet niet volhoudt. Er zijn nog meer redenen waarom het zo moeilijk is om je aan andere diëten te houden.

1. **Ze gaan uit van te weinig calorieën.** Met een te strenge of drastische beperking van het aantal calorieën verlies je in het begin misschien wel wat gewicht, maar heb je ook steeds honger. En als je voortdurend honger hebt, dan is de kans bepaald niet denkbeeldig dat je op een gegeven moment diep de koelkast induikt. Daarna heb je dan weer een groot schuldgevoel, want het dieet is weer eens mislukt. Voor je het weet laat je het programma varen en begin je weer met slechte gewoonten zoals een chocoladetaartje als ontbijt. Met het Wasborddieet hoef je geen honger te hebben, sterker nog, je mag de hele dag door eten. Wel zes keer per dag!
2. **Je mag te veel dingen niet eten.** Het is gemakkelijk om een programma te maken waarin geen plaats is voor hamburgers, pizza's of van die heerlijke, vette Italiaanse gerechten. Maar als we dat doen, dan belandt het programma al snel in de prullenbak. Hoewel veranderen van voedingsgewoonten ook voor het Wasborddieet belangrijk is, geloof ik dat je meer kans op succes hebt als je niet alles wat je lekker vindt hoeft te laten staan. Je kunt rustig een gegrilde biefstuk eten of een stuk van moeders appeltaart, of na het werk een glas wijn of een biertje drinken. Als je alles moet laten staan wat je lekker vindt, dan raakt zelfs de meest gemotiveerde mens op een gegeven moment het spoor bijster. Het Wasborddieet draait om het eten van dingen die je lekker vindt. En af en toe mag je zondigen.
3. **Ze houden geen rekening met je manier van leven.** Als we allemaal de beschikking hadden over een topkok om onze maaltijden klaar te maken, of misschien gewoon wat meer tijd om het zelf te doen, dan was afvallen een stuk gemakkelijker. Maar wanneer heb je voor het laatst een paar uur de tijd gehad om een maaltijd klaar te maken? We zijn toch allemaal 'druk, druk, druk'. Dan gaan we maar naar McDonalds of een andere hamburgertent. We eten in restaurants of halen ergens wat. Of we laten een pizza thuisbezorgen. Als het gezin maar tevreden is. We hebben geen tijd om grammen vet te tellen, alles te wegen of tot op de calorie nauwkeurig uit te rekenen. Laat staan om uitgebreide, gezonde maaltijden

‘Je krijgt waar vrouwen een moord voor doen’

Naam: Rhonda Hauser
Leeftijd: 38 jaar
Lengte: 1,74 m
Begingewicht: 63 kg
Lichaam eerst: slap
Lichaam nu: sterk en strak

Rhonda Hauser, een lange vrouw met het figuur van een hardloopster, heeft nooit erg op haar gewicht hoeven letten of een meetlint hoeven gebruiken. Ze heeft jaren training achter de rug bij diverse sportscholen, onder begeleiding van personal trainers. Daarnaast ging ze ook naar een sportdiëtist. Hauser is iemand die goed zorgt voor haar lichaam. Maar ze heeft een probleem: op een gegeven moment kwam aan het licht dat ze zowel te veel als te weinig at van bepaalde dingen (te veel van die snoepontbijtgranen en te weinig eiwitshakes). Ze had dan wel geen overgewicht, maar toch niet het lichaam waar ze naar verlangde.
‘Ik kwam het Wasborddieet tegen en het leek me echt heel geschikt voor mij,’ zegt ze. ‘Ik besefte weer dat je moet eten en dat je eiwitrijke voedingsmiddelen moet eten om spieren op te bouwen. Spieren verhogen immers je stofwisseling.’ Hauser verwerkte meer krachtvoedingsmiddelen in haar voedingsprogramma en verruilde haar hardloopprogramma voor Wasbordcircuittraining.
‘Toen ik begon met mijn circuitjes ging mijn lichaam echt veranderen,’ zegt Hauser, die meer spieren in haar armen en schouders kreeg. ‘Na een paar weken begonnen mensen in de sportschool me te vragen of ik voor een fitnesswedstrijd aan het trainen was. Ik ging me echt sterker voelen en mijn spieren ontwikkelden zich heel goed.’
Na zes weken, zegt Hauser, begonnen haar broeken een beetje vreemd te zitten. Ze hoopte dat ze door het trainingsprogramma niet zwaarder was geworden, dus vroeg ze aan haar vriendinnen wat er aan de hand zou kunnen zijn. ‘Mijn billen werden ronder en strakker. Mijn vriendinnen zeiden: “Je krijgt waar vrouwen een moord voor doen.” Ik noem het mijn Surinaamse billen: zo’n lekkere, kleine ronde rosbief.’
Hoewel Hauser nog steeds niet op de weegschaal staat, beseft ze wel dat haar lichaam een ware verandering heeft doorgemaakt.
‘Het mooie is dat het me ook een doel geeft, iets om naartoe te werken,’ zegt Hauser. ‘Alles wat je systematisch doet en waar je achter staat, zal resultaat opleveren. Het Wasborddieet is echt mijn bijbel geworden.’

klaar te maken. De realiteit is dat we dat allemaal ook nooit gaan doen, hoeveel gewicht er ook af moet. We hebben onze verplichtingen, familie om voor te zorgen en ook nog vrienden. Er staan zo veel dingen op ons lijstje die moeten gebeuren, van rekeningen betalen tot kinderen ophalen, dat een garnalenkebab met mangosaus er gewoon niet van komt. Het Wasborddieet is daarom precies wat je nodig hebt: een programma zonder gedoe, met weinig bewerkelijke voedingsmiddelen, en recepten die heel eenvoudig zijn en gemakkelijk om klaar te maken.

Dat zijn de redenen waarom veel van die populaire diëten alleen gewichtsverlies op korte termijn opleveren, maar niet helpen voor de lange termijn.
Zoals ik in de inleiding van dit boek heb gezegd, gaat het bij de meeste diëten om verliezen. En Amerikanen houden niet van verliezers. Het Wasborddieet gaat over winnen. Het is gebaseerd op de simpele gedachte dat je lichaam een levende, ademende en calorieverbrandende machine is. Door het fornuis in die machine op te poken met flink wat gezonde voeding – en dit is heel belangrijk – op de juiste tijden, kun je het lichaam leren het vet er in no time af te krijgen. Het Wasborddieet kan je helpen om 6 kilo vet weg te werken, te beginnen bij je buik. En dat in twee weken.

Klassieke en moderne diëten die een beperking van het aantal calorieën opleggen, liggen ons niet.

Kijk hieronder eens naar wat je er allemaal voor terugkrijgt.
Je mag weer eten. Amerikanen hebben een flinke eetlust. We hongeren naar succes, naar vrijheid, en natuurlijk ook naar eten. Klassieke en moderne diëten die een beperking van het aantal calorieën opleggen, liggen ons niet. We krijgen er honger van, voelen ons belabberd en zijn nog maar één Mars verwijderd van een totale instorting. Maar niet bij het Wasborddieet. Bij dit programma mag je – moet je! – eten, en vaak ook. In feite ben je voortdurend bezig om brandstof aan te vullen, en met elke heerlijke hoofdmaaltijd en ieder tussendoortje pook je het fornuis hoger op om vet te verbranden. Stel je eens voor: iedere keer dat je eet, bouw je meer spieren op.
Je krijgt grotere spieren. Met extra spiermassa verbrand je ook extra vet. Dit programma zet de voeding die je binnenkrijgt

om in spiermassa. En hoe meer vetvrije spiermassa je hebt, hoe meer energie je moet aanvullen. Calorieën worden ingezet voor het onderhouden en opbouwen van spiermassa en niet als vet opgeslagen. Nogmaals, voor elke kilo spiermassa die je weet op te bouwen verbrand je zomaar 100 calorieën per dag extra. Het krachttrainingsprogramma kan je eenvoudig een paar kilo spiermassa opleveren. Je wordt er absoluut geen bodybuilder van, maar je bouwt wel voldoende spieren op om je buik kleiner en strakker te maken en misschien worden er zelfs, afhankelijk van wat eraf moet, wat buikspieren zichtbaar. Ga je ook nog trainen, dan wordt het een simpele succesformule.

Meer eten + meer spieren = minder vet

Kijk nu eens naar het alternatief

Minder eten + minder spieren = meer vet

Is het niet ongelofelijk dat de meeste diëten aan de kant van de 'minder eten'-formule zitten? En wordt het niet de hoogste tijd dat we dat gaan veranderen? (Zeker, er is een aantal onderzoeken dat laat zien dat je langer leeft op een hongerdieet van minder dan 1400 calorieën per dag. Maar wat is je kwaliteit van leven bij zo'n dieet? Waarschijnlijk zou je er geen trek in hebben.)
Je krijgt je vrijheid terug. De meeste diëten beroven je van iets, of het nu gaat om koolhydraten, vetten of plezier, je moet inleveren. (Mag ik een cheeseburger met bacon hebben, maar het broodje niet? Laat dan maar.) Bij het Wasborddieet voel je

Meer eten + meer

je nergens van beroofd. Je hoeft ook helemaal geen honger te lijden. Je eet lekkere, gezonde dingen. Je eet af en toe ook lekkere, minder gezonde dingen. Je eet eiwit, koolhydraten en vet. En één keer per week is er zelfs een maaltijd waarbij je alles mag eten wat je maar wilt. Alles. Het grootste deel van de week concentreer je je op voedingsmiddelen die je stofwisseling opvoeren en je vreetbuien onder controle houden, maar je hebt ook de vrijheid en de flexibiliteit om een beetje van het programma af te wijken om je tevreden te houden, zonder dat alle energie die in je erin hebt gestoken voor niets is geweest.

Je wint tijd. Bij sommige diëten lijkt het wel of het minder tijd zou kosten om een pluimveebedrijf te houden en te wachten tot de eieren in je mandje vallen, dan om de maaltijden klaar te maken die het dieet voorschrijft. Bij het Wasborddieet zijn alle maaltijden en recepten eenvoudig, gemakkelijk en snel klaar te maken. Vanuit planningsoverwegingen wil ik dat je bij dit programma steeds twee dagen vooruit kijkt. Omdat gedachteloos rondsnuffelen zo'n beetje de belangrijkste 'dieetvervuiler' is in Amerika, is het veel beter om eens rustig na te denken over wat en hoe je dagelijks gaat eten. Elke avond moet je vijf minuten besteden aan het opschrijven van wat je de volgende dag gaat eten. Op die manier houd je schranspartijen onder controle en heb je meer weerstand tegen verleidingen. Als je de richtlijnen van het Wasborddieet eenmaal hebt gelezen, dan zul je zien dat het dieet een nieuw paradigma heeft ontwikkeld voor gewichtscontrole, en wel het volgende:

Meer eten + meer spieren = minder vet

spieren = minder vet

Hoofdstuk 3

Dag en nacht vetverbranden

Hoe je figuur bepaald wordt door je stofwisseling en hoe je die stofwisseling kunt veranderen

In hoofdstuk 2 heb ik beschreven hoe populaire diëten zijn ontworpen om alleen op korte termijn af te slanken. En dat je bij het volgen van deze programma's uiteindelijk niet alleen het verloren gewicht weer terugkrijgt, maar ook in de val loopt van een tragere stofwisseling, waardoor het einde van het liedje is dat je er dikker uitkomt dan je eraan begon. De meeste diëten zijn op den duur allemaal stofwisselingsvertragers doordat ze spiermassa afbreken. Het Wasborddieet doet precies het tegenovergestelde: het is een programma dat je juist helpt spiermassa op te bouwen en de stofwisseling op te voeren, voorgoed.

Hoe nadelig die modediëten ook allemaal mogen zijn, je kunt ze niet de schuld geven van de overgewichtsepidemie die we in Amerika zien. Daarvoor zijn genoeg schuldigen aan te wijzen: fastfood, slagroomtaart, stress, weinig beweging, het opdienen van krankzinnig grote hoeveelheden, lopende buffetten, het verdwijnen van lichamelijke opvoeding, banken, kantines die lijken op de lokale snackbar, en zo zou ik nog wel door kunnen gaan. We zijn een samenleving van 'overeters' die er de pest in hebben als ze niet precies voor de deur kunnen parkeren. Maar in de strijd tegen overgewicht zijn dit nog wel hobbels die je kunt nemen. Belangrijkere oorzaak voor onze vervetting is volgens mij dat we vertrouwen op twee instrumenten die juist bedoeld zijn om ons te helpen om af te slanken. Zij krijgen over het algemeen veel te veel lof toegezwaaid over hun bijdrage aan onze gezondheid, terwijl ze in feite een dubieuze rol hebben gespeeld bij de manier waarop we over afslanken denken. De namen van de twee 'vervuilers' die ik verantwoordelijk houd voor onze overgewichtsepidemie? Voedingslabels en trainingstoestellen.

Moet je eigenlijk wel **calorieën tellen**?

Voor je uit je vel springt, moet je me eerst even laten uitspreken. Voedingslabels en trainingstoestellen hebben natuurlijk wel nut (de eerste voor informatie over vitamines, mineralen en ingrediënten in je voeding, de laatste voor het van de bank af krijgen van luilakken die moeten gaan trainen). Mijn bezwaar tegen voedingslabels en trainingstoestellen is niet wat ze doen, maar tegen het verhaal dat ze in stand houden. Door hun functie houden ze een manier van denken in stand over gewichtverliezen die het in feite moeilijker maakt om af te slanken. Ze hebben ons veranderd in een gemeenschap van papzakken die wierook branden op het altaar van een verheerlijkte eenheid: de calorie.

Waar je je een half uur de blubber voor hebt gewerkt, zit er in een halve minuut weer aan.

Bij alles wat je naar binnen werkt en aan het einde van een training, ben je bezig met hoeveel calorieën er bij zijn gekomen en er af zijn gegaan. Het is de basistheorie over gewichtsverlies: verbrand je meer met inspanning dan je aan calorieën binnenkrijgt, dan verlies je gewicht. Wetenschappers leren ons dat een kilo lichaamsvet ongeveer 7777 calorieën bevat, dus als je dagelijks 555 calorieën uit je voeding schrapt of verbrandt door extra beweging, dan ben je een week later een pond (3888 calorieën) kwijt. Dat klinkt in theorie geweldig, maar in het echte leven zorgt dat gegoochel met calorieën er eerder voor dat de moed je in de schoenen zakt, dan dat je gewicht verliest. Je klimt dertig minuten op de stairclimber en je werkt je in het zweet. Aan het einde kijk je op de calorieënteller en daar staat te lezen dat je driehonderd calorieën hebt verbruikt! Je hebt het gevoel dat je flink bent opgeschoten en dichter bij je doel bent gekomen. Totdat je later die avond iets lekkers uit de

'Ik had iets gemakkelijks nodig'

Naam: Linda Toomey
Leeftijd: 35 jaar
Lengte: 1,62 m
Startgewicht: 65 kg
Zes weken later: 58 kg

Toen Linda Toomey haar vierde kind had gekregen, wist ze dat het extra gewicht er ook weer af moest. Ze had een kilo of 9 overgehouden aan de bevalling van haar derde kind en wilde nu snel handelen, want ze besefte dat hoe langer ze zou wachten, hoe moeilijker het gewicht eraf zou gaan. Met 65 kilo en de zorg voor vier kinderen onder de zes jaar, snapte ze wel dat haar gezondheid, en haar buik, haar wel eens aardig in de weg zouden kunnen staan. 'Ik heb een smoezenboek geschreven,' zegt ze.
Toomey wist ook dat ze wel wat extra energie kon gebruiken, want van slapen kwam het te weinig en er was wel weer een kleintje bij. 'Ik verwachtte wel 's avonds moe te zijn,' zegt ze. 'Maar de vermoeidheid kwam al een paar uur na het opstaan opzetten.'
Toomeys doelen: haar figuur terugkrijgen, meer energie hebben en haar rug sterker maken om met al die kinderen te kunnen slepen.
'Ik probeerde verschillende diëten, maar doordat ik het zo krankzinnig druk had, had ik niet veel tijd over voor training of het klaarmaken van een goede maaltijd. Ik had iets gemakkelijks nodig,' aldus Toomey. Dat vond ze in het Wasborddieet.
'Eigenlijk is het helemaal geen dieet,' zegt ze. 'Het is meer een voedingsprogramma waar je een heel leven mee vooruit kan. Ik geloof dat koolhydraten mogen eten en niet bang hoeven zijn voor verleidingen me voor het Wasborddieet hebben gewonnen. Het voedingsprogramma was heel gemakkelijk te volgen en het hele gezin vond de maaltijden lekker. Ik hoefde niet voor mezelf wat anders klaar te maken.'
Toomey volgde ook het trainingsprogramma van twintig minuten en deed oefeningen om haar buikspieren te versterken. Na een tijdje kon ze haar kinderen weer met gemak dragen.
In zes weken viel ze ruim 7 kilo af en ging van een lichaamsvetpercentage van 36 naar 25. Haar kledingmaat ging van 44 naar 36. 'Ik hoop dat het andere vrouwen inspireert,' zegt Toomey. 'In het verleden was die buik wegwerken na een bevalling toch altijd erg moeilijk voor me. Ik verloor overal gewicht, behalve bij mijn buik. Het is gewoon verbazingwekkend hoe snel het dit keer is gegaan met behulp van het Wasborddieet.'

koelkast haalt en leest dat dat kleine stukje appeltaart al snel 300 calorieën bevat. Waar je je een half uur de blubber voor hebt gewerkt, zit er in een halve minuut weer aan terwijl je naar een aflevering van *Desperate Housewives* zit te kijken. Over een psychische dip gesproken.
Natuurlijk is er niets mis met het lezen van voedingslabels om te kijken wat je naar binnen werkt of als waarschuwing voor je iets in je mond steekt. Veel vrouwen willen ook graag bijhouden hoeveel calorieën ze binnenkrijgen als hulp om hun dagelijkse dieetdoelen te halen. En dat mag ook, zolang je het hele calorieënverhaal maar in perspectief blijft zien. Het is beter om je te concentreren op wat er de rest van de dag gebeurt in je lichaam, als je aan het werken, slapen of vrijen bent, of gewoon alleen maar zit. Precies op dat moment is je lichaam namelijk bezig dikker of slanker te worden. Het Wasborddieet traint je lichaam om vet te verbranden in rust, omdat het programma zich concentreert op iets wat andere diëten over het hoofd zien: je stofwisseling.

Wat is dat, '**stofwisseling**'?

Je stofwisseling, ook wel metabolisme genoemd, is de snelheid waarmee je energie (calorieën) verbruikt om je lichaam te laten functioneren. In je lichaam vinden allerlei fysiologische processen plaats, zoals hartslag, ademhaling en bloedsomloop, het werken van je hersenen, en het dromen van een verre reis naar exotische oorden terwijl je het eigenlijk niet kunt betalen. Je lichaam is voortdurend bezig om calorieën te verbranden, zelfs bij het lezen van deze zin. De gemiddelde vrouw verbrandt ongeveer 25 calorieën per kilogram lichaamsgewicht per dag. Er zijn grofweg drie soorten calorieverbrandingsmechanismen die tijdens een dag in actie komen. Begrijp hoe ze werken en je snapt precies waarom het Wasborddieet van je lichaam een vetverbrandingsmachine gaat maken.

Calorieverbrandingsmechanisme nummer 1: het thermogene effect van voeding. Tussen de 10 en 30 procent van de calorieën die je dagelijks verbruikt, worden domweg verbrand door de werking van de spijsvertering. Het is natuurlijk vreemd, dat je eetlust je in feite helpt om calorieën te verbranden. Maar niet alle voedingsmiddelen zijn hetzelfde: je lichaam heeft meer calorieën nodig om eiwit te verteren (ongeveer 25 calorieën van elke 100 calorieën die je binnenkrijgt) dan voor de vertering van vetten en koolhydraten (voor de laatste ongeveer 10 tot 15 calorieën van elke 100 die je binnenkrijgt). Daarom concentreert het Wasborddieet zich op magere, gezonde eiwitten. Ga op een verstandige manier met eiwit om en je verbrandt meer calorieën.

Calorieverbrandingsmechanisme nummer 2: training en beweging. Nog eens 10 tot 15 procent van je calorieënverbruik komt doordat je je spieren in beweging zet, of je nu zware gewichten boven je hoofd tilt, een sprintje trekt om de bus te halen, of gewoon nerveus met je duimen zit te draaien. Zelfs het omslaan van de pagina's in dit boek kost energie.

Calorieverbrandingsmechanisme nummer 3: ruststofwisseling. Een heel belangrijke. Je basaalmetabolisme of ruststofwisseling verwijst naar het aantal calorieën dat je verbrandt in rust, dat wil zeggen als je helemaal niets doet. Slapen, televisiekijken, een slaapverwekkende vergadering bijwonen, voortdurend verbrand je calorieën. Het is zelfs zo dat zestig tot tachtig procent van het dagelijkse aantal calorieën wordt verbruikt door de stofwisseling in rust. Dat komt doordat je lichaam eigenlijk altijd in beweging is: je hart slaat 24 uur per dag, je longen zijn voortdurend bezig met ademhalen en je cellen delen zich continu, zelfs als je ligt te slapen.

De calorieën die je tijdens de training verbrandt, zijn niet zo belangrijk.

Tel de hele zwik bij elkaar op en je zult zien dat het merendeel van je dagelijkse calorieënverbruik voor rekening komt van normale fysiologische processen waar je niet eens over nadenkt, zoals het thermogene effect van voeding en je ruststofwisseling. Hoewel beweging en training natuurlijk belangrijk zijn, moet je beseffen dat het aantal calorieën dat je tijdens de training verbrandt niet eens zo belangrijk is. Ik herhaal: training is belangrijk, maar de calorieën die je tijdens de training verbrandt zijn niet zo belangrijk. Daarom is het trainingsprogramma dat bij het Wasborddieet hoort er helemaal op gericht om je ruststofwisseling te verhogen, waardoor je in rust veel meer calorieën verbrandt. Daarom ook hebben we voor voedingsmiddelen gekozen die je verbranding optimaliseren. Ik wil dat je de calorieën die je tijdens een halfuurtje op de stairclimber verbrandt vergeet en je concentreert op de calorieën die je de resterende 23½ uur van de dag verbruikt. Al met al zal het Wasborddieet je lichaam veranderen in een goed gesmeerde vetverbrandingsmachine.

Anders **trainen**

Ben je ooit in een fitnesscentrum geweest waar het erg druk was? Iedereen rent als een gek naar loopbanden, elliptische trainers en hometrainers. Lampjes waarschuwen dat je er maar twintig minuten gebruik van mag maken, waarna de volgende alweer staat te trappelen om zich in het zweet te werken. Het lijkt erop dat iedereen zich met cardiotraining wil afpeigeren. Hoe meer je zweet, hoe meer calorieën je verbrandt en hoe meer gewicht je verliest, toch? Cardiotraining, bijvoorbeeld hardlopen, fietsen en baantjes trekken, zorgt ervoor dat je behoorlijk wat calorieën verbrandt. Meer dan bij enige andere trainingsvorm, zoals krachttraining of modieuze work-outs zoals Pilates en Poweryoga. Maar als het gaat over gewichtscontrole wordt cardiotraining zwaar overschat. Waarom dat zo is? Om de volgende belangrijke reden: tijdens een cardiotraining bouw je weinig (misschien zelfs helemaal geen) spiermassa op, en spiermassa is het belangrijkste wat je nodig hebt voor het verhogen van je stofwisseling. Spieren vreten vet. Zoals gezegd, 1 kilo spiermassa extra en je verbrandt dagelijks 100 calorieën méér. Lukt het om 3 kilo spiermassa op te bouwen, dan heb je dagelijks maar liefst 300 calorieën extra nodig om je energiebalans op peil te houden. En dan heb je nog geen meter extra gelopen.
Het probleem van een matig inspannende cardiotraining is het volgende: net als een auto niet in beweging komt zonder benzine of een vlieger niet opgaat zonder wind, kan een lichaam niet functioneren zonder voeding. Voeding is de brandstof waardoor je kunt rennen, tillen en een hele nacht lang vrijen. Tijdens een training gebruikt je lichaam glycogeen als brandstof (koolhydraten worden als glycogeen opgeslagen in lever en spieren), maar ook vet en een beetje eiwit. Bij een matig inspannende cardiotraining zoals joggen, gebruikt je lichaam voornamelijk vet en glycogeen (koolhydraten) als brandstof. Duurt de inspanning langer dan twintig minuten, dan begint het lichaam leeg te raken: je put de eerste laag van

je energievoorraden (glycogeen) uit en je lichaam schakelt over naar de energiebron die het het gemakkelijkst kan vinden, eiwit. Je lichaam begint gewoon zijn lichaamseigen eiwit (vooral spieren) op te eten. Heeft het lichaam dit niveau eenmaal bereikt, dan verbrandt het 5 tot 6 gram eiwit in elke dertig minuten dat de training voortduurt. (Dat is ongeveer de hoeveelheid eiwit die een hardgekookt ei bevat.) Door eiwit te verbranden, mis je niet alleen de kans om vet te verbranden, maar verlies je ook die belangrijke energieverbruiker spiermassa. Dus, lang cardiofitnessen breekt spiermassa af en dat is niet goed. Minder spiermassa vertraagt immers de stofwisseling, waardoor je snel dik wordt.

Even een nog schokkender bericht: toen eerdere onderzoekers cardiofitness vergeleken met krachttraining, ontdekten ze dat mensen die aan cardiofitness deden tijdens hun training meer calorieën verbrandden dan de 'ijzervreters'. Daaruit zou je de conclusie kunnen trekken dat cardiofitness de beste manier is om af te slanken. Maar de onderzoekers ontdekten nog meer.

In de uren na de training lag de verbranding bij de krachttrainers een stuk hoger.

Hoewel krachttrainers niet zoveel calorieën verbrandden tijdens de training als mensen die gingen fietsen of hardlopen, bleek het beeld er na de training heel anders uit te zien. In de uren na de training lag de verbranding bij de krachttrainers een stuk hoger. Dit fenomeen staat bekend als de 'afterburn' of naverbranding, de extra calorieën die het lichaam verbruikt in de uren en dagen na een training. Toen onderzoekers keken naar de verhoging van de stofwisseling na een training, ontdekten ze dat het naverbrandingseffect bij mensen die aan cardiofitness hadden gedaan maar dertig tot zestig minuten duurde. Een krachttraining werkte veel langer door: maar liefst twee volle etmalen (48 uur). Dat betekent dat het lichaam nog 48 uur doorging met vetverbranden. Op de lange termijn verloren beide groepen evenveel gewicht, maar de krachttrainers verloren louter vet, terwijl de fietsers en hardlopers ook spiermassa verloren. Moraal van het verhaal: bij cardiotraining verbrand je eigenlijk alleen calorieën tijdens de training. Bij krachttraining verbrand je ook nog calorieën lang nadat je het fitnesscentrum hebt verlaten, je thuis rustig op de

bank zit, en... misschien wel tot aan je volgende training. Daar komt dan nog bij dat je met krachttraining spiermassa opbouwt waardoor je op de langere termijn extra calorieën blijft verbranden om die spiermassa te kunnen voeden.
De vraag is: wat is de oorzaak van die naverbranding bij krachttraining? Waarschijnlijk is dat het proces van spierherstel. Krachttraining veroorzaakt schade aan je spiercellen en die schade wordt niet alleen hersteld, maar je hoeveelheid spierweefsel wordt zelfs hoger dan na de vorige training. Dit proces heet 'supercompensatie'. (Spieren worden voortdurend afgebroken en opgebouwd, krachttraining versnelt dit proces alleen.) De afbraak en opbouw van spierweefsel vragen een heleboel energie en dat zou een mogelijke verklaring kunnen zijn voor die lange periode van naverbranding. In een Fins onderzoek uit 2001 ontdekten wetenschappers zelfs dat de eiwitsynthese (het proces van spiermassaopbouw) drie uur na de training nog 21 procent hoger is.
Het goede nieuws is dat je niet als een bodybuilder hoeft te trainen om resultaat te zien. Uit recent onderzoek van de universiteit van Ohio is gebleken dat een korte maar intensieve training hetzelfde effect had als een langere training. Proefpersonen die een circuit deden van 31 minuten met drie oefeningen achter elkaar, bleken 38 uur na de training nog steeds een verhoogde stofwisseling te hebben. (Het Wasborddieet is op ongeveer dezelfde principes gebaseerd.)

Hoe meer spiermassa je hebt, hoe gemakkelijker het is om vet kwijt te raken.

Zoals gezegd, versnelt het opbouwen van spiermassa je stofwisseling zo sterk dat je per kilo spiermassa meer dan 100 calorieën per dag verbrandt. Hoe meer spiermassa je hebt, hoe gemakkelijker het is om vet kwijt te raken. Daarom is een van de onderdelen van ons plan een trainingsprogramma dat je helpt om de spiermassa op te bouwen die je nodig hebt om meer vet te verbranden en een strakker en slanker lichaam te krijgen. Het maakt ook duidelijk waarom je minder de nadruk moet leggen op cardiotraining als je vet wilt verliezen: je verbrandt naast vet ook spiermassa en dat wil je nu juist niet.
Voor je gaat denken dat ik vreselijk de pest heb aan cardiotraining of aerobics, wil ik een paar dingen duidelijk maken.

Ik ren bijna dagelijks en heb zelfs ooit de New York City marathon gelopen. Aerobics of cardiofitness zorgt ervoor dat je calorieën verbrandt, helpt stress te bestrijden en het geeft je conditie. Het helpt ook om je bloeddruk te verlagen en je cholesterolgehalte te verbeteren. Sta je voor de keus tussen cardiotraining of helemaal geen training, dan ligt de zaak simpel: ga in godsnaam lopen. Maar gaat het erom je gewicht op langere termijn op peil te houden, dan kies ik het ijzer boven het asfalt.

Anders **eten**

Et zijn maar weinig dingen die in onze westerse wereld zo vaak mislukken als het volgen van een dieet. Ik denk dat er een verklaring is voor dat hoge mislukkingspercentage. Een belangrijke factor is dat veel diëten gebaseerd zijn op vetarme voeding. Ik behandel het onderwerp 'vet' verderop in dit hoofdstuk, maar een van de problemen met vetarme diëten is dat ze de testosteronproductie kunnen verminderen. En testosteron is nu precies het hormoon dat bijzonder belangrijk is voor de opbouw van spiermassa en het verbranden van vet. Is je testosteronspiegel laag, dan slaat je lichaam vet op, zoals een geobsedeerde eekhoorn noten opslaat. Veel diëten mislukken ook, omdat ze geen gebruik maken van de belangrijkste voedingsstof voor het opbouwen van spiermassa en het verhogen van de stofwisseling: eiwit.
Eiwit werkt, in relatie tot de macronutriënten koolhydraten en vet, op twee belangrijke manieren. Ten eerste vergroot de consumptie van eiwit het thermogene effect van voeding met eenderde. Ten tweede is eiwit ook de voedingsstof die calorieverslindende spiermassa opbouwt. Op die manier krijg je een dubbel verbrandingseffect: zowel tijdens de werking van de spijsvertering als later, bij de opbouw van spiermassa. Het Wasborddieet legt precies om deze redenen de nadruk op eiwit. Vooral op de meest hoogwaardige eiwitbronnen. In een Deens onderzoek, gepubliceerd in het *American Journal of Clinical Nutrition*, kreeg een groep mensen eiwitrijk voedsel te eten. De ene groep verkreeg eiwitten uit varkensvlees, de andere uit sojaproducten. De onderzoekers ontdekten dat de mensen die dierlijke eiwitten consumeerden, over een periode van 24 uur twee procent meer calorieën verbrandden dan de mensen uit

de sojagroep, ondanks het feit dat de eerste groep iets minder at. Dat komt neer op vijftig calorieën, als je ervan uitgaat dat je dagelijks 2500 calorieën binnenkrijgt. Met andere woorden, wil je calorieën verbranden, dan is een varkenshaasje beter dan tofoe.

Anders denken over **het woord dieet**

Hier volgt een bekend scenario: je knabbelt bij het ontbijt op een geroosterd boterhammetje en als lunch eet je een zakje peentjes, en je denkt dat je op die manier verantwoord met calorieën bezig bent. Maar tegen het avondeten heb je al zo veel chips naar binnen gewerkt dat je wangen lijken op die van trompettist Dizzy Gillespie. Ben je zo streng voor jezelf over wat je mag eten, dan reageer je uiteindelijk als een boze puber en lap je alle afspraken aan je laars. Terwijl je bij de meeste diëten vaker 'nee' krijgt te horen dan een peuter 'nee' zegt tegen een bord spinazie, geeft het Wasborddieet je voldoende keuzemogelijkheden. De meeste diëten draaien om minder eten, maar het Wasborddieet richt zich op brandstofvoorziening.
Al heel wat jaren, misschien zelfs wel het grootste deel van je leven, heb je een bepaald idee over wat 'op dieet gaan' is. Minder eten, eten als een broodmager fotomodel, je zwaar in het zweet werken op de loopband, en dan eindelijk wat vet verliezen. Maar eigenlijk zijn dit nu precies de redenen waarom het met zo'n dieet niet opschiet. Waarom je aan het einde van de rit nog dikker bent dan aan het begin. De reden is dat je supersnelle stofwisseling de snelheid van een schildpad met een schildklierprobleem heeft gekregen. Daarom gaat het mis bij de meeste diëten die je probeert. Bij het Wasborddieet herprogrammeren we je hele manier van denken over afslanken. Je stopt met voortdurend te denken aan elke calorie, maar begint na te denken over de beste manier om calorieën te verbranden. Heb je dat eenmaal onder de knie, dan is je lichaam er helemaal klaar voor om vet te laten verdwijnen en buikspieren te laten verschijnen.

Wat is eigenlijk een hoge bloeddruk?

Je weet dat hoge bloeddruk niet goed is, maar hoe die bloeddruk nu precies functioneert, weet je niet echt. Je vraagt je misschien af of we niet gewoon een beetje bloed kunnen aftappen om zo de druk te verlichten. Maar zo eenvoudig werkt het niet.

Wanneer de meeste mensen aan bloeddruk denken, denken ze aan een soort tuinslang: te veel druk en de slang dreigt te klappen. Dus moet je hem wijder maken. Maar ook dat model is te simpel. Het is beter om je de bloedsomloop voor te stellen als een systeem met sluizen die ervoor zorgen dat het bloed komt waar het nodig is. Je moet weten dat de zwaartekracht net zo goed invloed heeft op je bloed als op de rest van je lichaam: alles gaat naar beneden. Dus stel je voor dat je 's ochtends uit bed springt en direct gaat staan. Door de zwaartekracht zou al het bloed in je lichaam naar beneden zakken. Jij wilt liever dat dat bloed naar je hersenen wordt gepompt waar het zich nuttig kan maken bij het beantwoorden van de vraag waar verdorie nu je sleutels weer liggen.

Wat er werkelijk gebeurt, is dat de bloedvaten in je onderlichaam zich samentrekken terwijl het hart harder begint te pompen. Het resultaat: je bloeddruk stijgt en je bloed stroomt naar je hersenen. En verdorie, daar liggen ze: in de waterbak van de hond, precies waar je ze gisteravond hebt laten liggen. Het is een vernuftig systeem, maar tevens een systeem dat vrij snel onderuit gaat. Een extra zwemband om je middel, en je hart moet harder pompen om bloed te laten stromen naar al het vetweefsel dat je erbij hebt gekregen. Trakteer je jezelf op chips en andere zoute snacks, dan houdt je lichaam vocht vast om dat extra zout te verdunnen, waardoor het totale bloedvolume toeneemt. Zijn je aderen aardig dichtgeslibd door het eten van iets te veel vette maaltijden, dan gaat de bloeddruk omhoog, doordat dezelfde hoeveelheid bloed nu door een nauwere gang geperst moet worden. Werken de beslommeringen van de dag ook nog door in je slaap, dan produceert het lichaam stresshormonen die zorgen dat je lichaam voortdurend in de alarmfase verkeert. Daardoor moet ook het hart harder werken. Zoute en vette maaltijden, en een overmaat aan stress creëren een behoorlijk gevaarlijke situatie.

Tot groot ongenoegen van alle

Tarantino-fans helpt aderlaten niet echt om je bloeddruk te verlagen. Je hart pompt nog even hard en je bloedvaten verwijden en vernauwen zich nog steeds om het bloed te laten stromen naar een plaats waar het hard nodig is. Blijft de bloeddruk jarenlang hoog, dan kunnen dunwandige vaten in de hersenen onder de extreme druk springen. Bij zo'n hersenbloeding sterven er heel wat hersencellen af. Ook kan hoge bloeddruk ervoor zorgen dat zich in de bloedvaten in de hersenen een vettige substantie (plaque) ophoopt die er uiteindelijk toe leidt dat de bloedtoevoer volledig wordt afgesneden. (Hoge bloeddruk beschadigt de gladde wanden van de aderen, zodat die vette substantie de kans krijgt om zich erop vast te zetten.) Die gevaarlijke plaque kan zorgen voor nierstoornissen of een hartaanval.
Dan is er natuurlijk ook nog de oude, vertrouwde slijtage die hoge bloeddruk je rikketik kan bezorgen. Op den duur zorgt al die extra arbeid die het hart moet verrichten als gevolg van een hoge bloeddruk dat de wanden van het hart dikker en minder soepel worden. Het hart wordt een minder efficiënte pomp, die niet in staat is om net zo veel bloed weg te pompen als het aangevoerd krijgt. Het hart begeeft het en de lijkschouwer schrijft 'verstopte kransslagaders' in zijn rapport.
De ideale bloeddruk is 120/80 of lager. Wat betekenen deze getallen? Het eerste getal staat voor systolische druk of bovendruk. Dat is de druk die opgevoerd wordt als het hart slaat. Het tweede getal is de diastolische druk, of onderdruk. Dat is de druk in je bloedvaten tussen twee hartslagen in.
Hoge waarden worden in drie categorieën ingedeeld:

- **Prehypertensie: bovendruk van 120-139, onderdruk van 80-89.** Prehypertensie betekent een beginnende hoge bloeddruk. Mensen die daar last van hebben doen er goed aan de voedings- en trainingstips van het Wasborddieet te volgen. Je staat morgen misschien nog niet te wankelen voor de spiegel, maar je alarminstallatie heeft het wel al begeven. De hoogste tijd voor een stapje terug.
- **Stadium I hypertensie: bovendruk van 140-159, onderdruk van 90-99.** Voor mensen die in deze categorie vallen, is medicatie meestal aanbevolen, naast de nodige veranderingen in levensstijl. Je hebt een sterk verhoogd risico op een hartaanval of beroerte en moet onder behandeling bij de huisarts.

- **Stadium II hypertensie: bovendruk van 160 of meer, onderdruk van 100 of meer.** Uitgebreide medicatie is nodig voor mensen in deze categorie, die een grote kans lopen om aan deze aandoening te overlijden.

Er zijn dus twee vragen: weet je wat je bloeddruk is? En zo niet, ben je dan genoeg geschrokken om je er een beetje druk over te maken? Gelukkig kan de basisvoeding van het Wasborddieet je helpen om de slechte vetten in de voeding eruit te mikken en te vervangen door goede vetten, en natuurlijk ook om de nodige pondjes af te vallen. Hulp bieden ook het trainingsprogramma van het Wasborddieet en een aantal ontspanningstechnieken. (Om te weten te komen hoe je je stressniveau omlaag kunt krijgen, lees verder op pagina 156, 'Hoe stress je dik maakt'.) Probeer intussen het probleem aan te pakken met behulp van enkele eenvoudige tips.

Doe mij een natriumarm groentesapje. Een halve liter natriumarm groentesap bevat ruim 1250 milligram kalium. Tijdens een onderzoek, waarvan de resultaten zijn gepubliceerd in het *Journal of Human Hypertension,* ontdekten wetenschappers dat mensen met een beginstadium van hoge bloeddruk (prehypertensie), die wat meer kalium toevoegden aan hun voeding, hun bovendruk met 2.5 punten en hun onderdruk met 1.6 punten wisten te verlagen. Kalium helpt om een teveel aan natrium uit de bloedsomloop weg te werken, waardoor de vaten zich verwijden. Wat een natriumarm groentesapje voor heeft op een banaan, een andere kaliumrijke voedingsbron, is dat het vaak ook nog lycopeen en luteïne bevat, twee fytochemicaliën die van nature een bloeddrukverlagende werking hebben.

Laat vleeswaren maar liggen. Een plak ham bevat 240 milligram natrium, meer zout dan er in een handje zoute pepsels zit. Moraal: gooi de vleeswaren eruit, en je bloeddruk schiet omlaag. Uit recent onderzoek is gebleken dat bij mensen met een beginstadium van hoge bloeddruk, die hun dagelijkse zoutconsumptie van 3300 naar 1500 milligram terugbrachten, de bovendruk met bijna 6 punten daalde en de onderdruk met bijna 3 punten. Kun je de vleeswaren niet missen, probeer dan in ieder geval de minder zoute varianten te kiezen en laat ook augurken (833 milligram natrium) liggen. Nog een vuistregel: zit iets in blik of in een potje, dan is het waarschijnlijk een zoutmijn.

Twee glazen alcoholische drank is zat. Laat het tweede glas alcohol van de avond het laatste zijn. In een belangrijk onderzoek van het *New England Journal of Medicine* ontdekten wetenschappers dat een of twee glazen alcohol per dag de bloeddruk iets deden dalen.

Wie twee kopjes thee per dag drinkt, heeft 25 procent minder kans om te overlijden aan een hartziekte.

Drie of meer glazen alcohol verhoogden juist de bloeddruk. Gemiddeld steeg de bovendruk met tien punten en de onderdruk met vier punten. Het soort alcohol maakt niet uit. Nou ja, probeer een Screwdriver: sinaasappelsap is een van de rijkste bronnen van het bloeddrukverlagende kalium.

Drink meer thee. Uit een onderzoek van de American Heart Association is gebleken dat mensen die twee kopjes thee per dag dronken 25 procent minder kans hadden om te overlijden aan hartziekten dan mensen die nauwelijks een theekopje aanraakten. Reden: flavonoïden in thee verhogen niet alleen het vermogen van de bloedvaten om te ontspannen maar verdunnen ook het bloed, waardoor klontering wordt tegengegaan.

Zoete weldoener. Jam van zwarte bessen is een rijke bron aan quercetine, een antioxidant die volgens Finse onderzoekers de gezondheid van het hart bevordert. Deze stof voorkomt de opbouw van vrije radicalen, die beschadiging van de bloedvaten en opbouw van plaque veroorzaken.

Eet appels. Mensen die geregeld een appeltje eten hebben 20 procent minder kans op het ontwikkelen van hartziekten dan mensen die zelden in een appel bijten.

Eet verse rode vruchten. Frambozen, aardbeien en bramen zitten boordevol salicylzuur, dezelfde stof die in aspirine zit.

Doe mij een tonijn. Omega-3-vetzuren in tonijn en andere vis en lijnzaadolie, helpen de hartspier te versterken, de bloeddruk te verlagen, bloedklontering tegen te gaan en ontstekingsprocessen in het lichaam te verminderen.

Pers een grapefruit. Een grapefruit per dag kan de kans op vernauwing van je bloedvaten met 46 procent verminderen, je cholesterolgehalte verlagen met meer dan tien procent en je bloeddruk met vijf punten laten dalen.

Kijk eens naar kalium. Doe een banaantje (487 milligram) door je ontbijtgranen, pof daarna twee kleine aardappelen (612 mg) of gooi wat spinazie (1 kop bevat 839 mg) in de pan voor je avondmaaltijd. Allemaal tjokvol kalium. Onderzoek toont aan dat je bloeddruk stijgt als je minder dan 2000 mg kalium per dag binnenkrijgt. Andere goede kaliumbronnen zijn rozijnen (per kop 1086 mg), tomaten (per kop puree 811 mg), limabonen (per kop 955 mg) en papaya (één vrucht bevat 781 mg van dit mineraal).

Koop met calcium verrijkte vitamine C. Het verhogen van je calciumconsumptie kan je bloeddruk verlagen. Bovendien krijg je meteen ook vitamine C binnen. Volgens onderzoek in Engeland hebben mensen met een hoge vitamine-C-bloedspiegel 40 procent minder kans om te overlijden aan hartziekten dan anderen.

Knabbel op pompoenzaadjes. 35 gram van deze zaadjes bevat 151 mg magnesium, meer dan eenderde van de aanbevolen dagelijkse hoeveelheid. Magnesiumtekorten zijn in verband gebracht met allerlei risicofactoren voor hartziekten, zoals hoge bloeddruk, verhoogde cholesterolwaarden en verkalking van de kransslagaders. Andere rijke magnesiumbronnen: heilbot (170 mg in 225 gram vis), bruine rijst (per kop 84 mg), kikkererwten (per kop 79 mg), cashewnoten (30 gram bevat 74 mg), en artisjok (per stuk 72 mg).

Gebruik andere olie. Onderzoekers in India ontdekten dat mensen die maïsolie en andere plantaardige oliën in de keukenkast vervingen door soorten met enkelvoudig onverzadigde vetzuren (olijfolie of, in dit geval, sesamolie), hun bloeddruk in zestig dagen met meer dan dertig punten zagen dalen, zonder verder iets aan hun levensstijl te veranderen.

Stop met snoepen. Een stof in de zoethoutwortel stuwt de bloeddruk omhoog, een probleem voor wie van drop houdt.

Hoofdstuk 4

Hoe het Wasborddieet werkt

Wat je lichaam doet met wat je net hebt gegeten

In grote lijnen lijkt de weg die voedsel aflegt in het lichaam heel eenvoudig: het gaat naar binnen en ook weer naar buiten, en alles wat overblijft gaat om je middel, onder je kin, of op je heupen, benen of billen zitten. In werkelijkheid lijkt het reispatroon van je ontbijt, lunch en avondmaaltijd meer op het moderne verkeer. Je hebt files (dichtgeslibde aderen) en af en toe word je in het voorbijgaan bekogeld (indigestie), maar je hebt ook een complex netwerk van wegen die je voedingsstoffen naar je vitale organen en weefsels toe brengen en ook weer afvoeren. Je vermogen om gewicht te verliezen en spiermassa op te bouwen hangt in hoge mate af van hoe en wanneer je het lichaam van brandstof voorziet om het aan het verkeer te laten deelnemen.

Het reispatroon van je ontbijt, lunch en avondmaaltijd lijkt veel op het moderne verkeer.

In het vorige hoofdstuk heb ik laten zien dat het geheim van effectieve gewichtscontrole zit in het vermogen van het lichaam om effectief calorieën te verbranden, en niet in hoe effectief je calorieën verbrandt tijdens het trainen. Verder heb ik nog het een en ander uitgelegd over hoe voeding de dagelijkse verbranding van calorieën kan beïnvloeden. Voordat ik het systeem van het Wasborddieet ga uitleggen, wil ik dat je de belangrijkste substanties en voedingsstoffen die het spijsverteringssysteem beïnvloeden leert kennen.

De veelzijdigheid van **eiwit**

Weinig zaken worden in de sport zo gewaardeerd als veelzijdigheid: een vrouw die kan voetballen en ook nog kan koken, een vader die olie kan verversen en een heerlijke saladedressing kan maken, een captain of industry die ook nog problemen met de computer kan verhelpen, een tennisser wiens backhand even krachtig is als zijn forehand, een danser die ook nog kan zingen en een oma die voor haar kleinkinderen net zo lief is als voor haar eigen kinderen. In je lichaam is eiwit de veelzijdigste speler in het voedingsteam. Eiwit komt in allerlei vormen voor en doet heel veel goede dingen, en dat zonder een miljoenencontract.

- Eiwit bouwt het raamwerk op van je lichaam, zoals spieren, organen, botten en bindweefsel.
- In de vorm van enzymen helpt het je lichaam om voeding te verteren.
- In de vorm van hormonen vertelt het je lichaam wanneer het voeding als energie nodig heeft en wanneer voeding moet worden opgeslagen als lichaamsvet.
- Eiwit transporteert zuurstof in het bloed naar spieren en organen.
- Als antilichaam beschermt het je tegen ziekte bij aanvallen van virussen en bacteriën.

Eiwit is dus van vitaal belang voor het optimaal functioneren van het lichaam op allerlei niveaus. Maar ook om andere redenen hebben we van eiwit de 'spil' gemaakt van het Wasborddieet.

1 **Het smaakt goed.** Sappige biefstuk, plakken gerookte kalkoen, varkenshaas, gestoomde kreeft en pindakaas: het Wasborddieet is opgebouwd rond de voedingsmiddelen die je lekker vindt en daarmee is het geen programma dat je moeilijk vol kunt houden. Integendeel, het is een programma dat je graag zult volgen.
2 **Het verbrandt calorieën, ook als je er eens te veel van eet.** Voeding bevat energie in de vorm van chemische verbindingen, maar het lichaam kan het niet in die vorm benutten. Je lichaam moet de voeding eerst afbreken voor het de energie die vrijkomt uit het verbreken van de verbindingen kan gebruiken. Dat proces van energie halen uit voeding kost

zelf weer energie, en daar moeten dan ook extra calorieën voor worden verbrand. Dat heet het thermische effect van eten, zoals ik heb uitgelegd in hoofdstuk 3, en eiwit heeft van alle voedingsmiddelen het hoogste thermische effect. Het kost twee keer zo veel energie om eiwit af te breken als om koolhydraten af te breken. Dus geef je het lichaam meer eiwit te eten, dan verbrandt het tijdens een dag automatisch meer calorieën. Toen onderzoekers van de Arizona State University de voordelen van eiwitrijke voeding vergeleken met die van voeding rijk aan koolhydraten, ontdekten ze dat mensen die voedsel aten met veel eiwitten in de uren na hun maaltijd twee keer zo veel calorieën verbrandden als mensen die voornamelijk koolhydraten naar binnen kregen.

3 **Het houdt de honger op afstand.** Onderzoek heeft aangetoond dat als je je maaltijden rond eiwit opbouwt, je veel minder snel honger hebt. Laten we kijken naar een onderzoek gepubliceerd in het *European Journal of Clinical Nutrition*. Proefpersonen kregen vier verschillende soorten shakes te drinken, shakes met: 60 procent eiwit, 60 procent koolhydraten, 60 procent vet, of een mengsel met gelijke verhoudingen van alledrie. Daarna kregen ze een lunch aangeboden. De proefpersonen die een eiwitrijke of een gemengde shake hadden gedronken aten het minst van de middagmaaltijd. Alle shakes bevatten dezelfde hoeveelheid calorieën, maar het eiwit maakte dat deze proefpersonen een voller gevoel hadden en minder van de lunch aten.

4 **Het bouwt spiermassa op en laat je lichaam de hele dag door vet verbranden.** Onthoud: meer spiermassa betekent meer vetverbranding. Training met gewichten veroorzaakt microscopisch kleine scheurtjes in de spiervezels en om dat te repareren schiet eiwit te hulp alsof het Het Rode Kruis is. Je lichaam voert extra eiwit aan om de schade op te nemen en te herstellen. Eiwit verbetert zelfs de celstructuur door een klein beetje meer spiereiwit op te bouwen dan het gerepareerd heeft.

Dit hele proces – waarin eiwit nieuwe spiermassa opbouwt na een training – kan 24 tot 48 uur duren. Dus als je drie keer per week met gewichten traint, en daardoor eiwitten prikkelt om spierschade te herstellen, dan blijft je lichaam in de 'spieropbouwmodus' staan en staat daarmee ook de hele week in de 'vetverbrandingsstand'.

Zoals je weet, zit eiwit in verschillende voedingsmiddelen, zoals kalkoen, biefstuk, vis, noten en tofoe. Je moet je vooral richten op die eiwitten die er het beste in slagen om je spieren op te bouwen. Uit onderzoek is gebleken dat dierlijke eiwitten beter in staat zijn om spieren op te bouwen dan soja- of andere plantaardige eiwitten. Dus gevogelte, vis, en mager rund- en varkensvlees zijn een betere keus dan tofoe of andere sojaproducten. (Behalve natuurlijk als je vegetariër bent.) Ben je iemand die van tellen houdt, dan moet je uitgaan van twee gram per kilo lichaamsgewicht. Dat is in het algemeen zo'n beetje de maximale hoeveelheid eiwit die je lichaam goed kan verwerken. Voor een vrouw van 60 kilo betekent dat een dagelijkse eiwitconsumptie van 120 gram. Dat ziet er dan ongeveer als volgt uit:

2 eieren (14 gram)
1 kop magere melk (8 gram)
100 gram hüttenkäse (12 gram)
1 sandwich met rosbief (28 gram)
80 gram pindakaas (16 gram)
200 gram kippenborst (40 gram)

Combineer de vier factoren, een makkelijk en smakelijk voedingsprogramma, hogere verbranding van calorieën, lagere inname van calorieën en meer vetverslindende spieropbouw, en je begrijpt waarom een eiwitrijke voeding gelijkstaat aan gewichtverlies. In een Deens onderzoek verdeelden wetenschappers 65 proefpersonen in drie groepen. De eerste groep kreeg voeding met twaalf procent eiwit, de tweede groep met 25 procent eiwit. De derde groep kreeg helemaal geen dieet (de controlegroep). In de eerste twee groepen kregen de proefpersonen hetzelfde percentage calorieën aan vet, ongeveer dertig procent. Terwijl de proefpersonen van de 'eiwitarme' groep gemiddeld vijf kilo verloren, verloor de groep die eiwitrijk voedsel at gemiddeld negen kilo, en in deze groep aten ze ook nog eens minder calorieën dan in de 'eiwitarme' groep.
Het meest verrassende was niet eens hoeveel gewicht deze proefpersonen kwijtraakten, maar waar: de eters van eiwitrijk voedsel verloren twee keer zo veel vet bij hun buik. Een verklaring kan zijn dat eiwitrijke voeding je lichaam helpt cortisol onder controle te houden, een stresshormoon dat een verhoogde vetopslag in de buikregio veroorzaakt.

Vet: ondergewaardeerd en onbegrepen?

Denk je aan vet, dan denk je waarschijnlijk aan voedingsmiddelen die een hoop vet bevatten of aan mensen die er een hoop van hebben. Na een paar jaar in het gezelschap van overtollig vet weet je één ding: je bent het verschrikkelijk beu en je wilt er voorgoed vanaf. Toch is vet waarschijnlijk een van de minst begrepen macronutriënten (de andere zijn eiwitten en koolhydraten) en dat komt door het wijdverspreide misverstand dat vet verantwoordelijk is voor onze vetzuchtepidemie.

In de jaren tachtig publiceerde de Amerikaanse overheid voedingsrichtlijnen die erop neer kwamen dat we onze voeding moesten opbouwen rond aardappelen, rijst, ontbijt(granen) en pasta, en de consumptie van voedingsmiddelen rijk aan vet en eiwit moesten beperken. Dat leidde tot de gedachte dat vet je vet maakt. En dat was weer de aanleiding voor een heel nieuwe generatie diëten waarvan de basisgedachte was dat als je het vetgehalte van de voeding beperkte, je slanker zou worden. Maar die manier van denken bleef niet overeind toen onderzoekers probeerden het verband tussen vetarme voedingsprogramma's en overgewicht te achterhalen.

Wanneer het lichaam lange tijd alleen vetarme voeding krijgt, dan stopt het gewichtsverlies.

In 1998 bijvoorbeeld, schatten twee vooraanstaande overgewichtdeskundigen in dat als je tien procent minder vet zou eten, je per dag zestien gram vet zou verliezen, wat op jaarbasis neerkomt op 22½ kilo. Maar toen een epidemioloog van Harvard, dr. Walter Willett, onderzocht of dat ook daadwerkelijk zou gebeuren, merkte hij dat er geen duidelijk verband was tussen gewicht verliezen en het volgen van een vetarm dieet. Het was zelfs zo, dat sommige onderzoeken die mensen een jaar of langer volgden, aantoonden dat mensen die vetarme voeding gebruikten dikker werden. Willett vermoedde dat daar het volgende mechanisme aan ten grondslag lag: wanneer het lichaam lange tijd alleen vetarme voeding krijgt, dan stopt het gewichtsverlies.

Voor een deel ligt dit aan het feit dat ons lichaam zich verzet tegen het langdurig krijgen van vetarme voeding, omdat we domweg vet nodig hebben. Vet speelt bijvoorbeeld een belangrijke rol bij de opname van vitamine A, D, E en K, die opgeslagen liggen in het vetweefsel van het lichaam en de lever totdat ze nodig zijn. Vet bevordert ook de testosteronproductie, het belangrijkste spieropbouwende hormoon. En net als eiwit, helpt vet je om honger op afstand te houden. Als we de afgelopen jaren iets over vet geleerd hebben, dan is het wel dit: je vetconsumptie beperken betekent niet automatisch een verlaging van je lichaamsvetpercentage. Een ander, overigens klein, onderzoek vergeleek het gebruik van voeding rijk aan koolhydraten met het gebruik van vette voeding. De onderzoekers ontdekten dat de groep die voeding rijk aan vetten at minder spiermassa verloor dan de andere groep. De wetenschappers veronderstelden dat spiereiwit in stand bleef door de vette voeding, doordat vetzuren eerder dan koolhydraten werden gebruikt als energieleveranciers. Het is waar dat een beperkte hoeveelheid vet in de voeding zelfs kan helpen om gewicht te verliezen. In een onderzoek gepubliceerd in het *International Journal of Obesity* en uitgevoerd door onderzoekers van Brigham, Boston, en Harvard Medical School, kregen 101 mensen met overgewicht vetarme voeding (twintig procent van de calorieën bestond uit vet) of middelmatig vette voeding (35 procent van de calorieën bestond uit vet). Ze werden in totaal achttien maanden gevolgd. Beide groepen verloren aanvankelijk gewicht, maar na anderhalf jaar had de groep die middelmatig vette voeding had gekregen per persoon 4 kilo verloren en was de groep die vetarme voeding had gekregen niet afgevallen. Gemiddeld waren de personen in deze groep zelfs drie kilo aangekomen! Deze resultaten tonen duidelijk aan dat vet een belangrijke factor is voor gewichtscontrole.

> ***Een beperkte hoeveelheid vet in de voeding zelfs kan helpen om gewicht te verliezen.***

Hier volgt een kort overzicht van vetten.

Transvetzuren: SLECHT. Steeds vaker zie je transvetzuren vermeld staan op voedinglabels. Je zult ze op de meeste voedingslabels echter niet vermeld zien staan, zelfs al bestaan er meer dan 40.000 verpakte voedingsmiddelen die dit type vet bevatten. Ze worden niet vermeld omdat ze zo slecht zijn voor je gezondheid, dat voedingsfabrikanten er jaren voor hebben gevochten om ze van voedingslabels af te houden. In 2003 besloot de FDA (Food and Drug Administration) eindelijk om de vermelding van transvetzuren op voedingslabels verplicht te stellen. Houd ze dus goed in de gaten.

Transvetzuren werden in de jaren vijftig ontdekt door levensmiddelenfabrikanten als middel om ons natuurlijke verlangen naar vet te stimuleren. Maar er is helemaal niets natuurlijks aan transvetzuren. Ze verhogen je cholesterol, zijn slecht voor je hart, veroorzaken diabetes en vergroten je buikomvang. Vroeger bestonden ze niet eens en uit sommige onderzoeken blijkt dat ze in Amerika op jaarbasis verantwoordelijk zijn voor naar schatting 30.000 gevallen van voortijdig overlijden. In een onderzoek van Harvard ontdekten wetenschappers dat wanneer drie procent van het dagelijkse aantal calorieën uit transvetten komt, het risico op hart- en vaatziekten met vijftig procent toeneemt. Drie procent van je dagelijkse aantal calorieën komt neer op ongeveer zeven gram transvetzuren, dat is zo'n beetje de hoeveelheid die je binnenkrijgt bij het consumeren van een zak patat. Amerikanen eten gemiddeld dagelijks tussen de drie en tien gram transvetzuren.

Om te begrijpen wat transvetzuren nu eigenlijk precies zijn, moet je je een fles plantaardige olie en een pakje margarine voorstellen. Bij kamertemperatuur is de plantaardige olie vloeibaar en de margarine vast. Zou je nu koekjes gaan bakken met plantaardige olie, dan zouden ze behoorlijk vettig worden. En wie wil er nu koekjes die druipen van het vet? Daarom verhitten levensmiddelenfabrikanten die koekjes maken, en cake, chips, taarten, muffins, donuts, wafels en nog heel veel andere levensmiddelen die we dagelijks consumeren, olie tot zeer hoge temperaturen en voegen er waterstof aan toe. Waterstof bindt zich aan olie en vormt een nieuwe vorm van vet, transvet, die op kampertemperatuur vast blijft. Plantaardige olie wordt margarine. En zo worden voedingsmiddelen die eigenlijk gezond zijn, maar misschien niet zo lekker smaken, ware vetbommen.

Omdat transvetzuren niet in de natuur voorkomen, heeft je lichaam het heel moeilijk met de verwerking ervan. Ze veroorzaken allerlei ongerief in je lichaam. Ze verhogen je LDL-cholesterol (ook wel 'slecht' cholesterol genoemd) en verlagen je HDL-cholesterol ('goed' cholesterol). Ze verhogen ook de

concentraties van andere vetten (lipoproteïnes) in je bloed. Hoe meer lipoproteïnes er in je bloedbaan ronddobberen, hoe groter de kans op hart- en vaatziekten. Verhoogde consumptie van transvetzuren is ook in verband gebracht met een verhoogd risico op diabetes en kanker.
Toch worden transvetzuren toegevoegd aan een schokkende hoeveelheid levensmiddelen. Ze staan op voedingslabels vermeld als gedeeltelijk gehydrogeneerde olie, meestal plantaardige olie of kokosolie. Kijk maar eens in je keukenkast en koelkast, en je zult verbaasd staan over hoeveel levensmiddelen met transvetzuren je daar tegenkomt: crackers, popcorn, koekjes, vissticks, zachte kazen, snoeprepen en geglaceerde wafels. Het houdt niet op. Zelfs voedingsmiddelen die je als supergezond beschouwt, zoals tarwemuffins en ontbijtgranen, staan vaak stijf van de transvetzuren. En doordat ze verstopt zitten in voedingsmiddelen die op het eerste gezicht vetarm lijken, hebben deze vetten invloed op je gezondheid terwijl je je daar niet van bewust bent.
Probeer je inname van transvetzuren te beperken. Kijk op de voedingslabels van verpakte levensmiddelen die je koopt of je er gedeeltelijk gehydrogeneerde olie op ziet staan. Zo ja, onmiddellijk verder zoeken naar een alternatief. Zelfs van voedingsmiddelen die eigenlijk niet erg gezond zijn kunnen gezonde varianten te koop zijn. En onthoud: hoe hoger gedeeltelijk gehydrogeneerde olie op de ingrediëntenlijst staat, hoe slechter het is. Je zult waarschijnlijk niet in staat zijn om transvetzuren helemaal te vermijden, maar je kunt in ieder geval kiezen voor varianten met het laagste vetgehalte.

Zelfs voedingsmiddelen die je als supergezond beschouwt, zoals tarwemuffins en ontbijtgranen staan vaak stijf van de transvetzuren.

Een andere manier om transvetzuren te vermijden is helemaal geen gefrituurde producten te eten. Omdat transvetzuren minder snel bederven dan natuurlijke vetten en gemakkelijker zijn op te slaan en te transporteren, bevatten bijna alle verpakte, gefrituurde levensmiddelen transvetzuren. Gefrituurde vis, chips, tortilla's en gefrituurde kip zitten allemaal bomvol dikmakende transvetzuren. Bestel liever producten die zijn (roer-)gebakken of gestoomd. En vermijd snackcorners en patatpaleizen, waar nauwelijks iets te koop is dat niet stijf staat van de transvetten. Verder zouden drive-inrestaurants eigenlijk alleen een vergunning mogen krijgen wanneer ze vlak naast een hartkliniek staan.

VERMIJDEN

Margarine
Gefrituurde voedingsmiddelen
Voorverpakt gebak en andere bakkerswaren
Alle levensmiddelen waar op de ingrediëntenlijst gedeeltelijk gehydrogeneerde olie staat

Verzadigde vetten: SLECHT. Verzadigde vetten zijn natuurlijke vetten in vlees en zuivelproducten. Het probleem met verzadigde vetten is dat wanneer ze het lichaam binnenkomen, ze de neiging hebben hetzelfde te doen als in het lichaam van een koe of een varken: ze worden niet verbrand, maar opgeslagen in het vetweefsel van je heupen, je ribben en zelfs je lendenen. Ze lijken zelfs een grotere 'opslagneiging' te hebben dan andere vetten. Een onderzoek van de John Hopkins University stelt dat de hoeveelheid verzadigde vetten in je voeding mogelijk recht evenredig is aan de hoeveelheid vet rond je buikspieren. Wetenschappers analyseerden de voeding van 84 personen en voerden een MRI-scan op hen uit om het lichaamsvetpercentage te meten. Daaruit bleek dat degenen met de hoogste consumptie van verzadigde vetten ook het meeste vet bij hun buik hadden. Verzadigde vetten verhogen ook het cholesterolgehalte in het bloed en daarmee het risico op hart- en vaatziekten en sommige vormen van kanker. Nu is het niet de bedoeling dat je probeert verzadigde vetten volledig uit je voeding te schrappen. Ze komen voor in de meeste dierlijke producten en die voedingsproducten zijn om andere redenen belangrijk voor het Wasborddieet (bijvoorbeeld calcium in zuivel en eiwit in vlees). Maar ik wil wel dat je vetarme en

De hoeveelheid verzadigde vetten in je voeding is mogelijk recht evenredig aan de hoeveelheid vet rond je buikspieren.

magere varianten van vlees en zuivelproducten kiest. Je wilt het goede van die voedingsmiddelen, maar zonder de grote hoeveelheden verzadigd vet.

VERMIJDEN

Vette stukken rood vlees
Volle melkproducten

Meervoudig onverzadigde vetzuren: GOED. Er zijn twee soorten meervoudig onverzadigde vetzuren: omega-3 en omega-6. Je hebt waarschijnlijk wel eens gehoord van omega-3-vetzuren. Het zijn vetten die voorkomen in vis. Van voeding die rijk is aan omega-3-vetzuren is aangetoond dat zij bescherming biedt tegen hart- en vaatziekten. Dat is een goede reden om zeevruchten op te nemen in je voeding. Daarbij toont nieuw onderzoek aan dat dit type vet je zelfs kan helpen om je gewicht op peil te houden. Uit onderzoek bleek dat proefpersonen die dagelijks zes gram visoliesupplementen slikten tijdens een dag meer vet verbrandden dan diegenen die geen supplementen gebruikten. Onderzoekers vermoeden dat een voeding die rijk is aan omega-3-vetzuren invloed heeft op de stofwisseling en deze stimuleert om efficiënter vet te verbranden.

Een ander verbazingwekkend, geheim soort krachtvoer waarvan je waarschijnlijk nooit hebt gehoord: lijnzaadolie.

Je kunt visoliesupplementen gebruiken als je wilt, maar vergeet niet je voordeel te doen met de spieropbouwende eiwitten van echte vis. Vis met de hoogste concentratie omega-3-vetzuren, zoals zalm en tonijn, eet je waarschijnlijk al. Vis zit niet alleen bomvol hartbeschermende, vetverbrandende omega-3-vetzuren, maar is ook een geweldige bron van magere, spieropbouwende eiwitten.
Er is nog een ander verbazingwekkend, geheim soort krachtvoer waar bodybuilders vaak gebruik van maken, maar waarvan jij waarschijnlijk nooit hebt gehoord: lijnzaadolie. Lijnzaad wordt zelden voor consumptie gebruikt, maar zit tjokvol omega-3-vetzuren en cholesterolverlagende vezels. In de meeste reformwinkels is lijnzaadolie gewoon te koop. Onmiddellijk

aanschaffen! Ik heb gemalen lijnzaad in de koelkast staan en doe het over ontbijtgranen, in powershakes en zelfs op roomijs. Het heeft een milde, nootachtige smaak die je zeker zal bevallen. Het is een weldaad voor je cholesterol door de omega-3-vetzuren. Daarnaast bevat het voedingsvezels die je aderen schoonhouden en zou het wel eens je belangrijkste wapen in de strijd tegen overgewicht kunnen zijn.
Omega-6-vetzuren helpen je eveneens om de hoeveelheid slecht cholesterol te verlagen en de hoeveelheid goed cholesterol op te krikken. Ze komen voor in plantaardige oliën, vlees, eieren en zuivelproducten. Ze komen in de meeste voedingsmiddelen zo vaak voor dat je er alleen verstoken van blijft als je strandt op een onbewoond eiland.

EET MEER

Vis
Lijnzaad en lijnzaadolie

Enkelvoudig onverzadigde vetzuren: GOED. Enkelvoudig onverzadigde vetzuren komen voor in noten, olijven, pinda's, avocado's, olijfolie en canolaolie. Net als omega-3-vetzuren helpen deze vetten je cholesterolgehalte omlaag te brengen en beschermen ze tegen hart- en vaatziekten. Daarnaast helpen ze vet te verbranden. In een onderzoek ontdekten wetenschappers dat het lichaam vijf uur na een maaltijd die rijk is aan enkelvoudig onverzadigde vetzuren meer vet verbrandt dan bij de consumptie van een maaltijd die rijk is aan verzadigde vetten. Enkelvoudige vetzuren helpen niet alleen om je cholesterolgehalte omlaag te brengen en meer vet bij je buik te verbranden, maar ook om minder te eten. Onderzoekers van Penn State ontdekten dat mensen die aardappelpuree aten die bereid was met olie rijk aan enkelvoudig onverzadigde vetzuren, langer een vol gevoel hadden dan wanneer de puree was klaargemaakt met olie die meervoudig onverzadigde vetzuren bevatte.

Vissoorten met de meeste omega-3-vetten

Onderstaande informatie is op basis van honderd gram product (alleen voor sardines is uitgegaan van 125 gram). Probeer per dag 2,5 gram omega-3-vetzuren te eten.

Soort vis	**Omega-3-gehalte**	**Bereid**
Elft	3,7 gram	Gekookt
Sardines	2,4 gram	Op waterbasis (blik)
Makreel	1,9 gram	Gestoomd
Koolvis	1,9 gram	Gekookt
Zalm	1,6 gram	Gestoomd
Tonijn	1,5 gram	Gegrild
Oesters	1,4 gram	Gekookt
Forel	1,2 gram	Gestoomd
Haai	1,1 gram	Gegrild
Zwaardvis	1,1 gram	Gegrild
Tonijn	0,07 gram	Blikje 250 gram op waterbasis

Koolhydraten: een slechte naam

Met alle kritiek die koolhydraten de laatste jaren hebben gekregen, mag het nog een wonder heten dat brood niet in aanmerking komt voor bescherming door het World Life Fund. Overal waar ik kijk zie ik mensen hamburgers zonder broodjes eten of een paar slierten spaghetti met veel saus, of opscheppen (!) over hun gebakken-eieren-met-spekdieet. Hoewel het duidelijk is dat eiwit en vet heel belangrijke onderdelen van een goede voeding zijn, is het niet eerlijk, en bovendien ongezond, om koolhydraten van het voedingseiland te knikkeren. Met meer en meer bewijs voor het vermoeden dat voeding die rijk is aan koolhydraten bijdraagt aan een verhoging van het lichaamsvetpercentage (tenzij je marathons loopt), begint men steeds meer in te zien dat koolhydraatarme voeding kan

helpen je lichaamsgewicht onder controle te krijgen. Een onderzoek gepubliceerd in het tijdschrift *Metabolism* bevestigt deze veronderstelling. Onderzoekers van de University of Connecticut ontdekten dat proefpersonen die slechts 45 gram koolhydraten per dag aten, ongeveer acht procent van het totale aantal calorieën, in zes weken drie kilo vet verloren en een kilo spiermassa ontwikkelden. Toch kun je behoorlijk de mist in gaan als je koolhydraten helemaal uit je voeding schrapt. Veel koolhydraten, bijvoorbeeld in fruit, groenten, volkorenproducten en bonen, beschermen je tegen kanker en andere ziekten. Verder bevatten sommige koolhydraten nutriënten, zoals vezels, die helpen om je gewicht onder controle te houden.
Van oudsher is er verwarring over de vraag hoe je koolhydraten moet indelen en welke goed zijn voor je gezondheid. We dachten aanvankelijk bij koolhydraten alleen aan hun moleculaire structuur, en bekeken of die enkelvoudig of complex was.
Bij enkelvoudig of simpel gaat het om koolhydraten met een of twee suikermoleculen.
Deze koolhydraten zitten in producten zoals sucrose (in tafelsuiker), fructose (in fruit) en lactose (in zuivelproducten).
Complexe of samengestelde koolhydraten hebben meer dan twee suikermoleculen, zoals in pasta, rijst, brood en aardappelen. Het vervelende is dat je koolhydraten niet allemaal over één kam kunt scheren en kunt zeggen dat ze afhankelijk van de moleculaire structuur (simpel of complex) goed of slecht zijn. Een appel bijvoorbeeld, bevat voedingstoffen en helpt je slank te blijven, maar dat geldt niet voor suiker. Hoewel het allebei 'simpele' koolhydraten zijn, zijn ze qua voedingswaarde nauwelijks te vergelijken.

Koolhydraten in fruit, groenten, volkoren producten en bonen beschermen je tegen kanker en andere ziekten.

In plaats daarvan kun je beter letten op hoe het lichaam chemisch reageert op bepaalde koolhydraten. Een van de instrumenten die voedingswetenschappers daarvoor tegenwoordig gebruiken is de zogenaamde glycemische index (GI). De GI kent een waarde toe aan voedingsmiddelen op basis van de snelheid waarmee het voedingsmiddel wordt omgezet in glucose. Voedingsmiddelen met een hoge GI, het type dat

snel wordt verteerd en omgezet in glucose, zijn meestal minder gezond dan die met een lage GI.
Een andere term voor glucose is bloedsuiker. De aanwezigheid van suiker in je bloed maakt dat het lichaam het hormoon insuline produceert. De taak van insuline is om suikers die niet direct worden gebruikt af te voeren en op te slaan. Hier komt het effect van de GI om de hoek kijken: voedingsmiddelen met een hoge GI (zoals pasta, brood, witte rijst en een Mars) worden heel snel opgenomen en overspoelen je bloedbaan met suikers. Insuline schiet te hulp en zegt: 'Wat moet ik hier allemaal mee?' Glucose die niet onmiddellijk wordt verbruikt als energie wordt al snel opgeslagen als lichaamsvet. Sterker nog, eet je koolhydraten met een hoge GI in combinatie met vet, bijvoorbeeld brood met boter, dan kan het vet dat je gegeten hebt niet worden verbrand, doordat je bloedbaan overspoeld wordt met suikers. Insuline werkt zelfs zo hard om deze nieuwe aanvoer van bloedsuiker om te zetten in lichaamsvet, dat je bloedsuikerspiegel al snel begint te dalen. En je weet wat dit betekent: je hebt weer honger.

Glucose die niet onmiddellijk wordt verbruikt als energie wordt al snel opgeslagen als lichaamsvet.

Eet je een maaltijd met een lage GI (een evenwichtige maaltijd van kip, vezelrijke groenten en bruine rijst), dan wordt de voeding langzamer opgenomen. Je bloedsuikerspiegel stijgt dan ook niet zo snel. Die langzamere opname betekent dat glucose urenlang beschikbaar is als energiebron. Dit betekent ook dat je urenlang de tijd hebt om je bloedsuikers te verbranden. Insuline hoeft niet te hulp te schieten en de suikers om te zetten in lichaamsvet. Het lichaam kan de suikers langzaam benutten voor andere bouwprojecten, zoals het herstellen en opbouwen van spiermassa. Doordat je bloedsuikerspiegel stabiel blijft, heb je een paar uur na het eten niet alweer honger. Je bouwt meer spiermassa op, slaat minder vet op, hebt meer energie en houdt je 'lekkere trek' onder controle.
(Overigens, als dit hele verhaal over bloedsuiker en insuline je aan bepaalde gezondheidsproblemen doet denken, bijvoorbeeld diabetes, dan heb je bij biologie op school goed opgelet. Je bloed voortdurend overvoeren met grote hoeveelheden suiker, gevolgd

Insuline: het hormoon met twee gezichten

Het hormoon insuline is een beetje als je hoogbejaarde grootje: het houdt ervan dingen te verzamelen. Het enige probleem is dat het ook zo schizofreen is als je gekke ome Koos. Soms zorgt het voor de opbouw van je spieren en soms vult het je vetcellen met weer een nieuwe portie vet.

Verschillende voedingsmiddelen geven verschillende insulineresponsen. Voedingsmiddelen met een hoge GI (zoals wit brood, de meeste ontbijtgranen, druiven en bananen) dumpen direct na het eten een hoop suiker in je bloedbaan, waardoor er een insulinepiek ontstaat. In dit geval zorgt insuline ervoor dat de suikers in je bloed snel worden opgeslagen als lichaamsvet.

Sommige voedingsmiddelen geven een andere respons. Zuivelproducten, zoals melk, yoghurt en roomijs, zorgen voor een forse insulinepiek zonder het bijbehorende effect op de bloedsuikerspiegel. Je krijgt ook een insulinerespons van voedingsmiddelen die nauwelijks koolhydraten bevatten en bijna geen effect hebben op de bloedsuikerspiegel, zoals rundvlees en vis. Blijft de bloedsuikerspiegel betrekkelijk constant, dan is insuline in staat om de voedingsstoffen in je bloed te gebruiken voor herstel en opbouw van cellen, waaronder ook spierweefsel.

Daarom is het Wasborddieet opgebouwd rond vezelrijke, hoogwaardige voeding die ook helpt je gewicht onder controle te houden. De meeste voedingsmiddelen zijn middelmatig tot zeer eiwitrijk en sommige bevatten veel calcium (bijvoorbeeld zuivelproducten). De koolhydraten in dit voedingsprogramma zijn van het type waar veel vezels en andere belangrijke voedingsstoffen in zitten.

door insulinepieken, maakt je lichaam uiteindelijk minder efficiënt in het verwerken van deze bloedsuikers. Dat heet insulineresistentie, wat weer een andere term is voor diabetes. Het is een ernstige, verschrikkelijke ziekte, die tegelijkertijd ook heel goed te voorkomen is. Uit een onderzoek van Harvard bleek dat mensen die voedingsmiddelen aten met een lage GI, zoals bruin brood, 37 procent minder kans hadden op het ontwikkelen van diabetes dan diegenen die voedingsmiddelen

Een zeer corrupte vorm van koolhydraten

High-fructose corn syrup (HFCS), fructoserijke maïsstroop, wordt door de meeste diëtisten direct in verband gebracht met obesitas of extreem overgewicht.

Fructosestroop is een door de voedingsindustrie vervaardigde zoetstof die goedkoper en zoeter is dan suiker. Voedingsfabrikanten zijn er dol op, want ze maken er meer winst door. Dus verwerken ze de stroop in ongelofelijk veel voedingsmiddelen, zoals ontbijtgranen, ketchup, frisdrank, pastasaus en koekjes. Zelfs in sommige maaltijdvervangers (repen) die zogenaamd goed voor je zouden moeten zijn, staat fructosestroop bovenaan op de ingrediëntenlijst.

Het is een fabrieksmatige zoetstof die vóór de jaren zeventig niet eens in onze voedingsketen voorkwam. Fructosestroop is echt heel, heel slecht voor je. Dat komt doordat het bomvol calorieën zit en je lichaam deze calorieën niet herkent. Sterker nog, fructosestroop legt de controlemechanismen van het verzadigingsgevoel lam zodat je veel meer kunt eten dan je lichaam normaal aankan. Je kent misschien wel knapen die met gemak een tweeliterfles cola wegwerken. En weet je wat zo vreemd is? Voor fructosestroop was uitgevonden was een mens daar niet toe in staat. Toen traden onze natuurlijke verzadigingsmechanismen nog in werking en riepen: 'Genoeg!' Maar doordat de stroop deze mechanismen lamlegt, maakt fructosestroop, je reinste junkfood, ons dik. In 1970 aten Amerikanen nauwelijks een paar ons fructosestroop per persoon per jaar. Eind jaren negentig consumeerden ze 28 kilo per persoon per jaar. Dat is 228 calorieën per dag per persoon meer.

Het probleem met fructosestroop is niet de maïsstroop. Het is de fructose, een suiker die van nature voorkomt in fruit en honing. Maïsstroop is voornamelijk opgebouwd uit glucose, die als energie direct verbrand kan worden en kan worden opgeslagen in lever en spieren voor later gebruik, of, als laatste mogelijkheid, kan worden opgeslagen als lichaamsvet. Anders dan bij glucose gebruikt het lichaam fructose niet als directe energiebron, maar zet deze om in lichaamsvet. Het kleine beetje fructose dat je dagelijks via fruit en misschien honing binnenkrijgt draagt daar niet substantieel aan bij, maar fructosestroop eten is als een infuus installeren dat de handel linea recta naar je buikvet pompt. Een van de grootste boosdoeners is frisdrank. De afgelopen decennia is de consumptie van frisdrank gestegen van 95 liter per persoon per jaar tot 190 liter. De hoeveelheid fructosestroop die we tegenwoordig binnenkrijgen

Een van de grootste boosdoeners is frisdrank.

is nog nooit zo hoog geweest en veel onderzoekers vermoeden dat er een directe link is tussen de gigantische hoeveelheid fructosestroop die we consumeren en de verontrustende getallen die we op de weegschaal zien.

Denk nog eens na over wat je nu weet over koolhydraten. Bij het eten van koolhydraten, of ze nu glucose of zetmeel bevatten, produceert je lichaam insuline om je lichaamsgewicht te reguleren. Eerst probeert het de koolhydraten in de spiercellen en de lever op te slaan voor later gebruik. Daarna dempt het je eetlust, waarmee het lichaam het signaal krijgt dat het genoeg gehad heeft. Tot slot stimuleert het de productie van het hormoon leptine dat geproduceerd wordt in de vetcellen. Het komt erop neer dat leptine de hoeveelheid vet die in je vetcellen wordt opgeslagen reguleert en helpt je stofwisseling te versnellen om je gewicht op peil te houden. Als een schoonmoeder die jou vertelt hoe je je kinderen moet opvoeden, zo verpest fructose een systeem dat vroeger prima functioneerde. Fructose stimuleert de afgifte van insuline niet en voorkomt daarmee ook de productie van leptine. Dat is het belangrijkste argument tegen fructosestroop: zonder insuline en leptine heeft het lichaam geen beschermingsmechanisme. Je kunt vier liter cola naar binnen slobberen of anderhalve kilo yoghurtijs weglepelen, en nog steeds denkt je lichaam dat je niet gegeten hebt sinds de laatste keer dat Bill Gates geld van zijn vader leende.

Frisdranken zijn een van de belangrijkste leveranciers van fructosestroop, maar wetenschappers probeerden uit te vinden of de frisdrank zelf het probleem was of de fructosestroop. Hun oordeel: fructosestroop. In een onderzoek gepubliceerd in het *American Journal of Clinical Nutrition,* volgden wetenschappers twee groepen mensen met overgewicht tien weken lang. Ze lieten de ene groep gewone frisdranken drinken en de andere groep lightfrisdranken (deze bevatten geen fructosestroop). De mensen die de gewone frisdranken dronken werden zwaarder en kregen een hoger lichaamsvetpercentage. Ook zagen ze hun bloeddruk stijgen. De mensen die lightlimonade dronken, consumeerden minder calorieën dan ze normaal deden, verloren gewicht, kregen een lager lichaamsvetpercentage en ook een lagere bloeddruk.

Zelfs al ben je geen liefhebber van frisdrank, dan kan fructosestroop toch stiekem in je voeding sluipen. Daarvoor zijn gedetailleerde voedingslabels natuurlijk erg handig. Staat er 'suiker' of 'rietsuiker' op het lijstje, dan bevat het product sucrose, een mix van evenveel glucose als fructose. Dat lijkt geen probleem te zijn. Staat fructosestroop boven aan de lijst, dan moet je op het voedingslabel kijken hoeveel suiker het product bevat. Is dat een paar gram, dan hoef je je geen zorgen te maken. Heb je een product dat acht gram suiker of meer bevat en fructosestroop hoog op de lijst van ingrediënten heeft staan, dan moet je het product direct terugleggen. Het lichaam kan met een klein beetje van alles wel uit de voeten, maar als de fructosestroopgetallen op de scores van Michael Jordan gaan lijken, dan heb je een probleem. Raadpleeg de vervangingstabel voor gemakkelijke alternatieven.

Voedingsmiddelen met veel fructosestroop	**Vervangen door**
Normale frisdrank	Spa rood of lightlimonade
Snoep (bijvoorbeeld Tickles)	Chocoladereep (controleer of er fructosestroop inzit)
Pannenkoekenstroop	Echte stroop
IJsyoghurt	Roomijs
Fruityoghurt	Gewone magere yoghurt
Sterk gezoete ontbijtgranen	Gewone muesli
Pastasaus	Suikervrije pastasaus
Energierepen	Energierepen zonder fructosestroop

aten met veel koolhydraten en een hoge GI, zoals witte rijst. Voor meer informatie over de strijd tegen diabetes, zie ons Gezondheidsnieuws op pagina 92-94.)
Het is moeilijk om in algemene termen iets te zeggen over welke koolhydraten een hoge of lage GI hebben, omdat de glycemische index alleen maar een tijdseenheid is. Dat wil zeggen, hoe lang het duurt om vijftig gram koolhydraten in voeding om te zetten in bloedsuiker, ongeacht de grootte van de portie. Het is een waarde die aangeeft hoe lang het duurt om de koolhydraten in bijvoorbeeld een appel of watermeloen om te zetten in suiker, maar het vertelt je niets over hoeveel koolhydraten er in een portie van een bepaald voedingsmiddel zitten. Niemand eet een hele watermeloen, trouwens.
Daarom is de laatste trend in de voedingswetenschappen om te kijken naar de glycemische belasting (GB). De GB kijkt naar zowel de GI van een voedingsmiddel als naar de hoeveelheid koolhydraten in een portie van het voedingsmiddel. Het helpt je om het glycemische effect te bepalen en daarmee de verwachte stijging van de bloedsuikerspiegel die zal volgen.
Hoe hoger de GB van een voedingsmiddel, hoe meer het zorgt voor een insulinepiek in je bloed en hoe minder controle je hebt over je energieniveau en je eetlust. Toch is rekening houden met je GB maar één aspect van het zorgen voor een evenwichtige voeding. 'Het is beter om voeding te gebruiken met een hoge GB dan voeding die veel verzadigd vet bevat,' zegt dr. Jennie Brand-Miller, wetenschappelijk hoofdmedewerker in de humane voedingswetenschappen aan de University of Sydney en auteur van de *International Table of Glycemic Index and Glycemic Load.* 'Je richten op de laagst mogelijke GB is waarschijnlijk geen goede zet omdat je dan te weinig koolhydraten binnenkrijgt en te veel vet, waarschijnlijk verzadigd vet.' In plaats daarvan kun je voor het beperken van de glycemische respons je maaltijden beter opbouwen uit voedingsmiddelen met een GB van 19 of minder en vasthouden aan een GB van minder dan 120 per dag.
Klinkt dit verwarrend? Dat hoeft niet. De krachtvoedingsmiddelen van het Wasborddieet en de bijbehorende recepten hebben allemaal een lage GB. Je hoeft alleen maar het voedingsprogramma te volgen. Op momenten dat je geen andere mogelijkheid hebt dan te kiezen tussen twee voedingsmiddelen, kijk je gewoon in de tabel op de pagina hiernaast.

Calcium: wapen in de strijd tegen vet

Je hebt waarschijnlijk meer dan genoeg melksnorren gezien om te weten dat calcium goed is voor je botten, maar wist je ook dat calcium je taille een stuk smaller kan maken? Wetenschappers van de Harvard Medical School hebben ontdekt dat mensen die drie porties zuivel per dag consumeren, die samen met andere voedingsmiddelen ongeveer 1200 mg calcium leveren (ongeveer de aanbevolen dagelijkse hoeveelheid), 60 procent minder kans hebben op overgewicht. In onderzoeken van de University of Tennessee kregen vrouwen voeding met 500 calorieën per dag minder dan ze gewend waren. En wat bleek, de dames verloren gewicht, ongeveer één pond vet per week. Toen de onderzoekers een andere groep proefpersonen dezelfde voeding gaven maar daar zuivel aan toevoegden, verdubbelde het vetverlies tot ongeveer 1 kilo per week. Hetzelfde aantal calorieën leverde een dubbele hoeveelheid vetverlies op.

Wist je dat calcium je taille een stuk smaller kan maken?

Calcium lijkt de vorming van nieuw vet te beperken, luidt de conclusie van het onderzoeksteam van de University of Tennessee. Bij een ander onderzoek, uitgevoerd in hetzelfde laboratorium, verloren mensen die drie porties yoghurt per dag kregen bij hun voeding, 61 procent meer lichaamsvet en 81 procent meer buikvet in de loop van twaalf weken dan mensen die geen yoghurt aten. Uit een onderzoek op Hawaï bleek dat tieners met de hoogste calciuminname dunner en slanker waren dan leeftijdgenoten die minder calcium consumeerden. Sommige wetenschappers veronderstellen dat calcium uit zuivel kan helpen om vetopslag te bestrijden, omdat het het thermische effect van voeding verhoogt. Met andere woorden: je verbrandt meer calorieën bij het verteren van calciumrijke voedingsmiddelen dan bij het verteren van voeding met evenveel calorieën maar zónder calcium. Dit verklaart waarom calciumsupplementen, hoewel goed voor de botten en andere lichaamsfuncties, niet hetzelfde effect hebben als zuivel: er zijn minder calorieën te verteren en dus minder calorieën te verbranden. Voor de beste resultaten moet je uitgaan van 1200 mg calcium per dag.

Het Wasborddieet adviseert de volgende calciumrijke voedingsmiddelen:

- 30 gram geraspte Parmezaanse kaas (314 mg)
- 1 kop magere kwark (126 mg)
- 250 ml magere yoghurt (415 mg)
- 250 ml magere melk (264 mg)
- 30 gram Zwitserse kaas (224 mg)
- 30 gram cheddar (204 mg)
- 30 gram mozarella (143 mg)
- 1 schep (28 gram) wei-eiwitpoeder (110 mg)

Wat is eigenlijk een **hoog cholesterol?**

Cholesterol is een zachte, wasachtige substantie die voorkomt in de lipiden (vetten) in de bloedbaan en in alle cellen van je lichaam. Hoewel het een heel slechte naam heeft, heb je cholesterol toch ook nodig.

Je lichaam gebruikt het om celmembranen te vormen, hormonen te produceren en diverse andere belangrijke onderhoudstaken te verrichten. Maar een hoog cholesterolgehalte, hypercholesterolemie, is een belangrijke risicofactor voor het ontwikkelen van hart- en vaatziekten, wat weer kan leiden tot een hartaanval.

Je krijgt op twee manieren cholesterol aangeleverd. Het lichaam, vooral de lever, produceert zelf wisselende hoeveelheden, meestal 1000 mg per dag. Consumeer je voeding die rijk is aan verzadigde vetten, met name transvetten, dan schiet het cholesterolgehalte in je lichaam omhoog. Sommige voedingsmiddelen bevatten zelf ook cholesterol, zoals eieren (de dooiers), gevogelte, vis, zeevruchten en volle melkproducten. Maar het grootste deel, en dat is waar we ons hier op concentreren, wordt door je lichaam zelf gemaakt.

Een deel van het teveel aan cholesterol in je bloed wordt door de lever verwijderd. Maar een deel komt precies ook daar terecht waar je het helemaal niet wilt hebben, namelijk tegen de wanden van de bloedvaten, waar het zich verbindt met andere stoffen en plaque vormt. Plaque is slecht om diverse redenen. Ten eerste jaagt het de bloeddruk omhoog doordat je hart harder moet werken om het bloed door de vernauwde vaten te pompen, iets wat je rikketik op den duur de das om kan doen. Ten tweede kan plaque afbreken en een prop vormen die door het bloed meegevoerd wordt. Dat kan uiteindelijk een beroerte, een verlamming, overlijden en andere vervelende dingen veroorzaken. Binnen in je lichaam woedt er een oorlog tussen twee partijen gespecialiseerde sherpa's, lipoproteïnen geheten. Zij vervoeren cholesterol en hebben daarbij zo hun eigen agenda. Er zijn verschillende soorten lipoproteinen, maar de twee die je in de gaten moet houden zijn de Jekyll & Hyde van de gezondheid: HDL (high density of 'goede' lipoproteïne) en LDL (low density of 'slechte' lipoproteïne).

De goedaardige: HDL-cholesterol. Ongeveer een kwart tot eenderde van het cholesterol wordt getransporteerd door het goedaardige HDL. HDL helpt je door cholesterol uit de bloedbaan te halen en razendsnel naar de lever te brengen, waar het wordt afgebroken en afgevoerd. Dat is een goede zaak. Sommige deskundigen geloven dat HDL overtollig cholesterol verwijdert uit plaques en daardoor hun groei vertraagt. Dat is heel goed. Een hoog HDL-gehalte lijkt te beschermen tegen hartaanvallen. Maar het omgekeerde is ook waar: een laag HDL-gehalte (minder dan 40 mg per deciliter (mg/dl)) is een indicatie van een verhoogd risico. Een laag HDL-cholesterolgehalte verhoogt ook het risico op een beroerte.

De kwaadaardige: LDL-cholesterol. Het slechte LDL is er helemaal niet in geïnteresseerd om je gezondheid te bevorderen, maar wil het cholesterol alleen maar vervoeren naar een plaats die het goed uitkomt: je bloedvaten. Het zal LDL een zorg zijn dat te veel cholesterol je aderen laat dichtslibben, een aandoening die we arteriosclerose noemen. Een hoog HDL-cholesterol (160 mg per dl en meer) betekent een verhoogd risico op hartziekten.

Simpel gezegd, waar HDL actief probeert je te helpen, zit het LDL gewoon lekker onderuit je een beetje uit te lachen. Dus aan wiens kant staan we? Kies je voor HDL, dan zou ik maar beginnen om de basisvoedingsmiddelen van het Wasborddieet te gaan eten en het bijbehorende trainingsprogramma te volgen. Hieronder nog een paar handige ideeën om de kwaadaardige LDL te verslaan en de goedaardige HDL te steunen.

Mensen die matig drinken hebben een lager risico op hart- en vaatziekten.

Stoppen met paffen. Roken is een van de zes belangrijke risicofactoren voor hart- en vaatziekten. Je moet het kunnen laten. Roken verlaagt het (goede) HDL-cholesterol.

Matig met alcohol. In sommige onderzoeken is een verband gevonden tussen alcoholgebruik en een verhoging van het (goede) HDL-cholesterol. Maar juich niet te vroeg. Mensen die matig drinken (een glas alcohol per dag voor vrouwen) hebben een lager risico op hart- en vaatziekten, maar een hoger alcoholgebruik brengt andere gezondheidsrisico's met zich mee, zoals alcoholisme, hoge bloeddruk, extreem overgewicht en kanker.

B staat voor bonus. Een B-vitamine, zogenaamde niacine, vermindert het (slechte) LDL-cholesterol terwijl het tegelijkertijd het gunstige HDL verhoogt. Niacine is hier zelfs effectiever in dan populaire cholesterolverlagende medicijnen, die het totale cholesterol en het LDL aanpakken. (Oppassen overigens, want hoewel niacine uit onze voeding en uit supplementen die je kunt kopen prima is, kunnen superhoge doseringen niacine ernstige bijwerkingen hebben. Ze mogen daarom alleen op doktersvoorschrift worden geslikt.)

Zelfs het drinken van een of twee kopjes thee per dag kan al een heilzaam effect hebben.

Thee is oké. Drie recente onderzoeken bevestigen dat het drinken van groene thee kan helpen je cholesterolgehalte omlaag te brengen en het risico op kanker te verlagen. Gedurende een periode van twaalf weken kregen 240 mensen groene thee te drinken. Onderzoekers van de Vanderbilt University ontdekten dat het drinken van zeven koppen groene thee per dag het LDL-cholesterol met 16 procent kan verlagen. Nu is zeven koppen thee per dag een flinke slok, maar zelfs het drinken van een of twee kopjes per dag kan al een heilzaam effect hebben. Tegelijkertijd hebben onderzoekers van de University of Rochester onlangs ontdekt dat groene thee-extract kan helpen om de groei van kankercellen tegen te gaan. Onderzoekers van het Medical College in Ohio ontdekten dat een bepaalde stof in groene thee (EGCG) helpt om de ontwikkeling van blaaskanker te vertragen of te stoppen.

Grijp een grapefruit. Wil je een simpele verandering van voeding die goed is voor je gezondheid, dan is het beste wat je kunt doen dagelijks een witte of rode grapefruit eten. Grapefruit krijgt steeds meer aandacht als supergezond voedingsmiddel. Uit recent onderzoek blijkt dat een grapefruit bescherming biedt tegen hart- en vaatziekten en kanker, helpt om af te vallen en zelfs bevorderlijk is voor een goede nachtrust. Een grapefruit per dag kan je totale cholesterolgehalte en LDL-cholesterol verlagen met respectievelijk 8 en 11 procent.

Krachtige cranberry. Wetenschappers van de Scranton University in Pennsylvania ontdekten dat mensen die dagelijks drie glazen cranberrysap (Amerikaanse veenbes) dronken hun (goede) HDL-cholesterol met 10 procent omhoog zagen gaan, waardoor hun risico op hart- en vaatziekten met 40 procent verminderde. Plantaardige stoffen, polyfenolen geheten, zijn waarschijnlijk verantwoordelijk voor dit effect. (Let op: cranberrysap wordt vaak verdund, dus zorg er wel voor dat het sap dat je drinkt een cranberryconcentratie heeft van ten minste 27 procent.)

Smeer je gezond. In plaats van boter of margarine kun je beter Benecol proberen. Het bevat een stanolester, een plantaardige stof die de cholesterolopname remt. Een onderzoek van de Mayo Clinic toont aan dat het eten van vierenhalve eetlepel Benecol per dag het slechte LDL-cholesterol binnen acht weken met 14 procent verlaagt. Na beëindiging van het Benecolgebruik komen de LDL-waarden weer terug op hun oude niveau. Benecol kan ook worden gebruikt voor bakken en braden.

Ga voor granen en bonen. Onderzoekers van St. Michael's Hospital in Toronto lieten mensen dagelijks granen, noten en bonen toevoegen aan hun voedingsprogramma. Een maand later waren de LDL-waarden van de proefpersonen bijna 30 procent lager dan aan het begin van het onderzoek. Bij een ander onderzoek, dit keer uitgevoerd door wetenschappers van de Tulane University, werd ontdekt dat mensen die minstens vier keer per week bovengenoemde voedingsmiddelen aten 22 procent minder kans hadden op het ontwikkelen van hart- en vaatziekten dan diegenen die minder dan één keer per week bonen aten. (Het aantal mensen dat met hen wilde gaan kamperen was helaas ook 75 procent lager geworden.)

Niet op een lege maag. Een onderzoek gepubliceerd in het *British Medical Journal* laat zien dat mensen die zes of meer kleine maaltijden per dag eten een 5 procent lager cholesterolgehalte hebben dan mensen die een of twee grote maaltijden per dag eten. Dat is genoeg om je risico op hart- en vaatziekten met 10 tot 20 procent te verlagen.

De stekker uit de frituur. In een onderzoek gepubliceerd in het *New England Journal of Medicine* werden de bewegings- en voedingsgewoonten van 80.000 vrouwen over een periode van veertien jaar bijgehouden. De onderzoekers ontdekten dat het gebruik van voedingsmiddelen die transvetzuren bevatten de belangrijkste risicofactor is voor het krijgen van een hartziekte. Transvetzuren zijn gemuteerde vormen van vet die het (goede) HDL-cholesterol verlagen en het (slechte) LDL-cholesterol verhogen. Vooral frieten waren boosdoeners.

Geniet van granen. Uit een onderzoek van de Connecticut University bleek dat mensen met een hoog cholesterolgehalte die acht weken lang dagelijks havermoutkoekjes aten hun LDL-waarden met meer dan 20 procent omlaag zagen gaan. Dus eet meer vezels, vrienden. Een onderzoek gepubliceerd in het *American Journal of Clinical Nutrition* meldt dat twee porties volkorenontbijtgranen per dag het risico op overlijden aan hart- en vaatziekten met bijna 20 procent kan verlagen.

Wakker worden, ontbijten. Tijdens een onderzoek onder 3900 mensen ontdekten onderzoekers van Harvard dat mensen die dagelijks ontbeten 44 procent minder kans hadden op overgewicht en 41 procent minder kans op het ontwikkelen van insulineresistentie, twee risicofactoren voor het krijgen van hart- en vaatziekten.

Mensen die dagelijks ontbijten hebben 44 procent minder kans op overgewicht.

Sterker worden met foliumzuur. Een onderzoek gepubliceerd in het *British Medical Journal* toont aan dat mensen die de aanbevolen dagelijkse hoeveelheid foliumzuur binnenkregen 16 procent minder kans hadden op hart- en vaatziekten dan mensen die een tekort hadden aan deze B-vitamine. Goede bronnen van foliumzuur zijn asperges, broccoli en verrijkte ontbijtgranen.

Sla je slaatje. Groene bladgroenten en eierdooiers zijn beide goede bronnen van luteïne, een fytochemische stof die antioxidanten bevat die je beschermen tegen hartkwalen.

Als een spons. Onderzoekers van de Loma Linda University ontdekten dat het drinken van vijf tot acht glazen water per dag het risico op hart- en vaatziekten met maar liefst 60 procent kan verminderen. Precies hetzelfde bereik je door te stoppen met roken, het verlagen van je (slechte) LDL-cholesterol, te gaan sporten of wat gewicht kwijt te raken.

Een gunstige slechte adem. Naast het verlagen van het cholesterolgehalte en het bestrijden van infecties, kan het eten van knoflook hartbeschadiging beperken na een hartaanval of hartoperatie. Onderzoekers in India ontdekten dat dieren die regelmatig knoflook te eten kregen meer hartbeschermende antioxidanten in hun bloed hadden dan dieren die geen knoflook kregen.

Chroom geeft glans. Volgens recent onderzoek van Harvard lopen mensen met weinig chroom in hun bloed beduidend meer risico op het ontwikkelen van hartklachten. Je hebt dagelijks ongeveer 200 tot 400 microgram chroom nodig en dat is meer dan je uit een gemiddelde voeding haalt. Vul je voeding daarom aan met het supplement chroom-picolinaat waaruit chroom het gemakkelijkst wordt opgenomen.

Hoognodige noten. Onderzoekers van Harvard ontdekten dat mensen die 127 calorieën uit koolhydraten, dat zijn ongeveer veertien chipjes, vervingen door 30 gram noten hun risico op hart- en vaatziekten met 30 procent verminderden.

Hoofdstuk 5

Een platte buik in zes weken

Een wekelijks overzicht van hoe je lichaam zal veranderen

Al bladerend door dit boek zul je een aantal mensen tegenkomen die het Wasborddieet hebben gevolgd, en met succes. Linda Toomey verloor 9 kilo terwijl ze haar handen vol had aan een stel kleine kinderen. Rebecca Carr werd een fanatieke sportster en Jessica Guff stopte met het overslaan van maaltijden en kon daardoor haar kleding een paar maten kleiner kopen.
Ieder lichaam is anders en iedereen die dit programma gaat volgen heeft natuurlijk een andere beginsituatie. Toch mag je op basis van de wetenschappelijke onderzoeken die ik heb genoemd, verwachten dat je door dit zeswekenprogramma gemiddeld een kilo of negen kwijtraakt en 1 tot 1½ kilo spiermassa opbouwt. Voor de gemiddelde vrouw is dit genoeg om de buikspieren weer tevoorschijn te laten komen. Het is een grote uitdaging om je vooruitgang tijdens dit programma bij te houden. Hieronder kijken we naar vier parameters die je laten zien hoe succesvol het Wasborddieet verloopt.

Gewicht. Dat is de meest directe indicator. Hoe zwaarder je bent, hoe meer risico je loopt om ziek te worden en hoe minder fit je bent. Gewicht is een goede graadmeter om te zien hoe goed je het doet. Minpunt is dat het geen onderscheid maakt tussen vet en spiermassa en daardoor niet laat zien hoeveel spiermassa je tijdens het programma hebt opgebouwd. Spiermassa weegt ongeveer 20 procent meer dan lichaamsvet. We kijken hierbij naar het volume, naar de plaats die het inneemt, want een kilo blijft een kilo, of het nu appelen of peren zijn. Het kan dus zijn dat een fors vetverlies op de weegschaal niet zichtbaar is door de gelijktijdige opbouw van spiermassa.

Body mass index (BMI). De BMI is een formule waarmee je de verhouding tussen je gewicht en je lengte berekent. Het geeft aan of je overgewicht hebt, obesitas, of op gewicht bent. Om je BMI te berekenen, moet je je lichaamsgewicht delen door je lengte in het kwadraat.

Een rekenvoorbeeld: stel je bent 1,63 meter lang en weegt 70 kilo. Je BMI is dan: 70 gedeeld door (1,63 x 1,63) = 26,35 (afgerond 26). Dat is redelijk goed. In onderstaande tabel kun je zien dat een index van 26 maar een klein beetje overgewicht betekent. Tussen 25 en 30 heb je overgewicht en boven de 30 heb je obesitas (extreem overgewicht).

BMI = Lichaamsgewicht : (lengte x lengte)

BMI	Er is sprake van
0-19	ondergewicht
19-25	normaal gewicht
26-30	overgewicht
30+	ernstig overgewicht

Deze meetmethode heeft echter ook een aantal minpunten. Zij houdt geen rekening met hoeveel spiermassa je hebt en laat ook buiten beschouwing hoe het vet is verdeeld over je lichaam. Toch geeft de BMI je een redelijk goede indicatie van hoe ernstig je gewichtsprobleem is.

Heup-middelverhouding. Wetenschappers gebruiken de omvang van het middel in relatie tot de heupomtrek als een nauwkeuriger manier om je gezondheidsrisico te bepalen. Deze verhouding wordt belangrijker geacht dan de BMI omdat het inwendig buikvet, waar ik het ook al eerder over heb gehad, ongezonder is dan vet op billen of benen. Omdat buikvet het gevaarlijkste lichaamsvet is, betekent een lagere heup-middelverhouding een lager gezondheidsrisico. Om je heup-middelverhouding te berekenen, moet je je middel op navelhoogte meten en je heupen op het breedste punt (de hoogte van je billen). Daarna deel je de omvang van je middel door die van je heupen. Stel dat je heupen 91 cm zijn en je middel 76 cm, dan is je heup-middelverhouding 0,83.

76 : 91 = 0,83

Dat is niet slecht maar zeker ook niet ideaal. Vrouwen willen het liefst een middel-heupratio van 0,80 of lager. Al wanneer je middel 3 cm kleiner wordt, iets wat je met het Wasboorddieet binnen twee weken voor elkaar hebt, zit je goed.

Middel gedeeld door heupen (73 : 91) = 0,80

Lichaamsvetpercentage. Hoewel deze parameter voor de gemiddelde persoon het moeilijkst te meten is omdat je er een apparaat voor nodig hebt, is het wel de meest bruikbare grootheid om te zien hoe succesvol het Wasborddieet voor jou is. Dat komt omdat hij niet alleen rekening houdt met je gewicht, maar ook met de hoeveelheid vet. Bij de meeste fitnesscentra kun je je lichaamsvetpercentage laten meten met behulp van een huidplooimeter of een weegschaal met elektrische impedantie. Dit is een weegschaal die de weerstand meet die elektrische stroom in je lichaam ontmoet en op basis daarvan de verhouding tussen lichaamsvet en spiermassa weergeeft.
Wil je op een eenvoudige manier je lichaamsvetpercentage meten (die weliswaar niet zo nauwkeurig is als wanneer je een huidplooimeter of impedantieweegschaal gebruikt), dan kun je de volgende simpele oefening proberen. Ga in een stoel zitten met gebogen knieën en je voeten plat op de grond. Pak de huid van de bovenkant van je rechterbovenbeen tussen je duim en wijsvinger. Meet de dikte van de huid met een liniaal. Is deze 1,8 cm of minder, dan heb je een lichaamsvetpercentage van ongeveer 14 procent, wat heel goed is voor een vrouw. Is de dikte 2,5 cm, dan zit je waarschijnlijk dichter tegen 18 procent, wat ook vrij goed is voor een vrouw. Kun je meer dan 2,5 centimeter pakken, dan zou je een verhoogd risico op diabetes en hart- en vaatziekten kunnen hebben.
Deze laatste parameter kan het belangrijkst zijn, omdat het je echt het effect van het programma laat zien. Naarmate je je lichaamsvetpercentage ziet dalen, zul je tegelijkertijd je spieren sterker zien worden. Volgens deskundigen moeten vrouwen een lichaamsvetpercentage hebben van ongeveer 12 procent

'De centimeters vlogen eraf'

Naam: Brandee Bratton
Leeftijd: 31 jaar
Lengte: 1,56 m
Startgewicht: 51 kg
Zes weken later: 48 kg

Voor Brandee Bratton was het de perfecte samenwerking: zij verzorgde de voedingsmiddelen en maaltijden en haar echtgenoot plande de trainingen. Wat begon als een dieet mondde uit in een soort hobby, die voor het echtpaar onderdeel werd van hun dagelijks leven. Eigenlijk hoefde Brandee, met 51 kilo, niet veel af te vallen, maar ze wilde toch iets doen met het Wasborddieet.

'Ik was wel klein, maar ik wilde ook sterk, strak en fit worden,' zegt ze. Dus begonnen Brandee en haar man met het Wasborddieet (hij verloor bijna 5 kilo in zes weken). Brandee eindigde bij de eerste tien tijdens een Wasborddieetwedstrijd, een resultaat dat voornamelijk te danken was aan de verandering van haar lichaam.

'De eerste twee weken merkte ik niet veel qua gewichtsvermindering. Wat wel begon te veranderen was het aantal centimeters en tegen het einde van het programma vlogen de pondjes eraf, vooral van mijn bovenbenen en heupen,' zegt Brandee, die haar lichaamsvetpercentage ook nog eens wist terug te brengen van 18 naar 12. 'Dat vond ik helemaal te gek.'

'Dit dieet is geen modedieet, het volgt alle wetenschappelijke richtlijnen ten aanzien van wát je moet eten en wanneer,' zegt ze. 'Bij dit dieet hoef je geen honger te hebben en heb je ook niet het gevoel dat je niets lekkers mag eten. Door zes keer per dag te eten, loop je nooit met een hongergevoel rond. Als het tijd is om te eten, is je lichaam er ook aan gewend geraakt dat het op die tijd te eten krijgt. Na een tijdje geeft je lichaam dan ook netjes een signaal, zo van "Hé, ik heb al een uur of twee niet gegeten, wordt het niet eens tijd voor iets?"

De sterkere, gespierdere en fittere Brandee is nu bezig met een opleiding voor personal trainer.

'Vrouwen zoeken de oplossing vaak in pillen, een bakje yoghurt of nieuwe producten die veel beloven,' zegt ze. 'Ik adviseer vrouwen nu om gewoon meer energie in hun lichaam te steken.'

om hun buikspieren goed te kunnen zien. Voor de gemiddelde vrouw met licht overgewicht betekent dat het halveren van het lichaamsvetpercentage.
Voordat je met het dieet begint, is het belangrijk om van een aantal van bovengenoemde parameters de waarde te bepalen en te noteren, zodat je weet hoeveel vaart erin zit. Neem de beginwaarden en noteer de nieuwe gegevens dan om de twee weken om de motivatie erin te houden. Twee weken is genoeg tijd om meetbare resultaten te zien. (Meet je lichaamsvetpercentage alleen aan het begin en aan het einde van het programma, tenzij je de beschikking hebt over een nauwkeurig meetinstrument.) Doe je het eerder, dan ben je meer bezig met getallen dan met waar het werkelijk om gaat.

Meeteenheden	begin	eind week 2	eind week 4	einde
Gewicht				
BMI				
Heup-middel-verhouding				
Lichaamsvet-percentage*				

• *Zorg ervoor dat steeds dezelfde persoon de huidplooimetingen verricht om zo de nauwkeurigheid te vergroten.*

Net als bij ieder dieetprogramma, is het ook belangrijk om een streefdoel te stellen, bijvoorbeeld voor je gewicht, middelomvang of lichaamsvetpercentage. Dit doel helpt je om zicht te houden op je vorderingen.

Wat is je **perfecte** gewicht?

Als je bent zoals de meeste vrouwen die ik ken, dan heb je altijd wel een bepaald getal in je achterhoofd. Niet de datum van je verjaardag of hoe laat je jongste precies is geboren, en ook niet het aantal calorieën in de ovenschotel van je moeder. Het is je ideale gewicht, je streefgewicht, een magisch getal waarop je gefixeerd bent en dat je graag op je weegschaal wilt zien verschijnen. Misschien is dat getal je gewicht toen je achttien jaar was of misschien je gewicht voordat je zwanger werd. Of misschien is het het gewicht dat je zou hebben als je er een paar pondjes vet af zou weten te krijgen. Wat je inspiratiebron ook moge zijn, je denkt dat als je eenmaal op je streefgewicht bent al je zorgen voorgoed voorbij zijn.
Maar zoals ik net heb uitgelegd, is gewicht helemaal geen goede graadmeter. Er spelen een heleboel factoren mee bij het bepalen van je gezondheid, van je tailleomvang tot de hoeveelheid spiermassa die je hebt. En dat betekent ook dat het aantal kilogrammen op de weegschaal je meer voor de gek kan houden dan het beeld dat je ziet in een lachspiegel. Nadat ik dit gezegd heb, kun je het getal van je ideale gewicht aardig inschatten, niet door een of ander getal te nemen dat je in je achterhoofd hebt, maar door rekening te houden met een aantal belangrijke factoren, zoals je lichaamstype en botstructuur. Hoewel er geen exacte formule is voor het voorspellen van het ideale gewicht van een vrouw, komt de volgende formule aardig in de buurt.

Stap 1: Rekenen. Om een algemeen streefgewicht te berekenen moet je het aantal centimeters dat je langer bent dan 1,50 meter vermenigvuldigen met 0,9 en daar 45 kilo bij optellen. Het uitgangspunt is een vrouw van 1,50 meter die 45 kilo weegt. [Een oude formule is: je lengte – 1 meter = een goed gewicht. In dit geval van 1,50 m - 100 cm = 50 kilo, maar het voorbeeld hier is wat strenger in gewicht – Red.] Ben je 1,60 meter lang, dan moet je 10 cm vermenigvuldigen met 0,9. Dan kom je op 9 kilo. Opgeteld bij de 45 kilo van het basisvoorbeeld, kom je uit op 54 kilo.

Algemeen streefgewicht: ______________

Om te corrigeren voor een fijne, gemiddelde of zware botstructuur, moet je bij lichte botten van deze uitkomst 2 tot 4 kilo aftrekken en er bij zware botten 2 tot 4 kilo bij optellen. Bij een middelzware botstructuur is er geen correctie nodig.

Lengte	Polsomtrek	Botstructuur
	Tot 13,5 cm	Licht
Tot 1,55 m	Tot 15 cm	Gemiddeld
	Tot 15,6 cm	Zwaar
	13,5 cm	Licht
Tussen 1,55-1,63 cm	15 - 15,6 cm	Gemiddeld
	15,6 – 16,3 cm	Zwaar
	Boven 13,5 cm	Licht
Boven 1,63 cm	Boven 15,6 cm	Gemiddeld
	Boven 16,3 cm	Zwaar

Algemeen streefgewicht gecorrigeerd voor botstructuur: ______________

Een lichaamsvetpercentage tussen de 20 en 31 wordt als 'normaal' beschouwd voor vrouwen (hoewel je een lager vetpercentage moet hebben om een echt platte buik te hebben en/of een wasbordje te zien. Zie pagina 84-86). Hieronder een algemeen overzicht van lichaamsvetpercentages.

Indeling	Vrouwen (% vet)	Mannen (% vet)
Essentieel vet	10-12%	2-4%
Sporters	14-20%	6-13%
Mensen die aan fitness doen	21-24%	14-17%
Acceptabel	25-31%	18-25%
Overgewicht	32% of hoger	25% of hoger

Om achter je lichaamsvetpercentage te komen, is een goede meting met een huidplooimeter door een (liefst dezelfde) deskundige persoon nog het meest praktisch. Tegenwoordig zijn er allemaal apparaten en weegschalen op de markt die van alles en nog wat meten, zoals vetvrije massa, lichaamsvetpercentage en zelfs buikvetpercentage (buikvet is ongezonder dan vet op billen, heupen en benen). Omdat ze van zeer algemene getallen uitgaan, zijn ze niet erg precies. Ook kan de geleiding van de stroom verstoord raken door extra vocht of transpiratie. Als je niet de beschikking hebt over een lichaamsvetpercentagemeter of iemand die je lichaamsvetpercentage meet, kun je de knijpmethode toepassen (zie pagina 84) of de oude formule 'lengte min 1 meter' uit de kast trekken. Ben je bijvoorbeeld 1,60 meter en weeg je 60 kilo, dan heb je een gezond gewicht, met een lichaamsvetpercentage dat waarschijnlijk ligt tussen de 25-30.

Voorbeeld: 60 kilo x 0,75 = 45 kilo vetvrije massa en 15 kg vet, een kwart van het totale gewicht. Om op 12 procent lichaamsvet uit te komen, moet je ongeveer 7 kilo vet kwijtraken, want 25 procent van 60 kilo is 15 kilo, en je wilt het lichaamsvetpercentage halveren. Bij deze verhouding is 1 procent lichaamsvet ongeveer 0,6 kilo. Tenzij je aan fitness- of andere wedstrijden meedoet (en een exactere meting nodig is), kun je het best de spiegel als uitgangspunt nemen. Zodra je buik een beetje plat wordt zit je op ongeveer 18 procent en bij 14 procent lichaamsvet begint je wasbord duidelijk zichtbaar te worden.

Je lichaamsvetpercentage: ________ %

Onderzoekers van het New York Obesity Research Center ontdekten dat de tailleomvang een betere graadmeter is dan de BMI als het gaat om risicofactoren voor de gezondheid, zoals hoge bloeddruk, bloedsuiker en cholesterol. Hiervoor meet je het smalste deel van het middel, tussen je onderste rib en de bovenkant van je heupbeen. Vrouwen met een tailleomvang tussen de 71 en 81 centimeter hebben een laag tot gemiddeld risico, daarboven een verhoogd risico. Zit je erboven, dan moet je minstens 5 kilo afvallen.

Je tailleomvang: ____________

Je 'perfecte gewicht' is ergens tussen je algemene streefgewicht, gecorrigeerd voor botstructuur, en de hoeveelheid gewicht die je kwijt moet raken om een lichaamsvetpercentage tussen 14 en 18 procent te bereiken. Daarvoor moet je je calorieën bijstellen.

Stap 2: Calorieën bijstellen. Als je minder calorieën wilt binnenkrijgen dan je verbruikt, dan helpt het om een schatting te maken van de snelheid van je stofwisseling, dat wil zeggen het aantal calorieën dat je dagelijks verbrandt. De grondstofwisseling van de meeste vrouwen verbruikt minder dan 1 calorie per minuut, of ongeveer 1440 calorieën per dag. Om je individuele stofwisseling en dagelijkse behoefte aan calorieën te weten te komen, moet je je lichaamsgewicht vermenigvuldigen met 24. Voor een vrouw van 60 kilo ziet dat er zo uit:

60 x 24 = 1440 calorieën

Vermenigvuldig vervolgens je basisbehoefte aan calorieën met 1,4. Hierdoor tel je bij het calorieëngebruik tijdens je gewone ruststofwisseling het verbruik tijdens je alledaagse activiteiten op.

1440 x 1,4 = 2016 calorieën

Daarnaast moet je de factor training nog in je berekening meenemen door het aantal minuten dat je per week jogt, fietst, sport of traint bij deze uitkomst op te tellen. Doe je twee series van het Wasborddieet, tel er dan 500 calorieën bij op. Doe je drie series, tel er dan 750 calorieën bij op.
Om 1 kilo gewicht per week te verliezen, moet je ruim 7000 calorieën schrappen. Dat is: 7000 : 7 = 1000 calorieën per dag. Dat is erg veel. Voor een weinig actieve vrouw is dat al de helft van haar dagelijkse calorieënbehoefte. Het 1000-calorieëndieet is dan ook heel lang populair geweest. Zo streng snijden in je energietoevoer verhoogt echter het risico om spiermassa af te breken, en als we iets geleerd hebben in dit boek, dan is het wel hoe belangrijk spiermassa is om de stofwisseling aan de gang te houden! Het is beter om dagelijks 500 calorieën te schrappen, wat je op maandbasis al 2 kilo gewichtsverlies oplevert (7 x 500 x 4 weken = 14.000 calorieën). Probeer die 500 calorieën ongeveer zo te verdelen: 200 calorieën aftrekken van je dagelijkse calorieënbehoefte plus een halfuur wandelen, joggen of fietsen (zie boven, energieverbruik ongeveer 1 calorie per minuut), waarmee je ongeveer 300 calorieën verbruikt. Naarmate de intensiteit van de inspanning stijgt, gaat uiteraard ook het calorieënverbruik omhoog. Tijdens een halfuur stevig doorwandelen (7 kilometer per uur, het zogenaamde

fitnesswandelen) verbruik je al snel 400 tot 450 calorieën. Nu wil ik je niet met nog meer cijfers om je oren slaan, maar het is misschien het gemakkelijkst om je te concentreren op één getal, het getal zes, waardoor alle andere getallen op hun plaats vallen. Krijg je die zes buikspieren eenmaal in beeld, dan betekent dat, dat alles is afgenomen: je gewicht, je BMI, je heup-middelverhouding en je lichaamsvetpercentage. Dit zeswekenprogramma helpt je om het moment van triomf te bereiken. Hieronder op een rijtje wat je van het Wasborddieet mag verwachten.

Weken **Wat je mag verwachten**

1-2 Een behoorlijk gewichtsverlies terwijl je lichaam zich instelt op het nieuwe voedingsprogramma. Sommige mensen vallen de eerste twee weken wel 5 kilo af (vooral als je vaak wandelt of op een andere manier actief bent), maar 2-3½ kilo is het gemiddelde.

3-4 Door een bescheiden krachttrainingsprogramma op te nemen in je plan, zul je heel snel voelen dat je lichaam verandert, doordat je stofwisseling een stuk sneller gaat. Je merkt nog een extra gewichtsverlies (waarschijnlijk nog eens 2 tot 3½ kilo), maar ook je figuur verandert merkbaar.

5-6 Na twee weken training is je lichaam in staat om nog een flinke hoeveelheid vet te verliezen, terwijl het tegelijkertijd spiermassa opbouwt. Je zult merken dat je bovenlichaam steviger is geworden en dat je middel en andere spekkige delen van het lichaam kleiner zijn geworden. Afhankelijk van je beginpunt, is dat het moment waarop je buikspieren tevoorschijn komen.

Wat je zal opvallen aan dit programma is hoe gemakkelijk het te volgen is, hoe vaak je mag eten; elke maaltijd en ieder tussendoortje zijn een makkelijke, spieropbouwende traktatie, en hoe anders is het Wasborddieet dan ieder ander dieet. Kortom, het Wasborddieet is een programma dat alleen maar het volgende van je vraagt:

- Eet drie maaltijden en drie tussendoortjes per dag. Bij elk van de maaltijden en tussendoortjes kies je een paar

Wat is nou toch eigenlijk **diabetes?**

Als iemand van wie je houdt ooit geworsteld heeft met de gesel die diabetes heet, dan weet je wat voor een verwoestende ziekte het kan zijn.

In 2000 was diabetes in Amerika de zesde doodsoorzaak. De kans is groot dat deze gemene aandoening bijdraagt aan nog meer sterftegevallen: diabetes is een belangrijke oorzaak van hart- en vaatziekten, nierziekten en beroertes, en kan leiden tot blindheid, amputaties, impotentie en schade aan het zenuwstelsel. Het is ook een ziekte die heel goed te voorkomen is. Het Wasborddieet en het bijbehorende trainingsprogramma zijn hiervoor het perfecte recept.
Diabetes werkt als volgt. Je spijsverteringssysteem zet je brunch om in glucose, de vorm van suiker die je lichaam kan gebruiken als energie, en stuurt die naar de bloedbaan. Komt de glucose daar aan, dan produceert je alvleesklier, een grote klier vlak bij je maag, het hormoon insuline en stuurt die insuline eveneens naar je bloedbaan. Insuline is de verkeersregelaar van het lichaam: hij regelt het glucoseverkeer en stuurt glucose linea recta naar de cellen. Daar kan hij worden gebruikt voor het herstel van spiermassa, voor het laten kloppen van je hart en het functioneren van je hersenen, of voor het dansen van de Macarena (als je een danstype bent).
Maar op den duur kunnen slechte voedingsgewoonten een zware wissel trekken op je verkeersregelaar. Te veel eten, vooral de consumptie van koolhydraten met een hoge glycemische index, zorgt ervoor dat je lichaam steeds wordt overspoeld met grote hoeveelheden glucose. Er komt dan een moment dat de verkeersregelaar insuline al dat werk niet meer aankan. Hij krijgt een burn-out. Insuline verliest zijn vermogen om cellen te laten weten hoe ze de glucose in je bloed moeten opnemen, een aandoening die insulineresistentie heet. Na een paar jaar heeft de alvleesklier er genoeg van om steeds maar weer weinig effectieve insuline te produceren en begint minder te produceren dan

Er komt dan een moment dat de verkeersregelaar insuline al dat werk niet meer aankan.

je eigenlijk nodig hebt. Dit type diabetes heet type II of ouderdomsdiabetes. (Aangezien slechte voeding een belangrijke risicofactor is, zal het je niet verbazen dat 80 procent van de mensen met type II diabetes overgewicht heeft.) Glucose bouwt zich op in het bloed, komt uiteindelijk in de urine terecht en verlaat zo het lichaam. Zo verliest het lichaam zijn belangrijkste brandstof, ook al bevat het bloed grote hoeveelheden glucose.
Dan gebeuren er twee nare dingen. Ten eerste krijg je minder energie en begint je lichaam moeizamer te functioneren. Je voelt je moe, hebt voortdurend dorst en begint zonder duidelijke aanleiding gewicht te verliezen. Je wordt vaker ziek en merkt dat wonden een stuk slechter genezen, omdat het vermogen van het lichaam om wonden te herstellen achteruit gaat. Ten tweede dobbert insuline maar een beetje rond in je bloed en begint bloedvaten en zenuwen overal in je lichaam te beschadigen, vooral in je ledematen en vitale organen. Blindheid, verminderd seksueel functioneren, ongevoeligheid en hartbeschadiging zijn mogelijk het gevolg.
Maar diabetes is een betrekkelijk gemakkelijk te voorkomen ziekte. Meer bewegen en gezond eten zijn de twee beste manieren om dit probleem aan te pakken. Nu wil het geval dat dit boek daarvoor precies het juiste recept heeft. Dus maak je de principes van het Wasborddieet en bijbehorende trainingsprogramma eigen en bekijk terwijl je er mee bezig bent de volgende tips eens.

Word papperig. Havermout is rijk aan voedingsvezels. Deze kunnen je risico op hart- en vaatziekten, sommige vormen van kanker, diverticulitis en diabetes verkleinen. Gooi het volgende in de blender: havermout met bosbessen en noten. De volgende dag eet je weer gewoon eieren of vlees.

Klim. Onderzoekers van Yale ontdekten dat mensen met insulineresistentie, een risicofactor voor diabetes en hart- en vaatziekten, die vier dagen per week 45 minuten op de stairclimber trainden hun gevoeligheid voor insuline in zes weken met 43 procent verhoogden.

Snoep verstandig. Onderzoekers van het National Public Health Institute in Helsinki, Finland, volgden een jaar lang de voeding van 60.000 mannen en vrouwen. Zij ontdekten dat diegenen die het vaakst in een appel beten 12 procent minder kans hadden om tijdens het onderzoek te overlijden dan proefpersonen die minder vaak een Golden Delicious of Granny Smith verorberden. De appelbijters verlaagden vooral hun kans op het krijgen van diabetes met 27 procent.

Consumeer de juiste koolhydraten. Leer hoe de glycemische index werkt, de maatstaf waarmee gemeten wordt hoe snel bepaalde koolhydraten worden omgezet in glucose en de bloedbaan bereiken. Uit een onderzoek van Harvard bleek dat mensen die producten aten waarin koolhydraten zaten met een lage index, zoals volkorenbrood, 37 procent minder kans hadden op het ontwikkelen van diabetes dan mensen die koolhydraten verkregen uit producten met een hoge glycemische index, zoals witte rijst. (Om de glycemische waarde van je favoriete voedingsmiddelen te weten te komen, kun je terecht op www.glycemicindex.com.)

Eet meer vitamine E. In het alfabet van de vitamines is E de vitamine die mogelijk bescherming biedt tegen de grote D. Toen Finse onderzoekers de voeding onderzochten van 944 mensen, ontdekten ze dat bij diegenen die de hoogste inname van vitamine E hadden, het risico op diabetes 22 procent lager was dan bij diegenen met de laagste inname. Vitamine E biedt ook bescherming tegen vrije radicalen, die een rol spelen bij complicaties veroorzaakt door diabetes.

Wijntje? Tijdens een onderzoek onder 23.000 tweelingen ontdekten wetenschappers dat mensen die een tot twee glazen alcohol per dag dronken 40 procent minder kans hadden om diabetes te krijgen dan mensen die minder dan één drankje per dag namen. Eerder onderzoek bracht het gebruik van alcohol al in verband met een verhoogde gevoeligheid voor insuline. Maak het alleen niet te gek. Uit ander onderzoek is gebleken dat stevig drinken het risico op dikkedarmkanker verdrievoudigt.

Stevig drinken verdrievoudigt het risico op dikkedarmkanker.

voedingsmiddelen uit de categorie krachtvoeding die we in het volgende hoofdstuk zullen behandelen.

- Houd een aantal dieetverstoorders scherp in de gaten en probeer ze in toom te houden, zonder ze helemaal uit te schakelen.
- Doe drie keer per week een eenvoudige work-out om je vetverlies en spieropbouw te versnellen.

Het Wasborddieet is zo eenvoudig dat het in tegenstelling tot andere dieetprogramma's niet in fases hoeft te worden verdeeld. We hebben ook geen ingewikkeld 'onderhoudsprogramma' opgesteld (alleen een paar wijze woorden die je op pagina 357 vindt). Het gewichtsverlies en de spieropbouw zijn blijvend, evenals het voedingsprogramma. We garanderen je dat je niet op het einde van het 'dieet' hoeft te wachten. Dit programma is zo prettig en sluit zo goed aan bij het dagelijks leven dat het inderdaad een leven lang volgehouden kan worden.
Andere mensen hebben het eerder gedaan, mensen met een slechtere conditie dan jij. Wanneer ze het hebben over waarom het programma werkt, dan hebben ze het over de eenvoud ervan en het feit dat je geen honger hoeft te lijden. Het Wasborddieet zal je figuur, je gezondheid en je leven grondig veranderen.

Hoofdstuk 6

Schokkend: hoe koolhydraatarme diëten je dik maken

De waarheid over de dieettrend die je gezondheid bedreigt

Ik heb je in dit boek tot nu toe steeds met wetenschappelijke bewijzen om de oren geslagen en je willen overtuigen met verhalen die uit het leven gegrepen zijn. Ik heb het laatste wetenschappelijke nieuws op het gebied van voeding opgediept om te laten zien hoe het Wasborddieet werkt en waarom het een zinnig programma is voor iedereen die zijn gewicht onder controle wil krijgen en een gezond en actief leven wil lijden. Maar op dit moment wil ik de harde bewijzen even laten voor wat ze zijn en je meenemen op een soort fantasierijk avontuur. Kom deze kant op, ik garandeer je dat het de moeite waard is.

Eerst wil ik dat je je voorstelt dat je in een tijdmachine bent geklommen om naar de middeleeuwen te reizen. Je stapt uit voor de deur van het laboratorium van een alchemist, waar magische brouwsels en drankjes in rijen tegen de muur staan opgesteld en de lucht gonst van de toverspreuken. Je hebt een lange, angstige en vermoeiende reis door donkere bossen en bloedhete woestijnen gemaakt om de Heilige Graal der Overgewichtigen te bemachtigen: een drankje dat je volgens de legende op magische wijze zal doen afslanken.

De tovenaar verschijnt en houdt twee flesjes voor je neus.

Het eerste, zegt hij, bevat een elixer dat je zal beschermen tegen nagenoeg alle bekende ziekten. De ingrediënten hebben eigenschappen die je cholesterolwaarden zullen veranderen en je zullen beschermen tegen hart- en vaatziekten, giftige stoffen, het woekeren van kanker en de bijverschijnselen van de ouderdom.

Het elixer zal je lichaam en geest nieuwe energie geven, je scherper laten denken en je immuun maken voor Alzheimer. Het zal je hele leven lang je gewicht onder controle houden en overgewicht en diabetes voorkomen.
Het tweede flesje doet niets van dit alles. Het zal waarschijnlijk je cholesterol wel gunstig beïnvloeden en enige bescherming bieden tegen kanker, beroertes, hart- en vaatziekten en andere kwalen. Maar als je het gebruikt, dan helpt het je vooral om veel gewicht te verliezen, al is het slechts voor een korte periode. Er is één minpuntje: kies je voor het tweede flesje, dan mag je nooit meer proeven van het eerste.
Wat ga je kiezen?
De afgelopen vijf jaar hebben ongeveer zestig miljoen Amerikanen flesje nummer twee gekozen.
Veeg nu het stof eens van flesje nummer twee. Weet je wat erop staat? 'Koolhydraatarm dieet'.
Het eerste flesje staat bol van allerlei soorten producten: fruit en groenten, volkorenbroden en ontbijtgranen, bonen en noten. Het zijn allemaal producten die je van nature zou moeten eten, maar die een dieet als het Atkins juist tegennatuurlijk vindt. Als Amerikanen op langere termijn blijven kiezen voor flesje twee, dan denk ik dat daar een heel pittig prijskaartje aan zal hangen.

De oorsprong van onze **zoetbehoefte**

Om te begrijpen waarom koolhydraten belangrijk zijn, moeten we nog een andere fantasiereis maken, dit keer terug naar de prehistorische mens. In de savannes van Afrika, op de vlakten van Europa en de drassige gronden van Azië, en in de bossen en regenwouden van Noord- en Zuid-Amerika, heeft de prehistorische mens geleerd zich te voeden met wat de natuur hem gaf. Hij leerde vissen en jagen, en later vee te houden en land te bebouwen. Vanaf het moment dat hij op twee benen ging lopen, is hij al dol geweest op zoetigheid.
Voor alles is een reden en dat geldt ook voor ons verlangen naar zoetigheid. De zoetste dingen in de natuur waren fruitsoorten, zoals wilde bessen, peren, citrusvruchten en andere zoete vruchten die werden gevonden. Niet toevallig zat fruit ook vol gezonde voedingsstoffen: vitamines om ziekten te voorkomen,

mineralen om het functioneren van cellen te ondersteunen en vezels om de honger te stillen, de bloeddruk te reguleren en de spijsvertering te bevorderen. Zonder ons verlangen naar zoetigheid zouden we niets anders dan mammoet- en buffelvlees gegeten hebben, zeg maar het oorspronkelijke Atkinsdieet. Maar de natuur zorgde ervoor dat we verlangden naar voedingsmiddelen die ons gezond zouden houden.

En nu weer snel terug naar het heden, waar de zoetste dingen die we kunnen krijgen helemaal niet meer op mandarijnen lijken. Waar ons verlangen naar zoetigheid ooit onze natuurlijke manier was om ons tegen ziekten te beschermen, wordt het tegenwoordig door de voedingsindustrie gebruikt om ons verslaafd te maken aan gezondheidsondermijnende producten. Om onze verlangens te bevredigen, grijpen we naar koekjes, taart en chocola in plaats van naar appels, peren en bosbessen. Dat is een van de belangrijkste redenen waarom veel mensen tegenwoordig zo vet zijn. Ook is het een van de belangrijkste redenen waarom koolhydraatarme diëten alleen maar voor korte tijd werken.

Door het beperken van de consumptie van koolhydraten zorgen diëten als dat van Atkins per definitie voor gewichtsverlies. Beperk je je tot slechts één soort voedingsmiddelen, koolhydraatarme voedingsmiddelen in dit geval, dan moet je wel gewicht verliezen. Dat komt doordat alle lekkere dingen die je de hele dag door eet, van de donut die je even wegwerkt in de auto tot de Mars die je in de kantine uit de automaat trekt voor je weer naar huis gaat, nu uit je voedingsprogramma zijn geschrapt. Je eet minder eten, dus je krijgt minder calorieën binnen, en dan val je natuurlijk af.

Het andere stiekeme voordeel van het Atkinsdieet is dat het zich concentreert op voedingsmiddelen waarvoor je tijd nodig hebt om ze klaar te maken én op te eten. Het is gemakkelijk om een broodje of een sinaasappel in je tas te proppen, maar doe je dat met een biefstuk en een paar eieren, dan krijg je een heel vies tasje. Koolhydraatarme voeding beperkt het aantal calorieën dus op twee manieren: door je voedingskeuze te beperken en door het minder gemakkelijk te maken om zomaar iets in je mond te stoppen.

Toch zijn er twee belangrijke redenen waarom, op de lange termijn, koolhydraatarme diëten niet werken: Moeder Natuur en de almachtige god die geld heet.

Koolhydraatarm **dilemma 1**: haal dat eens snel uit je mond!

Iemand met een degelijke kennis van voeding en een sadistische aanleg zou veel plezier kunnen beleven aan het plagen van enthousiastelingen voor koolhydraatarme voeding. De volgende gemene truc bijvoorbeeld: neem twee malse, verse volkorenboterhammen. Besmeer er één met twee eetlepels pindakaas met extra nootjes. Neem daarna een halve kop zwarte bessen, prak ze een beetje met een vork (nu begint het echt gemeen te worden) en smeer ze op de andere boterham. Klap de twee boterhammen op elkaar en je hebt 's werelds gezondste P&J sandwich: 5 gram vezels (ongeveer evenveel als de gemiddelde Amerikaan per dag krijgt), 25 procent van je aanbevolen dagelijkse hoeveelheid vitamine C, 13 gram eiwit en (sacre bleu!) 30 gram absoluut verboden koolhydraten. (Het smaakt overigens geweldig.)

Laat je deze heerlijke hap achteloos voor de neus van een enthousiasteling voor koolhydraatarme voeding bungelen, dan reageert die erop alsof hij een portie gekookte rattendarmen krijgt voorgeschoteld. Waarschijnlijk zou hij die nog liever opeten dan besmet te worden met koolhydraten. Onze sandwich is verleidelijk zoet, sappig en smeuïg. Het is een heerlijke, stressverminderende snack die tegelijkertijd het cholesterolgehalte een behoorlijk eindje op de goede weg helpt. De vezels die het bevat beschermen je tegen hart- en vaatziekten, beroertes en dikkedarmkanker. De vitamine C verbetert je immuunsysteem en de hoogwaardige (vezelrijke, bedoelen we) koolhydraten geven je langdurige energie en voeding voor de hersenen. Toch is in fase I van het Atkinsdieet ieder ingrediënt van deze eenvoudige sandwich verboden. Geen ingrediënt uitgezonderd.

In feite richt het Atkinsdieet zich op iets wat het 'netto-koolhydraten' noemt en waarvan Atkins beweert dat dit type koolhydraten de meeste invloed heeft op de bloedsuikerspiegel. Een ruwe formule voor het uitdokteren van de nettokoolhydraten is het aantal grammen vezels af te trekken van het totaal aantal grammen koolhydraten. (De redenering is dat vezels geen invloed hebben op de bloedsuikerspiegel, de insulineproductie of de vetopslag.) Volgens deze berekening bevat onze supersandwich ongeveer 33 nettokoolhydraten. Fase I van het Atkinsdieet beperkt de koolhydraatconsumptie tot niet meer dan twintig nettokoolhydraten per dag. Eet onze super-de-luxe, gezonde snack en je moet het anderhalve dag zonder koolhydraten stellen om je Atkinsdieet weer op het goede spoor te krijgen.

Misschien ligt het aan mij hoor, maar ik denk dat dit hele koolhydraatarme programma krankzinnig is.

Het is gewoon niet zo dat koolhydraten onze vijanden zijn. Zoals ik al eerder heb uitgelegd, verlangen we naar koolhydraten omdat we ze nodig hebben om ons te beschermen tegen een hele batterij nare aandoeningen. Die koolhydraatarmgekte werkt niet doordat het koolhydraten beperkt, maar doordat het je keuze aan voedingsmiddelen beperkt. Als ik zou aankomen met een of ander krankzinnig dieet waarin je alleen dingen mag eten die rijk zijn aan vet of eiwitarm, of groter dan een broodtrommel, of alleen producten die beginnen met de letter P, geloof me: je zou er flink van afvallen. Voor een tijdje dan, totdat de peentjes, poffertjes en peren je de neus uitkomen.

Het is gewoon niet zo dat koolhydraten onze vijanden zijn.

Je zou gewicht verliezen omdat je domweg minder eet en daarmee heb ik eigenlijk het aantal calorieën dat je binnenkrijgt beperkt. Feit is dat als je minder calorieën consumeert dan je verbruikt, je afvalt. En omgekeerd: krijg je meer calorieën binnen dan je verbruikt, dan kom je aan. Dat gaat altijd op, ongeacht waar die calorieën vandaan komen. Het Wasborddieet werkt als een mes dat snijdt aan twee kanten: het beperkt het aantal calorieën door een verstandige en vullende voeding aan te raden en het verhoogt het aantal calorieën dat je verbruikt bij je stofwisseling. Hier een paar calorietjes minder gegeten, daar een paar calorietjes meer verbruikt, en hopla: je bent gewicht kwijt. Geen tovenarij, geen ontberingen en niet koolhydraten aanwijzen als de grote boosdoener.

De verwarring over koolhydraten komt door het feit dat we in onze moderne maatschappij omgeven zijn door koolhydraatrijke voedingsmiddelen waarvan alle gezonde eigenschappen zijn weggeraffineerd. De geraffineerde varianten van meel, suiker en suikervervangers, die je in zo'n beetje alles tegenkomt, van koekjes tot ijs, ketchup en pindakaas, geven ons alleen

extra calorieën en laten ons niet profiteren van de goede eigenschappen van de producten waarvan ze afkomstig zijn: hele granen en fruit. Het gebrek aan vezels, bijvoorbeeld in een wit broodje, maakt dat de calorieën van het broodje snel worden verteerd en de bloedbaan overstroomd wordt met glucose. Dit leidt tot insulinepieken, waardoor de suikers uit het bloed worden gehaald en worden opgeslagen als lichaamsvet. Al snel heb je opnieuw honger.
Fruit, groenten en volkorenbrood hebben een heel ander effect op het lichaam: ze verteren langzaam en geven langdurig energie. De insulinewaarden blijven stabiel, terwijl voedingsvezels het cholesterolgehalte laag houden en bescherming bieden tegen schadelijke stoffen. Daarnaast beschermen de vitamines en mineralen in deze voedingsmiddelen je tegen allerlei ziekten.
Hoe langer we proberen het zonder koolhydraten te stellen, hoe meer ons lichaam naar ze gaat verlangen. Uiteindelijk zal je bij een koolhydraatarm dieet toch door de knieën gaan. Je lichaam is nu eenmaal geprogrammeerd om op zoek te gaan naar koolhydraten, net zoals het is geprogrammeerd om je ogen te laten knipperen als iemand iets naar ons toe gooit. Het is gewoon een natuurlijk verdedigingsmechanisme en uiteindelijk is de wil van Moeder Natuur wet. Zo komen we bij deel twee van waarom de koolhydraatarmgekte uiteindelijk een slecht idee is.

Koolhydraatarm **dilemma 2**: een kwestie van **geld**

Weet je nog wat ik gezegd heb over waarom koolhydraatarme voeding lijkt te werken? Omdat het de meeste dingen die we graag eten schrapt en makkelijke maaltijden moeilijker maakt. Deze twee factoren spannen samen om het aantal calorieën te beperken. En minder calorieën betekent minder gewicht.
Maar nu een andere vraag: hoe verdienen fabrikanten van levensmiddelen hun geld? Door je hun voedingsproducten te verkopen. Dus wat gebeurt er als zestig miljoen Amerikanen besluiten dat ze stoppen met het kopen van alle repen, broden, pasta's en jamsoorten die fabrikanten de afgelopen halve eeuw standaard hebben volgepropt met koolhydraten?
Voedingsfabrikanten moeten dan met iets anders komen. Iets

Wat zijn eigenlijk **kankercellen**?

Kanker is een ramp die elk van ons op elk moment van ons leven kan treffen. Kanker kan toeslaan op plaatsen waar we dagelijks aan denken en voor zorgen, zoals de huid, de longen en de hersenen, of in organen waarvan we de werking nauwelijks kennen, zoals de alvleesklier, de nieren of het lymfestelsel.

Simpel gezegd ontwikkelt kanker zich wanneer cellen in een deel van het lichaam zich ongecontroleerd beginnen te delen en daar niet mee stoppen. Als we kind zijn, delen onze cellen zich voortdurend en vormen nieuwe cellen die ons helpen groeien. Als je volwassen bent, stopt die celgroei voor het grootste deel.

We weten nog niet precies waardoor kanker wordt veroorzaakt, maar we kennen wel een paar risicofactoren.

Hebben we onze erfelijk geprogrammeerde lengte en gewicht bereikt, dan delen de cellen op de meeste plaatsen in ons lichaam zich alleen nog om versleten en afgestorven cellen te vervangen of om blessures en wonden te herstellen. (Daarom hebben dertigers geen groeispurt, al zouden ze dat nog zo graag willen.)
Kankercellen werken een beetje zoals de cellen bij kinderen: ze blijven groeien, delen en zich vermenigvuldigen, waarbij ze langer leven dan onze normale cellen en allerlei functies van het lichaam verstoren. Het bekendste type kanker bij vrouwen is borstkanker (bij mannen prostaatkanker, kanker in de klier achter de balzak die verantwoordelijk is voor de productie van de zaadvloeistof). In Amerika gaat het per jaar om een kwart miljoen nieuwe gevallen.
We weten nog niet precies waardoor kanker wordt veroorzaakt, maar we kennen wel een paar risicofactoren: overgewicht, vezelarme voeding, roken, overmatig alcoholgebruik, te lang in de zon en blootstelling aan straling en toxines zijn de grootste boosdoeners. Verder is er een duidelijk verband tussen erfelijke aanleg en kanker. Zit kanker in je (naaste) familie, dan heb je een hoger risico. Hoe meer gevallen van kanker in je familie voorkomen, hoe hoger je risico is op kanker in het algemeen en op het type dat in je familie voorkomt in het bijzonder.
Ik zou je graag vertellen dat het

Wasborddieet hét ultieme middel tegen kanker is, maar dat is niet zo. Hoewel veranderingen in de voeding en meer beweging je risico op hart- en vaatziekten, een beroerte en vooral diabetes drastisch verlagen, blijft het effect op kanker veel onzekerder. Toch verlaag je door de richtlijnen van het Wasborddieet te volgen automatisch ook je risico op allerlei vormen van kanker, doordat je gewicht afneemt en je meer voedingsvezels eet. Tegelijkertijd kun je de volgende tips volgen om het risico op kanker nog verder te verlagen.

Kleur op je bord. Een onderzoek, uitgevoerd over een periode van veertien jaar, heeft aangetoond dat mannen die veel fruit en groenten eten hun kans op kanker in het maag-darmkanaal met 70 procent verlagen.

Bestel een Chileense rode wijn. De Chileense Cabernet Sauvignon bevat 38 procent meer flavonoïden, stoffen die we antioxidanten noemen en die bescherming bieden tegen kanker, dan Franse wijn.

Kaas uit het vuistje? Een grootschalig onderzoek onder 120.000 vrouwen liet zien dat vrouwen voor de menopauze die veel zuivelproducten aten, vooral de vetarme varianten, een lagere kans op borstkanker hadden.

Wortelsappen. Een kwart liter wortelsap, zuiver geperst uit peentjes, geven je 700 procent van de aanbevolen dagelijkse hoeveelheid vitamine B (en slechts 70 calorieën). Vitamine B is in diverse onderzoeken in verband gebracht met een lager risico op kanker.

Broccoli happen. Broccoli bevat een stof die indool-3-carbinol heet, waarvan is aangetoond dat het een geweldige kankerbestrijdende werking heeft. Houd je niet van broccoli? Probeer rettich dan eens, een Aziatische radijs die eruitziet als een grote witte wortel. Rettich is familie van de radijs.

Zalm serveren. Of een andere vissoort die rijk is aan omega-3-vetzuren. Omega-3-vetzuren kunnen het risico op kanker verminderen.

Beetje vreemde drankjes. Volgens onderzoek van de University of Arizona bevat concentraat van limoensap en sinaasappelsap d-limonene, een antioxidant die je risico op huidkanker met 30 procent vermindert wanneer je er 1 eetlepel per week van eet.

Het licht op groen. In een recent onderzoek van de Rutgers University bleek dat muizen die groene thee kregen 51 procent minder kans hadden op huidkanker dan de muizen in een controlegroep.

Groene thee is ook een geweldig rijke bron van kankerbestrijdende antioxidanten.

D voor ontgiften. Voedingsmiddelen die rijk zijn aan vitamine D, zoals magere melk, helpen kankerverwekkende chemicaliën die vrijkomen bij de vertering van vette voedingsmiddelen te neutraliseren, zo blijkt uit een onderzoek van de University of Texas Southwestern Medical Center.

Popeye power. Japanse wetenschappers ontdekten dat neoxanthine, een stof in spinazie, de groei van bepaalde kankercellen kan afremmen.

Waar een wei is... Wei-eiwit is een geweldige bron van cysteïne, een belangrijk onderdeel van gluthation, een antioxidant die bescherming biedt tegen prostaatkanker.

Eet volkorenproducten. Koolhydraten uit hele granen zijn een geweldige vezelbron. Europese onderzoekers ontdekten dat mannen die dagelijks de meeste vezels tot zich namen 40 procent minder kans hadden om dikkedarmkanker te ontwikkelen.

Gooi er een tomaatje tegenaan. Tomaten zijn een van de beste bronnen van lycopeen, een voedingsstof waarvan is aangetoond dat het de groei van kankercellen in de prostaat afremt. Wetenschappers zeggen zelfs dat twee tot vier porties tomaten per week het risico op prostaatkanker met 34 procent kan verlagen. (Nog beter nieuws: lycopeen wordt niet beschadigd door koken of bakken, dus pastasaus en pizza helpen je eveneens deze ziekte te bestrijden.)

De stof neoxanthine in spinazie kan de groei van bepaalde kankercellen afremmen.

dat ze kunnen verkopen als koolhydraatarm, om in de smaak te vallen bij mensen die Atkinsachtige diëten volgen. Of iets dat bekend is, gemakkelijk te vinden en nog gemakkelijker te consumeren. En zo begint de volgende fase in de Amerikaanse vetzuchtepidemie.

In februari 2004 bracht de *New York Times* een verhaal over de groeiende trend onder restaurants en supermarkten in marketing van koolhydraatarme producten. Supermarkten worden door hun marketingstrategen geadviseerd om schappen in te richten met 'koolhydraatarme' voedingsproducten, en restaurants proberen het felbegeerde keurmerk 'Goedgekeurd door Atkins' te krijgen. In de afgelopen vijf jaar zijn er naar schatting 728 nieuwe producten in de schappen verschenen die koolhydraatarm zijn. Tegenwoordig kun je knabbelen op koolhydraatarm snoep, koolhydraatarme cake en koolhydraatarme brownies, en je kunt het allemaal wegspoelen met een paar flesjes koolhydraatarm bier.

Om een voorproefje te krijgen van waartoe dit alles leidt, moeten we maar weer eens gebruikmaken van de tijdmachine. Dit keer gaan we niet naar de middeleeuwen of naar de prehistorie... we gaan gewoon een jaar of tien terug in de tijd, naar het begin van de vorige dieetgekte die over het land golfde: die van de vetarme voeding.

Het is begin jaren negentig. De koolhydraatarmgekte is nog niet tot bloei gekomen. (Britney Spears trouwens ook niet.) Maar een andere mantra houdt Amerika in de greep: eet minder vet.

Dit advies is niet afkomstig van een of andere dieetgoeroe met een nieuwe bestseller, maar van de Amerikaanse overheid zelf. Basis is de herziene voedingspiramide die door de Food and Drug Administration is opgesteld. Vet is aangewezen als de wortel van alle voedingsellende. Simpel gezegd: vette voeding staat gelijk aan dikke mensen. Voedingsdeskundigen onderschrijven de volgende stelling, die zo op het eerste gezicht behoorlijk logisch klinkt: voedingsvet wordt gemakkelijk opgeslagen als lichaamsvet, terwijl koolhydraten vooral worden gebruikt om te verbranden voor energie. Dus vervang calorieën uit vette producten door calorieën uit koolhydraten, en hoppa, je bevindt je in de magische afslankzone.

Heel snel begonnen voedingsmiddelenfabrikanten in te haken op deze trend. De schappen vulden zich met magere melk en magere yoghurt, en halfvolle kazen, smeersels en koekjes. Sommige van die producten waren best lekker, andere smaakten als bordkarton met een beetje poedersuiker. Maar wat maakt het uit, zolang het maar niet vet is. 'Koolhydraatladen' was het toverwoord voor amateursporters in het hele land. Toch kleeft aan die hele 'vetarmtheorie' een flink bezwaar. (Eigenlijk een heleboel bezwaren, waaronder het feit dat overgewicht de laatste tien jaar is gestegen met 15 procent.) Net als de koolhydraatarmgekte van nu, leek de vetarmgekte in het begin te werken, omdat je minder mag eten en sommige voedingsmiddelen moet schrappen. Daarmee verminder je natuurlijk ook het aantal calorieën. Mag je plotseling allerlei steaks, gebakken producten, klonten boter, noten, zuivelproducten en toetjes niet meer eten, hop, dan verlies je gewicht.

Net als bij de koolhydraten, verlangt ons lichaam naar vet.

Maar net als bij de koolhydraten, verlangt ons lichaam naar vet. Vette voedingsmiddelen (bijvoorbeeld vlees, vis, en zuivelproducten) zijn meestal rijk aan spieropbouwende eiwitten en leveren belangrijke vitamines en mineralen (zoals vitamine E in noten en oliën, en calcium in kaas en yoghurt). Daarom lukt het eten van alleen maar vetarme voeding maar voor een tijdje. Algauw zit je weer met je neus in een pot Chunky-Monkey-ijs. Dat is nu eenmaal hoe Moeder Natuur het gewild heeft.

Maar wat ze niet heeft gewild waren de uitgekookte strategieën van marketingmensen. In het besef dat enthousiaste voorstanders van vetarme voeding stiekem vreselijk naar een hapje vet verlangen, doken voedingsfabrikanten het laboratorium in en kwamen er met honderden nieuwe vetarme voedingsproducten uit. Dat leidde tot wat de geschiedenis in gaat als het 'Grote Snack Well-fiasco'.

Nabisco bedacht zogenaamde Snack Wells (vertaald als Gezonde Tussendoortjes) als het ultieme antwoord op de gekte voor vetarme voeding. Snack Wells, die in Amerika nog steeds in de meeste supermarkten worden verkocht, zijn vetvrije en vetarme koekjes die toch de smaak van roomboterkoekjes hebben. Het geheim is dat Nabisco deze koekjes volstopt met extra suiker (behalve in de suikervrije varianten), zodat de consument zijn behoefte aan zoet kan bevredigen zonder het vet echt te missen. Wat deze ontwikkeling met de gemiddelde consument doet, is gemakkelijk te voorspellen:

'Het enige wat ik hoef te doen is minder vet te eten.'
'Hé! Deze koekjes bevatten geen vet. Laten we twee rollen kopen!'
'Schat, heb jij die tweede rol koekjes bij het ontbijt opgegeten? Die had ik willen hebben!'

Deze veelbelovende oplossing werkt niet. Niet alleen omdat we vet moeten eten, maar ook omdat ze ons wil laten geloven dat we alles kunnen eten wat we maar willen als het maar niet vet is. Dus proppen we ons vol met suiker en worden we gaandeweg allemaal steeds dikker.
Oké, stap maar uit de tijdmachine, de reis is afgelopen. Het is een decennium later, en in plaats van in een vetarmgekte zitten we nu midden in de koolhydraatarmgekte. Een ander verhaal, dezelfde gekte. De schappen van de buurtsuper staan tjokvol koolhydraatarme producten, vooral 'maaltijdvervangende' repen, met opschriften zoals 'koolhydraatarm' of 'slim met koolhydraten'.
Plotseling is het niet meer zo lastig om koolhydraatarm te eten. Tegenwoordig, en het neemt nog iedere dag toe, kunnen we onze boodschappenkarretjes tot de nok vullen met allerlei voedingsmiddelen die we de afgelopen jaren hebben vermeden. Marketingstrategen veranderen de samenstelling van hun producten en vullen ze met soja-eiwit, vezels en alcoholsuikers, allemaal ingrediënten die het nettokoolhydratengehalte van voedingsmiddelen verlaagt. Ik ben een groot voorstander van meer eiwitten en voedingsvezels, maar alcoholsuikers zijn niets anders dan lege calorieën die, in grotere hoeveelheden, een opgeblazen gevoel en winderigheid veroorzaken.
Ik ben tegen de gedachte die marketingstrategen verkopen dat we alles kunnen eten, waar, wanneer en hoeveel we willen, als het maar geen koolhydraten zijn. Het is precies dezelfde valkuil als waar we tien jaar geleden intrapten: een streng dieet dat alleen succesvol is op de korte termijn en leidt tot een rage die zorgt voor meer gezondheidsrisico's en meer (te) dikke mensen.
En dat is een reis in de tijd waar we niet op zitten te wachten.

meer eten

meer spieren

minder vet

Hoofdstuk 7

Het Wasborddieet-voedingsprogramma

Het systeem van krachtvoedingsmiddelen die je lijf zullen veranderen

In de vorige hoofdstukken heb ik een overzicht gegeven van heel interessant wetenschappelijk nieuws, bijvoorbeeld over hoe je lichaam reageert op verschillende voedingsmiddelen, waarom sommige vetten goed zijn en andere slecht, en hoe sommige voedingsmiddelen, zoals zuivelproducten, een geheim ingrediënt hebben dat de verbranding van lichaamsvet bevordert. Wetenschap kan heel leuk zijn, maar op dit moment heb je waarschijnlijk maar één brandende vraag in gedachten: hé, wanneer mogen we eten?
Laten we daarmee dan maar meteen beginnen, want de juiste voeding is de basis van het Wasborddieet. Onthoud:

MEER ETEN = MEER SPIEREN = MINDER VET

Daarom is het Wasborddieet niet een dieet dat je voor je gevoel 'moet' blijven volgen. Het is een dieet dat je gewoon graag wilt blijven volgen.

Richtlijn 1: eet zes keer per dag

We zijn er zo aan gewend geraakt mensen te horen praten over minder eten, dat het zo langzamerhand een afslankdoctrine is geworden. Maar zoals je hebt geleerd toen we de fysiologie van de stofwisseling behandelden, moet je juist meer eten om je lichaamssamenstelling te veranderen. De nieuwe voedingsfilosofie die ik je wil aanleren is 'energiebalans'. Onderzoekers van de Georgia State University ontwikkelden een techniek om de energiebalans per uur te meten, dat wil zeggen hoeveel calorieën je verbrandt versus hoeveel je consumeert. De wetenschappers ontdekten dat wanneer je je overschot of tekort aan calorieën per uur voortdurend tussen de 300 en 500 calorieën houdt, je het best in staat bent om vet te verliezen en spiermassa op te bouwen. Proefpersonen met de grootste wisselingen in hun energiebalans (bij wie het verschil tussen consumptie en verbruik groter was dan 500 calorieën) waren het dikst, terwijl de mensen die binnen die grenzen bleven het slankst waren. Dus eet je drie grote maaltijden per dag, dan creëer je enorme onevenwichtigheden in je energiebalans. Tussen de maaltijden door verbrand je meer calorieën dan er binnenkomen. Tijdens de maaltijden neem je veel meer op dan je verbrandt. Onderzoek laat zien dat deze manier van eten heel goed is om het figuur van Sugar Lee Hooper te ontwikkelen.

Wil je er slanker uitzien, dan moet je gewoon vaker eten.

Maar wil je er slanker uitzien, je ook fitter voelen en, niet toevallig, ook langer leven, dan moet je gewoon vaker eten. Uit hetzelfde onderzoek kwam naar voren dat proefpersonen die drie tussendoortjes per dag aten naast hun normale maaltijden hun energiebalans beter verdeelden, gemakkelijker vet verloren en hun vetvrije massa verhoogden (dit gold ook voor hun kracht en uithoudingsvermogen).

Bij een soortgelijk onderzoek ontdekten Japanse wetenschappers dat sporters die per dag voeding met hetzelfde aantal calorieën aten, verdeeld over twee of zes maaltijden, allebei in twee weken tijd 5 kilo kwijtraakten. Maar de personen die zes maaltijden per dag aten raakten 1,5 kilo meer vet kwijt en verloren 1,5 kilo minder spiermassa dan de sporters die twee maaltijden per dag kregen.

De wetenschap bevestigt het feit dat het eten van meerdere maaltijden per dag inderdaad werkt. Een simpele verklaring is dat je steeds een vol en verzadigd gevoel houdt, wat de kans op een diepe duik in de koelkast een stuk kleiner maakt.

Hoe het werkt: voor het gemak wissel je de grotere maaltijden af met de tussendoortjes. Eet twee van je tussendoortjes ongeveer twee uur voor de lunch en de avondmaaltijd en een tussendoortje twee uur na de avondmaaltijd. Een voorbeeld:

08.00 uur: ontbijt
11.00 uur: tussendoortje
13.00 uur: lunch
16.00 uur: tussendoortje
18.00 uur: avondmaaltijd
20.00 uur: tussendoortje

Voor een compleet programma voor de hele week, kun je terecht in hoofdstuk 10. Je hoeft dit programma niet met religieus fanatisme na te leven. Het is alleen maar een voorstel voor hoe je het Wasborddieet kunt invullen. Het laat je ook zien hoe je de recepten uit hoofdstuk 9 kunt inpassen in je dagelijks leven.

Richtlijn 2: maak van de twaalf krachtvoedingsmiddelen de basis van het Wasborddieet

Het Wasborddieet leert je je te concentreren op (niet jezelf te beperken tot) een handvol voedingssoorten, de twaalf krachtvoedingsmiddelen van het Wasborddieet, om aan je voedingsbehoeften te voldoen. Deze voedingsmiddelen zijn allemaal heel goed voor je. Zo goed zelfs dat ze bijna eigenhandig in staat zijn om vet te laten verdwijnen en spieren te doen verschijnen (je moet wel de gerechten maken). Net zo belangrijk is dat ik de twaalf krachtvoedingsmiddelen zo heb ontworpen dat er letterlijk duizenden combinaties mogelijk zijn. Er zijn honderden zuivelproducten, fruitsoorten, groenten en andere producten waaruit je kunt kiezen om je smaakpapillen te verwennen. De zes maaltijden per dag waarin deze krachtvoedingsmiddelen zijn verwerkt geven voldoende bevrediging en houden de 'lekkere trek' (vaak de 'vetopslagbevorderaar') op afstand.

Je leest meer over deze krachtvoedingsmiddelen in hoofdstuk 8. Maar nu wil ik dat je het volgende onthoudt:

Amandelen en andere noten
Bonen en peulvruchten
Spinazie en andere groene bladgroenten
Zuivel (magere of halfvolle melk, yoghurt en kaas)
Havermout (ongezoet)
Eieren
Kalkoen en ander mager vlees
Pindakaas
Olijfolie
Volkorenbrood en ontbijtgranen
Eiwit(wei-)-poeder
Frambozen en andere rode vruchten

Richtlijn 3: drink geregeld een shake

Met de overvolle agenda's van tegenwoordig, is het geen wonder dat je het liefst een cursus koken-zonder-pannen zou volgen. Je moet echter één uitzondering maken: de blender. Het maakt me niet uit of hij er gelikt uitziet of niet en ook niet hoeveel snelheden het apparaat heeft. Eerlijk gezegd weet ik het verschil niet tussen een mix en een mousse. Het enige wat me interesseert is hoeveel ik erin kan doen en hoe goed het eindproduct smaakt als het eruit komt. (Ik wil wel een aanbeveling doen: koop een blender van minimaal 400 watt, want dan heeft het apparaat het vermogen om ijsblokjes en fruit goed fijn te malen en gaat het een tijdje mee.)
Als je uitgaat van de correcte veronderstelling dat het tijd – en motivatie en kennis – kost om je lichaam te veranderen, dan moet je de blender zien als een belangrijk onderdeel van je programma. Shakes gemaakt van de krachtvoedingsmiddelen van het Wasborddieet kunnen fungeren als maaltijdvervangers en stevige tussendoortjes, en ze werken om een paar belangrijke redenen:

- Ze vragen weinig tijd.
- Bessen, wei-eiwit met een smaakje of pindakaas toevoegen geeft zo'n shake een heerlijke smaak en bevredigt je behoefte aan zoetigheid.
- De dikte van een shake geeft je een heel vol gevoel.

Hier volgt het bewijs dat deze 'powershakes' je helpen om je gewicht naar beneden te krijgen.

- Onderzoekers van de Purdue University ontdekten dat mensen langer een vol gevoel hadden als ze iets hadden gedronken dat dikker was dan wanneer ze iets dronken dat dunner was, zelfs al waren het aantal calorieën, de temperatuur en de hoeveelheden hetzelfde.
- Onderzoekers van Penn State ontdekten dat mensen die yoghurtshakes dronken die opgeklopt waren tot ze twee keer zoveel volume hadden, 96 calorieën per dag minder aten dan mensen die shakes van normale dikte dronken.
- In een onderzoek gepresenteerd door de North American Association of the Study of Obesity, ontdekten onderzoekers dat het regelmatig drinken van maaltijdvervangers de kans op afvallen verhoogde en ook de kans dat het verloren gewicht er na een jaar nog steeds af was.
- In een onderzoek van de University of Tennessee werd aangetoond dat mensen die gedurende een periode van twaalf weken drie keer per dag wat yoghurt aan hun voeding toevoegden, 61 procent meer lichaamsvet en 81 procent meer buikvet verloren dan mensen die geen yoghurt aten. Wauw! Onderzoekers vermoedden dat het calcium in de yoghurt hielp om lichaamsvet te verbranden en de hoeveelheid nieuw vet dat het lichaam kon opslaan beperkte.

Hoe het werkt: drink een shake van een kwartliter als ontbijt, als maaltijdvervanger of als tussendoortje voor en na je training.

Richtlijn 4: stop met calorieën tellen

Door het eten van de twaalf krachtvoedingsmiddelen en wat daarbij hoort, telt de voeding als het ware zelf al het aantal calorieën voor je. Ze houden je gezond en geven je een vol en verzadigd gevoel. Daar komt bij dat de meest energie-efficiënte voedingsmiddelen werken als uitsmijters van een discotheek: ze laten ongewenste individuen niet binnen, tenzij jij het goed vindt.
Natuurlijk geeft dat je geen vrijbrief om in moordend tempo gruwelijke hoeveelheden voedsel naar binnen te werken. De meeste mensen zeggen wel dat ze in de gaten houden wat ze eten, maar in werkelijkheid hebben ze er meestal geen flauw idee van. In een onderzoek van het Amerikaanse ministerie van Landbouw werd mensen gevraagd wat ze aten. Die gegevens werden vervolgens op waarheid gecontroleerd. De waarheid: mensen aten twee keer zo veel granen, vetten en zoetigheden als ze hadden ingeschat. Eet je zes uitgebalanceerde maaltijden, dan zal je lichaam de porties afbakenen met behulp van bijvoorbeeld de hoeveelheid vezels en eiwitten, of het volume (bijvoorbeeld bij powershakes). Toch is het altijd verstandig, vooral in het begin van een nieuw voedingsprogramma, om zelf de hoeveelheden in de gaten te houden door het aantal porties niet uit de hand te laten lopen, vooral niet van voedingsmiddelen die nogal wat vet bevatten (zoals pindakaas) of koolhydraten (zoals rijst en brood). Een goede richtlijn: houd het op een of twee porties per voedingsgroep en houd het totale volume binnen de diameter van je bord. Schep ook niet te hoog op. Mocht je toch calorieën willen tellen, doe dat dan maar. Op pagina 189 geef ik je daarvoor een paar tips.

Richtlijn 5: wat je wel en niet moet drinken

Ik drink bier. Ik drink wijn. Ik drink graag bier en wijn en als het warm is lust ik graag een gin-tonic. Een of twee alcoholische drankjes per dag is zelfs gezond, maar er zijn veel manieren waarop je met alcohol in de problemen kunt komen. Vooral het punt dat alcohol, net als limonade, extra calorieën geeft die je eigenlijk niet nodig hebt. Dit zijn lege calorieën omdat ze je eigenlijk helemaal geen vol gevoel geven en ook niet de hoeveelheid voeding die je eet beperken. Alcohol maakt zelfs dat je meer gaat eten en stimuleert je lichaam om minder vet te verbranden. Zwitserse wetenschappers gaven acht gezonde mensen zo veel alcohol dat ze hun dagelijkse aantal calorieën met 25 procent overschreden (vijf biertjes voor iemand die 3000 calorieën per dag aan voeding eet). Ze ontdekten dat drank de vetverbranding van mensen met maar liefst 36 procent verlaagde. Drank maakt ook dikker dan je lief is. Je lichaam ziet alcohol als een gif en probeert er vanaf te komen. Dus stopt je lever met het verwerken van andere calorieën tot het de alcohol heeft afgebroken. Dus al het andere wat je eet tijdens het nippen wordt zeer waarschijnlijk opgeslagen als lichaamsvet. Op een meer indirecte manier kan alcohol de productie van testosteron en het groeihormoon, beide belangrijke spieropbouwende en vetafbrekende hormonen, afremmen.

Het drinken van acht glazen water per dag heeft echt heel veel voordelen.

Ik vertel niet graag dat je beter water kunt drinken, maar het drinken van acht glazen water per dag heeft echt heel veel voordelen. Het geeft je een vol gevoel (vaak is wat wij als een gevoel van trek ervaren eigenlijk gewoon dorst). Verder spoelt water de afbraakproducten die bij de vertering van voeding vrijkomen weg. Je hebt ook water nodig om voedingsstoffen naar je spieren te transporteren, om voedsel te verteren en om je stofwisseling goed te laten functioneren.

Wil je die zwemband echt aanpakken, dan adviseer ik je om de komende zes weken, als je dit programma volgt, van de drank af te blijven. Je mag maximaal twee alcoholische consumpties per week. De beste dranken die je kunt drinken zijn magere melk (0,5 procent vet), water en groene thee (of, als je het niet kunt laten, twee glazen lightlimonade per dag).

Richtlijn 6: bij één maaltijd per week mag je de eerste vijf richtlijnen vergeten

Ik zou natuurlijk nooit adviseren om je echtgenoot te bedriegen, of je werkgever, of de belasting. Maar dit dieet mag je wél af en toe voor de gek houden. Ik wil dat je bij één maaltijd per week het hele verhaal van goede koolhydraten en gezondheidsbevorderende vetten vergeet. Neem een halve pizza, gefrituurde kippenvleugeltjes of wat je ook maar het meest mist tijdens het volgen van het Wasborddieet. Eet het met smaak en zonder schuldgevoel, en ga daarna weer consequent verder met het dieet. Er is een aantal redenen waarom ik wil dat je af en toe vals speelt. Ten eerste wil ik dat je controle hebt over je voeding. Plan je smokkelmaaltijd (je mag het ook een smikkelmaaltijd noemen) vooruit, of het nu zaterdagavond voor het stappen is of voor je favoriete televisieprogramma, of wanneer dan ook. Maar als je hem plant, dan houd je je er ook aan. De enige manier om je lekkere trek onder controle te houden is er af en toe aan toe geven. Weet je het dieet zes dagen vol te houden, dan beloon je jezelf in het besef dat je zes dagen netjes hebt gegeten en dat dit een programma is dat je lang kunt volhouden. Er is nog een andere belangrijke reden waarom ik het bedrog toesta: omdat het daadwerkelijk helpt je lichaam te veranderen.

De enige manier om je lekkere trek onder controle te houden is er af en toe aan toe geven.

Slimme vervangers

In plaats van	Neem je	Bespaarde calorieën
Zoetzuur varkensvlees	Rundvlees met broccoli	480
8 jalapeñopepers	8 mozzarellasticks	345
Gevulde schelpdieren	Lasagne	295
Broodje vlees	Hamburger	208
Ham-kaasomelet	4 plakken bacon en 2 gebakken eieren	130
350 gram filet mignon	350 gram varkenshaas	120
Chocoladetaart	Pecannotentaart	120
Kalkoensandwich (met mayonaise en bacon) met chips	Kalkoen met aardappelpuree en jus	115

Bij een succesvol voedingsprogramma gaat het erom hoe je meestal eet, niet hoe je altijd eet. Een dag met veel calorieën kan zelfs je stofwisseling bevorderen. Onderzoekers van de National Institutes of Health ontdekten dat mensen die twee keer zoveel calorieën per dag aten als normaal hun stofwisseling het etmaal daarna met 9 procent verhoogden. Maar hier is ook het moment van zelfbeheersing. Ik denk dat dit dieet je voldoende voedingsmiddelen toestaat die goed voor je zijn, maar ik weet dat je zult verlangen naar dingen die niet in ons voedingsplaatje staan. Zie die smokkelmaaltijd daarom als de wortel die je aan het eind van een week goed eten wordt voorgehouden. Je mag even door het lint gaan, maar deze keer niet met peentjes.

Hoofdstuk 8

De twaalf krachtvoedingsmiddelen

Leer de krachtvoedingsmiddelen kennen die je buik laten verdwijnen en je sterk en gezond maken

In het vorige hoofdstuk heb ik je zes richtlijnen gegeven voor het volgen van het Wasborddieet en kort de twaalf krachtvoedingsmiddelen behandeld. Nu wil ik dat je deze twaalf voedingstoppers ieder apart leert kennen.
Deze twaalf voedingsmiddelen vormen een groot deel van je dagelijkse voeding. Hoe meer je ervan eet, hoe beter je lichaam in staat zal zijn om vetvrije spiermassa op te bouwen en ongewenste vetopslag te voorkomen. Hoewel je met deze twaalf krachtvoedingsmiddelen hele maaltijden en tussendoortjes kunt maken, is dat niet strikt noodzakelijk. Maar houd je wel aan de volgende richtlijnen:

- Kies twee of drie van deze voedingsmiddelen voor je drie hoofdmaaltijden en minstens een van je drie tussendoortjes.
- Varieer je voeding bij iedere maaltijd om een combinatie van eiwit, koolhydraten en vetten te krijgen.
- Zorg dat elk tussendoortje wat eiwit bevat.

Hoe je de icoontjes moet lezen: om ze direct te kunnen herkennen, heb ik de twaalf krachtvoedingsmiddelen de volgende icoontjes meegegeven. Elk icoontje geeft aan hoe belangrijk het voedingsmiddel is en welke rol het speelt voor je gezondheid.

Bouwt spiermassa op: voedingsmiddelen die rijk zijn aan spieropbouwende plantaardige of dierlijke eiwitten verdienen dit keurmerk, net als voedingsmiddelen die rijk zijn aan bepaalde mineralen die belangrijk zijn voor het op peil houden van spiermassa, zoals magnesium.

Helpt gewicht te verliezen: calcium- en vezelrijke voeding (beide bieden bescherming tegen overgewicht) en voedingsmiddelen die spiermassa opbouwen en de stofwisseling verhogen krijgen dit keurmerk.

Versterkt de botten: calcium en vitamine D zijn de belangrijkste bottenbouwers, en ze beschermen het lichaam tegen osteoporose. Maar let op: hoge concentraties natrium kunnen calcium aan de botten onttrekken. Gelukkig bevatten de meeste van de twaalf krachtvoedingsmiddelen weinig zout.

Verlaagt de bloeddruk: alle voedingsmiddelen die niet veel zout bevatten kunnen helpen de bloeddruk te verlagen. Zij krijgen daarom dit icoontje, mits ze voldoende hoeveelheden kalium, magnesium of calcium bevatten.

Kankerbeschermend: uit onderzoek is gebleken dat mensen die vetarm en vezelrijk eten een lager risico hebben op bepaalde vormen van kanker. Je kunt ook helpen kanker te voorkomen door voedingsmiddelen te eten die rijk zijn aan calcium, bètacaroteen of vitamine C. Daarnaast zijn alle kruisbloemigen (koolsoorten) en alliumachtigen (uisoorten) het kankerbeschermingsicoontje waard omdat uit onderzoek is gebleken dat ze bescherming bieden tegen bepaalde vormen van kanker.

Versterkt het immuunsysteem: vitamines A, E, B6 en C, folium en het mineraal zink helpen je immuniteit tegen bepaalde ziekten te vergroten. Dit icoon geeft aan dat dit type krachtvoedingsmiddel rijk is aan een of meer van deze voedingsstoffen.

Goed voor hart- en bloedvaten: cholesterol, dat de bloedvaten doet dichtslibben, kan voor een hoop gezondheidsproblemen zorgen. Daarom moet je verzadigde vetten en transvetzuren zo veel mogelijk vermijden, terwijl voedingsmiddelen die veel enkelvoudig of meervoudig onverzadigde vetzuren bevatten je hart juist beschermen doordat ze je cholesterolwaarden onder controle houden.

Overgewichtsrisico's

Bijna net zo belangrijk als wát je eet is wánneer je eet. Onderzoekers van de University of Massachusetts onderzochten de eetgewoonten van vijfhonderd mannen en vrouwen en ontdekten verbanden tussen de manier waarop mensen eten en het risico op overgewicht.

Kans op overgewicht	
Ten minste één tussendoortje 's middags eten	- 39 procent
Van de avondmaaltijd de grootste maaltijd maken	+ 6 procent
Meer dan drie uur wachten met ontbijten na het opstaan	+ 43 procent
Meer dan een derde van je maaltijden in een restaurant eten	+ 69 procent
Hongerig naar bed gaan (drie uur of langer na je laatste maaltijd of tussendoortje)	+ 101 procent
Ontbijten buiten de deur	+ 137 procent
Ontbijt overslaan	+ 450 procent

‘Na jaren zie ik de structuur weer.’

Naam: Kirsten Hutchinson
Leeftijd: 39 jaar
Lengte: 1,64 m
Startgewicht: 60 kg
Zes weken later: 56 kg

Toen Kirsten Hutchinson het Wasborddieet ontdekte, was ze aardig gefrustreerd: gefrustreerd dat haar hardloopprogramma haar overgewicht niet buiten de deur hield, gefrustreerd dat ze weer wat van het gewicht terugkreeg dat ze bij de Weight Watchers had verloren, en gefrustreerd dat ze de oplossing voor dit probleem nog niet had gevonden. ‘Het Wasborddieet kwam heel zinnig over, dus besloot ik het te proberen,’ zegt Hutchinson, ‘en het was perfect.’
Door in haar voeding meer de nadruk te leggen op hele granen, fruit en groenten (en minder op bagels) en haar trainingsprogramma aan te vullen met een korte krachttraining, wist Hutchinson het gewicht dat ze wilde verliezen ook echt kwijt te raken. Ze leerde ook een paar nieuwe dingen over voeding. ‘Ik leerde dat amandelen goed voor je zijn. Dat besef is elke dag weer een traktatie,’ zegt ze.
Wat Hutchinson meteen merkte, was dat haar bovenlichaam een stuk strakker werd, vooral haar schouders en armen. Daarna volgde het onderlichaam. ‘Ik zie structuur in mijn buikpartij die ik jaren niet heb gezien’, zegt ze.
Hutchinson was vooral gecharmeerd van het feit dat de trainingen erg flexibel zijn en dat ze in de sportschool apparaten mag gebruiken die haar het meest aanspreken. Maar ook van het feit dat ze, als ze geen tijd heeft om naar de sportschool te gaan, thuis met een paar dumbbells een work-out kan doen. ‘Ook alle mogelijkheden voor het trainen van de buikspieren vond ik erg prettig,’ zegt ze. ‘Je kon het altijd een beetje aanpassen, zodat het nooit echt saai werd. Ik houd van een beetje variatie.’
Hutchinson vindt het erg prettig dat ze nu in de onderhoudsfase zit, waarin ze in plaats van een smokkelmááltijd per week, een smokkeldág per week heeft. Maar een van de grootste beloningen, zegt ze, is dat het dieet haar rugklachten enorm heeft verminderd. Sinds het Wasborddieet heeft ze weinig of geen rugklachten meer, en dat is een van de vele pluspunten waarover ze graag aan anderen vertelt. Hutchinson heeft ook veel meer energie dan vroeger.
‘Met bijna veertig jaar, heb ik tegenwoordig weer net zo veel energie als toen ik twintig was,’ zegt ze. ‘Ik heb het aan het Wasborddieet te danken dat ik nu aan het trainen ben voor een triathlon deze herfst. De laatste keer dat ik zoiets heb gedaan, was alweer twaalf jaar geleden. Dankzij het Wasborddieet heb ik weer dezelfde conditie als destijds.
Het is een heel makkelijk dieet, en ik heb het al aan heel wat mensen aanbevolen,’ zegt Hutchinson. ‘Ik heb het boek ook niet meer altijd bij de hand, want ik leen het steeds uit aan mensen die ik hetzelfde succes toewens.’

Amandelen en andere noten

Missie: bouwen spiermassa op en houden de 'lekkere trek' onder controle
Geheime wapens: eiwit, enkelvoudig onverzadigde vetzuren, vitamine E, vezels, magnesium, foliumzuur (pinda's) en fosfor
Bestrijdt: overgewicht, hart- en vaatziekten, spiermassaverlies, rimpels, kanker en hoge bloeddruk
Hulptroepen: pompoenpitten, zonnebloempitten en avocado's
Bedriegers: zoute of gebrande noten

Tegenwoordig hoor je veel over goede vetten en slechte vetten alsof het om goede en slechte agenten gaat. De ene strijdt tegen de misdaad en de ander helpt de misdadigers een handje. Oreo-koekjes vallen in de laatste categorie, maar noten zijn je vrienden. Ze bevatten enkelvoudig onverzadigde vetzuren die je aderen opschonen en je een verzadigd gevoel geven.
Alle noten zijn rijk aan eiwit en enkelvoudig onverzadigde vetten, maar amandelen zijn de koningen der noten. Een handjevol amandelen bevat de helft van je aanbevolen dagelijkse hoeveelheid vitamine E en 8 procent van de aanbevolen hoeveelheid calcium. Het bevat ook 19 procent van je aanbevolen dagelijkse hoeveelheid magnesium, een belangrijk mineraal voor de opbouw van spiermassa. Uit een onderzoek van de Western Washington University bleek dat mensen die extra magnesium kregen in staat waren om 20 procent meer gewicht op te tillen bij een krachttraining dan mensen die geen extra magnesium gebruikten. Ook bouwden zij meer spiermassa op. Eet twee handjes amandelen per dag. Een onderzoek van de Toronto University toonde aan dat mensen deze hoeveelheid kunnen eten zonder aan te komen. Uit een onderzoek van de Purdue University bleek dat mensen die noten aten die rijk waren aan enkelvoudig onverzadigde vetzuren anderhalf uur langer een vol gevoel hadden dan mensen die vetvrije voedingsmiddelen (rijstwafels) aten. Eet je 65 gram amandelen (ongeveer 24 stuks), dan is dat voldoende om je lekkere trek eronder te houden, vooral wanneer je de amandelen wegspoelt met een kwart liter

water. Het vocht zorgt ervoor dat de vezels in de noten uitzetten, zodat je een vol gevoel krijgt. Probeer ook de voedingsrijke schilletjes om de noten te laten zitten.
Hieronder een paar prima manieren om noten in te passen in je dagelijkse eetpatroon.

- Voeg gehakte noten toe aan pindakaas.
- Gooi wat noten in je ontbijtgranen of yoghurt, of op je ijs.
- Verwerk wat snippers in je omelet.
- Voor een snel alternatief voor popcorn: besproei een handvol amandelen met anti-aanbakspray en doe ze vijf tot tien minuten in de oven op 250°. Haal ze uit de oven en besprenkel ze met een mengsel van bruine suiker en kaneel, of cayennepeper en tijm.

Even een waarschuwing voordat je te hard van stapel loopt met je noten: gebrande en gezouten noten voldoen niet aan onze norm vanwege het hoge natriumgehalte. Veel zout draagt bij aan hoge bloeddruk.

Bonen en peulvruchten

Missie: bouwen spiermassa op, helpen vet verbranden en regelen de spijsvertering
Geheime wapens: vezels, eiwit, ijzer en foliumzuur
Bestrijdt: overgewicht, dikkedarmkanker, hart- en vaatziekten en hoge bloeddruk
Hulptroepen: linzen, erwten, bonen, hummus en jonge sojabonen
Bedriegers: gefrituurde bonen, die veel verzadigde vetten bevatten en gebakken bonen, die veel suiker bevatten

De meesten onder ons kunnen de weerstand tegen bonen wel terugvoeren op slecht getimede acute winderigheid (tijdens een tentamen wiskunde of een eerste 'date' die hierdoor mislukte). Toch zijn bonen heel goed voor je hart. Hoe meer je ze eet, hoe beter je in staat bent om je hongergevoelens onder controle te houden. Zwarte bonen, limabonen, garbanzobonen: kies je eigen

boon (zolang het maar geen gefrituurde bonen zijn, want die zijn heel vet). Bonen leveren betrekkelijk weinig calorieën, maar bevatten veel eiwit, vezels en ijzer, allemaal ingrediënten die van groot belang zijn voor het opbouwen van spiermassa en het wegwerken van je vetlaag. Even afgezien van mogelijke lichte ongemakken in het maag-darmkanaal, fungeren bonen als een van de belangrijkste voedingsmiddelen van het Wasborddieet omdat het zulke hoogwaardige voeding is. Je kunt ze zelfs een paar keer per week gebruiken als vleesvervanger. Op die manier haal je een hoop verzadigde vetten uit je voeding en vervang je ze door extra vezels.
De beste bonen voor je voedingsprogramma zijn:

- Sojabonen
- Pintobonen
- Kikkererwten (garbanzobonen)
- Zwarte bonen
- Witte bonen
- Kidneybonen
- Limabonen

Spinazie en andere groene groenten

Missie: neutraliseren vrije radicalen en instabiele moleculen die het verouderingsproces versnellen
Geheime wapens: vitamines zoals A, C en K, foliumzuur, mineralen zoals calcium en magnesium, vezels en bètacaroteen
Bestrijdt: kanker, hart- en vaatziekten, beroertes, overgewicht en osteoporose
Hulptroepen: kruisbloemigen zoals broccoli en spruitjes, en groene, gele en oranje groenten zoals asperges, paprika's en gele bonen
Bedriegers: geen, als je ze maar niet frituurt of bedelft onder vette kaas

Echte groene **vrienden**

In feite is ijsbergsla het voedingsequivalent van een plastic plantje op je bureau: het geeft een beetje kleur, maar het neemt voornamelijk ruimte in beslag. IJsbergsla kan dan wel goedkoop en ruim voorhanden zijn, maar bevat heel weinig vezels, vitamines of mineralen. Als je dan toch sla wilt eten, dan zou ik kiezen voor sla met een beetje substantie. Hieronder een paar echte groene vrienden.

De kankerbestrijder: bindsla. Deze selderij-achtige groente is een van de beste plantaardige bronnen van bètacaroteen, 712 microgram per kop. Uit een onderzoek van de University of Illinois is gebleken dat hoge concentraties bètacaroteen de groei van prostaatkanker met 50 procent kunnen verminderen.

De bottenbouwer: arugula. Een kop van deze mosterdachtige bladgroente bevat 10 procent van de hoeveelheid van het botopbouwende mineraal die in een glas volle melk zit, maar dan zonder alle verzadigde vetten. Arugula bevat ook magnesium, dat je beschermt tegen osteoporose.

De pijpbeschermer: waterkers. Een rookfilter met paprikasmaak voor je lichaam. Waterkers bevat bepaalde fytochemicaliën die bescherming bieden tegen schadelijke stoffen in sigarettenrook en uitlaatgassen, die longkanker veroorzaken.

De hartgenezer: andijvie. Het is een beetje bitter en knapperig, maar biedt twee keer zo veel vezels als ijsbergsla. Een kop andijvie levert tevens bijna 20 procent van je aanbevolen dagelijkse hoeveelheid foliumzuur. Mensen die niet voldoende van deze essentiële B-vitamine krijgen, hebben mogelijk 50 procent meer kans op het ontwikkelen van hart- en vaatziekten.

De hersenstimulator: mosterdgroenten. Deze pittige, knapperige groenten zitten bomvol met het aminozuur tyrosine. In een recent onderzoek van het Amerikaanse leger ontdekten wetenschappers dat het eten van een tyrosinerijke maaltijd een uur voor het afleggen van een test heel bevorderlijk is voor het geheugen en het concentratievermogen.

De verouderingsvertrager: paksoi. Zie het maar als een koolachtige verpakking voor multivitamines. Een schaal paksoi bevat 23 procent van je aanbevolen dagelijkse hoeveelheid vitamine A en eenderde van de hoeveelheid vitamine C, met daarbij drie bijzonder smakelijke, kankerbestrijdende en verouderingsvertragende fytochemicaliën: flavonoïden, isothiocyanaten, en dithiolthione.

De ogenscherpsteller: spinazie. Spinazie is een geweldige bron van luteïne en zeaxantine, twee krachtige antioxidanten die je gezichtsvermogen beschermen tegen veroudering. Uit een onderzoek van Tufts University bleek dat frequente spinazieeters 43 procent minder kans hadden op het ontwikkelen van staar.

De bloeddrukverlager: koolrabi. Koolrabi smaakt als de vruchtbare verbintenis tussen een kool en een koolraap. Per portie bevat het bijna 25 procent van je aanbevolen dagelijkse hoeveelheid kalium (goed voor je bloeddruk), en ook bevat het glucosinolaat, een plantaardige stof die bescherming biedt tegen sommige vormen van kanker.

Je weet dat groenten tjokvol belangrijke voedingsstoffen zitten, maar daarnaast vormen ze ook een vitaal onderdeel van het proces om je lichaam te veranderen. Ik ben vooral dol op spinazie, omdat een portie spinazie al de volledige aanbevolen dagelijkse hoeveelheid vitamine A bevat en de helft van de aanbevolen hoeveelheid vitamine C. Het is ook bijzonder rijk aan foliumzuur, een vitamine die beschermt tegen hart- en vaatziekten, beroertes en dikkedarmkanker. Je kunt het verse spul eten als sla op een sandwich of het roerbakken met een beetje verse knoflook en olijfolie.

Een andere krachtige groente is broccoli. Deze groente is rijk aan vezels en rijker aan vitamines en mineralen dan welk ander voedingsmiddel ook. Het bevat bijvoorbeeld 90 procent van de hoeveelheid vitamine C die in een glas versgeperst sinaasappelsap zit en bijna de helft van de hoeveelheid calcium in een glas melk. Het is ook een goede beschermer tegen een ziekte zoals kanker, omdat het de productie van enzymen bevordert die helpen carcinogenen onschadelijk te maken.

Tip: bij broccoli kun je de stengels weglaten. De 'bloemen' bevatten drie keer zo veel bètacaroteen als de stengel en zijn ook geweldige bronnen van andere antioxidanten.

Heb je een hekel aan groenten, dan kun je leren om ze te

verstoppen en er toch je voordeel mee te doen. Probeer ze te pureren en in een marinade of chilisaus te verwerken. Hoe meer je groenten hakt of pureert, hoe onzichtbaarder ze worden en hoe gemakkelijker het lichaam ze kan opnemen. Sauteer de broccoli met knoflook en olijfolie, en doe er wat hete chilisaus bij.

Zuivel (magere melk, yoghurt, kaas en kwark)

Missie: bouwt sterke botten en stimuleert gewichtsverlies
Geheime wapens: calcium, vitamine A en B12, riboflavine, fosfor en kalium
Bestrijdt: osteoporose, overgewicht, hoge bloeddruk en kanker
Hulptroepen: geen
Bedriegers: volle melk en yoghurtijs

Zuivel is als een acteur op wie een zware typecast rust. Hij krijgt zo veel aandacht voor dat ene ding dat hij goed doet, namelijk botten sterker maken, dat hij nauwelijks waardering krijgt voor zijn andere sterke kanten. Het is daarom de hoogste tijd dat zuivel waardering krijgt als middel in de strijd tegen overgewicht. Kijk maar naar het groeiende bewijs: uit een onderzoek van de University of Tennessee bleek dat lijners die tussen de 1200 en 1300 mg calcium per dag consumeerden bijna twee keer zo veel gewicht verloren als andere mensen die ook aan de lijn deden, maar minder calcium binnenkregen. Uit een onderzoek van Purdue University onder 54 mensen, bleek dat degenen die 1000 mg calcium per dag consumeerden (ongeveer drie kopjes magere melk) over een periode van twee jaar minder aankwamen dan mensen met een calciumarme voeding. Onderzoekers veronderstellen dat calcium waarschijnlijk gewichtstoename voorkomt, doordat het vet afbreekt en vetopslag belemmert. Magere yoghurt, magere kaas en andere zuivelproducten kunnen een heel belangrijke rol spelen in je voeding. Maar als belangrijkste bron van calcium adviseer ik melk, en wel om een heel goede reden: volume. Vocht kan behoorlijk wat maagruimte in beslag nemen en je hersenen het signaal geven dat je vol zit. Je kunt een klein beetje cacaopoeder toevoegen om tegemoet te komen aan je behoefte aan zoetigheid, zonder daarmee iets af te doen aan de voedingswaarde.

Havermout (ongezoet en zonder smaakstoffen)

Missie: geeft meer energie en libido, verlaagt het cholesterolgehalte en houdt de bloedsuikerspiegel stabiel
Geheime wapens: complexe koolhydraten en vezels
Bestrijdt: hart- en vaatziekten, diabetes, dikkedarmkanker en obesitas
Hulptroepen: vezelrijke ontbijtgranen zoals muesli en All Bran
Bedriegers: ontbijtgranen die zijn gezoet of met stroop 'krokant' zijn gemaakt

Havermout is als de gouden medaille-oefening op de evenwichtsbalk: een perfecte 10. Je kunt het als ontbijt eten om je door moeizame ochtenden heen te slepen, een paar uur voor een training om volledig opgeladen onder het ijzer te kunnen gaan liggen, of later op de avond om een minder verstandige vreetbui te voorkomen. Ik adviseer gewone havermout (Brinta) vanwege het gemak. Koop de gewone, ongezoete versie en gebruik andere krachtvoedingsmiddelen zoals melk en bessen om de havermout op smaak te brengen. Havermout met een smaakje bevat vaak een berg suiker.
Havermout bevat oplosbare vezels, waardoor het vocht bindt en langer in je maag blijft dan niet-oplosbare vezels (zoals groenten). Oplosbare vezels verlagen het cholesterolgehalte door spijsverteringszuren die worden gemaakt uit cholesterol te binden en door het lichaam te sturen. Als dat gebeurt, dan moet je lever cholesterol uit je bloed halen om meer spijsverteringszuren te maken. Daardoor zakken je cholesterolwaarden.
Geloof me: je hebt meer vezels nodig, zowel oplosbare als

niet-oplosbare. Artsen adviseren om ongeveer 25 tot 35 gram vezels per dag te eten, maar de meeste mensen eten nog niet de helft. Vezels zijn de uitsmijters van je lichaam, zij wijzen herrieschoppers het gat van de deur. Ze beschermen je tegen hart- en vaatziekten en ook tegen dikkedarmkanker, door carcinogenen snel uit je darmen te verwijderen.
Uit een onderzoek van de Penn State University is gebleken dat havermout je bloedsuiker langer stabiel houdt dan veel andere voedingsmiddelen. Daardoor blijft je insulineproductie ook stabiel en heb je niet binnen een paar uur alweer een razende honger. Dat is goed, want pieken in de afgifte van insuline vertragen de stofwisseling en geven vetcellen het signaal om meer vet op te slaan. Omdat havermout in de maag langzaam wordt afgebroken, geeft het een minder grote insulinepiek dan een wit broodje. Verwerk havermout in je powershake of eet het gewoon als ontbijt. Uit onderzoek is gebleken dat gewoon ontbijten de stofwisseling al met 10 procent verhoogt.
Een ander interessant feit over havermout: lopend onderzoek lijkt erop te wijzen dat havermout je testosteronwaarden verhoogt, waardoor je lichaam meer spiermassa kan opbouwen en meer vet kan verbranden, en ook je libido opkrikt.

Eieren

Missie: bouwen spiermassa op en verbranden vet
Geheime wapens: eiwit, vitamine B12 en vitamine A
Bestrijdt: obesitas
Hulptroepen: geen
Bedriegers: geen

Meer en meer onderzoek toont aan dat een of twee eitjes tikken per dag je cholesterol niet omhoog jaagt, zoals lang werd aangenomen. We hebben juist geleerd dat het meeste cholesterol door het lichaam wordt gemaakt van verzadigde voedingsvetten en niet van cholesterol in voeding. Daarom zou je je voordeel moeten doen met eieren als een geweldige bron van eiwit. Het eiwit in eieren heeft de hoogste ‘biologische waarde’ van alle

Wat is eigenlijk **osteoporose**?

Op de schaal van sterkte is er een groot verschil tussen de beide uitersten van het spectrum. Aan de ene kant heb je stalen pijpen, diamanten en aambeelden. Aan de andere kant heb je eieren en porseleinen champagneflûtejes. De meeste dingen liggen ergens in het midden. Hoewel je misschien denkt dat botten aan het sterke uiteinde zitten, kunnen ze ook heel gemakkelijk ineens aan de fragiele kant terechtkomen.

Botten bestaan uit levend weefsel, dat zichzelf voortdurend vervangt en je hele leven nieuwe botcellen aanmaakt. Hoewel ze enorm sterk kunnen zijn (het is het hardste weefsel in je lichaam op enamel na), piekt je botmassa zo ongeveer op je dertigste jaar. Daarna worden je botten geleidelijk aan zwakker en zwakker, poreuzer en breekbaarder, en heb je een grotere kans op botbreuken.
Osteoporose is een botziekte waarbij de botten geleidelijk aan dunner en brozer worden door het verlies aan botmassa. Het is een aandoening die voornamelijk vrouwen treft, doordat vrouwen allereerst een fijnere botstructuur hebben dan mannen (waardoor vrouwen het effect van botmassaverlies sneller zullen merken). Een andere oorzaak is het verschil in hormoonhuishouding. Binnen vijf tot zeven jaar na de menopauze kunnen vrouwen wel 20 procent van hun botmassa verliezen.

Maar het belangrijkste dat je over osteoporose en botmassaverlies moet weten, is dat je de afbraak van botmassa kunt stoppen door de rest van je leven nieuw botweefsel en botcellen op te bouwen. Er zijn tegenwoordig veel medicijnen voor mensen die een groot risico hebben op osteoporose. Vaak zal een arts na intrede van de menopauze ook een scan op botdichtheid aanbevelen. (De ellende is dat je de symptomen van osteoporose helemaal niet merkt, totdat je een botbreuk oploopt.) Je kunt een aantal dingen doen om je skelet sterk en stevig te houden. Het Wasborddieet kan fungeren als een geweldig osteoporosepreventieprogramma, vooral door de nadruk die het legt op calcium en krachttraining, twee bovenste beste botbouwers.

Drink meer wit spul, en dan hebben we het niet over gesmolten ijsvlokken. Er is een heel goede reden waarom melk zo'n belangrijke plaats krijgt in advertenties en reclamespotjes: het is een van de beste bronnen van het botopbouwende calcium. Naarmate je ouder wordt, raken de calciumvoorraden in je botten uitgeput. Dat noemen we botontkalking. Hierdoor worden je botten dunner en dunner. Calcium, dat ook voorkomt in andere zuivelproducten en sommige groene bladgroenten, zoals spinazie, is het belangrijkste mineraal dat je skelet letterlijk en figuurlijk op de been houdt. Je hebt dagelijks tussen de 1000 en 1200 mg calcium nodig. Dat lukt gemakkelijk met een paar glazen melk, een beker yoghurt en een paar plakken kaas.

Aanvullen met supplementen. Ben je er niet zeker van dat je dagelijks voldoende zuivel krijgt, dan kun je misschien een calciumsupplement nemen om aan je 1200 mg per dag te komen. Recent onderzoek heeft aangetoond dat het nemen van een calciumsupplement de kans op botfracturen bij mensen die weinig calcium binnenkrijgen met 30 tot 50 procent kan verminderen.

Beetje weerstand bieden. Onderzoek heeft meer dan eens laten zien dat je baat hebt bij krachttraining en training die je weerstand verhoogt, om botmassaverlies tegen te gaan. En dat is precies wat het trainingsprogramma van het Wasborddieet biedt. Wetenschappers van Penn State ontdekten zelfs dat krachttraining vier keer zo effectief is in het opbouwen van botmassa als calcium. In een onderzoek van de Arizona University bouwden vrouwen die 20 tot 25 minuten krachttraining deden en minder dan tien minuten cardiovasculaire training van het zogenaamde 'gewichtdragende' type, zoals touwtjespringen en joggen, flink wat nieuw botweefsel op. Gewichtdragende inspanning, zoals krachttraining en hardlopen, is het soort inspanning dat, in tegenstelling tot zwemmen of fietsen, waarbij je je eigen lichaamsgewicht niet volledig hoeft te dragen, botmassa kweekt. Zelfs als je veel wandelt is het belangrijk om ook iets voor je bovenlichaam te doen, zoals krachttraining, want met wandelen bouw je natuurlijk geen botmassa in je armen, schouders en polsen op.

D-vitamientje. Hoewel calcium heel krachtig is, is calcium alléén toch niet voldoende om je botdichtheid op peil te houden. Je lichaam heeft vitamine D nodig om calcium op te nemen. De meeste mensen krijgen er genoeg van binnen, doordat hun huid onder de invloed van zonlicht vitamine D aanmaakt, en er zit natuurlijk ook ruim voldoende vitamine D in de krachtvoedingsmiddelen van het Wasborddieet (vooral in zuivel en vis). Maar naarmate je ouder wordt, heb je wellicht baat bij een vitamine-D-supplement of met vitamine D verrijkte voedingsmiddelen. Mik op tussen de 200 en 400 IU per dag.

Let op je eiwitten. Nog een andere reden waarom diëten die een heel hoge eiwitconsumptie adviseren niet goed zijn voor de gezondheid. Een heel hoge eiwitconsumptie (en dan zit je al gauw op 3 gram per kilo lichaamsgewicht per dag en meer), kan uitscheiding van calcium veroorzaken, waardoor je in feite nog meer calcium nodig hebt. Als de bouwstof eiwit door het lichaam als brandstof wordt gebruikt, komt er een stof vrij die sulfaat heet. Een heel hoge eiwitinname heeft tot gevolg dat het sulfaat de uitscheiding van calcium begint te stimuleren.

Gebruik dumbbells. Doe oefeningen die je dwingen om beter je evenwicht te bewaren, dat wil zeggen, gebruik dumbbells in plaats van apparaten, en doe buikspieroefeningen op een Zwitserse bal in plaats van op de grond. Een betere balans helpt niet per definitie om botmassa op te bouwen en osteoporose te voorkomen, maar voorkomt wél valpartijen, die veel van de osteoporosegerelateerde botbreuken veroorzaken.

Doe buikspieroefeningen op een Zwitserse bal in plaats van op de grond.

eiwitten, een maatstaf voor hoe goed een eiwit aansluit bij de eiwitbehoefte van het lichaam. Met andere woorden, het eiwit in eieren is effectiever in de opbouw van spierweefsel dan eiwit uit andere bronnen, zoals melk en vlees. Eieren bevatten ook vitamine B12, dat nodig is voor de afbraak van vetten.

Kalkoen en ander mager vlees (mager rundvlees, kip en vis)

Missie: bouwen spiermassa op en ondersteunen het immuunsysteem
Geheime wapens: eiwit, ijzer, zink, creatine (rundvlees), omega-3-vetzuren (vis), vitamine B6 (kip en vis) en B12, fosfor en kalium
Bestrijdt: obesitas en verschillende ziekten
Hulptroepen: schaaldieren en Canadese bacon
Bedriegers: braadworst, gerookt vlees, ham, vet rundvlees en vet varkensvlees

Als klassieke spieropbouwende voedingsstof, is eiwit de basis van zo'n beetje alle degelijke voedingsprogramma's. Je weet inmiddels dat je lichaam om eiwit te verteren meer energie verbruikt dan bij koolhydraten of vet, dus hoe meer eiwit je consumeert, hoe groter het aantal calorieën dat wordt verbruikt. Uit veel onderzoeken blijkt dat eiwitrijke voeding gewichtsverlies stimuleert. In een van de onderzoeken ontdekten Deense wetenschappers dat mannen die 20 procent van hun koolhydraatconsumptie vervingen door eiwit, beter in staat waren om hun stofwisseling op te voeren, zelfs met 5 procent per dag.
Tussen de verschillende vleessoorten is kalkoen een zeldzame vogel. Kalkoenborst is een van de magerste soorten vlees die je kunt vinden, en het bevat bovendien een derde deel van je aanbevolen dagelijkse hoeveelheid niacine en vitamine B6. Donker vlees, als je dat liever hebt, bevat veel zink en ijzer. Een waarschuwing echter: mocht je voor de kerst een hele kalkoen in de oven willen schuiven, vermijd dan de zelfbradende varianten, die met vet zijn geïnjecteerd.
Rundvlees is ook een geweldig eiwit voor de opbouw van spiermassa. Het is de belangrijkste bron van creatine, een stof die je lichaam nodig heeft bij krachttraining. Rundvlees heeft één nadeel: het bevat verzadigde vetten, sommige soorten meer dan andere. Zoek de magere rundvleesvarianten uit of verwijder het

vet. Spoel rundvlees weg met een glas melk. Uit onderzoek blijkt dat calcium (daar heb je die geweldenaar weer!) de hoeveelheid verzadigde vetten die het lichaam opneemt kan verminderen. Kies bij de slager magere stukken vlees. Minder vet betekent niet minder eiwit, integendeel.

Mager rundvlees (100 gram, 115 calorieën, 22 gram eiwit en 3 gram vet)	**Gemiddeld vet rundvlees (100 gram, 197 calorieën, 20 gram eiwit en 13 gram vet)**
Lendestukken (magere)	Corned beef
Rosbief	Schouderlappen

Om de hoeveelheid verzadigde vetten verder te beperken, kun je je concentreren op vis zoals tonijn en zalm, omdat die een gezonde dosis omega-3-vetzuren en ook veel eiwit bevatten. Die vetzuren verlagen de concentraties van het hormoon leptine in je lichaam. Uit verschillende onderzoeken is gebleken dat leptine je stofwisseling direct beïnvloedt: hoe hoger de leptinespiegel in je bloed, hoe meer calorieën als vet worden opgeslagen. Onderzoekers van de University of Wisconsin ontdekten dat muizen met een lage leptinespiegel een snellere stofwisseling hadden dan dieren met hogere leptinewaarden.
Wetenschappers van de Mayo Clinic die de voeding bestudeerden van twee Afrikaanse stammen, ontdekten dat de leptinespiegel bij de stam die regelmatig vis at vijf keer lager was dan bij de stam die voornamelijk vegetarisch at. Een extra voordeel voor mannen: onderzoekers uit Stockholm bestudeerden de voeding van meer dan zesduizend mannen en ontdekten dat degenen die geen vis aten drie keer zo veel kans hadden om prostaatkanker te krijgen als de mannen die geregeld vis aten. Het zijn de omega-3-vetzuren die de ontwikkeling van prostaatkanker remmen.
Maar of je nu vis eet of niet, toch wil ik dat je nadenkt over het toevoegen van gemalen lijnzaad aan je voeding. Zoals ik al eerder heb uitgelegd, bevat één eetlepel lijnzaadolie slechts 60 calorieën, maar een grote hoeveelheid omega-3-vetzuren en bijna 4 gram vezels. Het smaakt een beetje nootachtig, dus je kunt het in allerlei voedingsproducten verwerken.

Vetgehalten van vlees (100 gram, onbereid en zonder vel of bot)

	totaal vet (gram)	verzadigd vet (gram)
Ontvelde kippenborst	1,41	0,37
Kalfsvlees	2,45	0,74
Wild konijn	2,63	0,78
Mager varkensvlees	4	1,50
Gerookte ham	4,68	1,56
Eendenborst	4,82	1,50
Kip-drumsticks	5,05	1,34
Mager rundvlees	5,15	2
Kalkoenpoot	7,62	2,34
Kalkoenborst	7,96	2,17
Kalkoengehakt	9,37	2,55
Kalfsborst	9,73	3,80
Ham	21,40	7,42
Varkensvlees vet	60,11	21,92
Gerookt varkensvlees	91,29	33,32

Voor een uitgebreid overzicht zie www.vlees.nl.

Pindakaas (natuurlijk en ongezoet)

Missie: stimuleert testosteronproductie en verbrandt vet
Geheime wapens: eiwit, enkelvoudig onverzadigde vetzuren, zink, vitamine E, niacine en magnesium
Bestrijdt: obesitas, verlies van spiermassa, rimpels en hart- en vaatziekten
Hulptroepen: cashewnoten en amandelen
Bedriegers: gezoete en met transvetzuren 'verrijkte' pindakaas

Zeker, pindakaas heeft zijn minpunten: het is bijvoorbeeld nogal calorierijk, en het maakt een beetje een proletarische indruk als je het in een driesterrenrestaurant bestelt. Maar het zit bomvol supergezonde, enkelvoudig onverzadigde vetzuren die je testosteronproductie bevorderen. Dit mannelijk geslachtshormoon bevordert de opbouw van spiermassa en het verbranden van vet. Tijdens een onderzoeksperiode van achttien maanden bleek dat mensen die geregeld pindakaas aten minder spiermassa verloren tijdens een dieet dan degenen die een vetarm dieet volgden. Een recent onderzoek van de University of Illinois toonde aan, dat mensen die uit eten gingen en vlak daarvoor enkelvoudig onverzadigde vetten hadden gegeten (in de vorm van olijfolie), 25 procent minder calorieën aten in het restaurant dan mensen die van tevoren geen olijfolie hadden geconsumeerd.

Praktisch gezien werkt pindakaas ook prima omdat het een snelle en veelzijdige snack is, die goed smaakt. Volg je een dieet waarin je zoiets lekkers als pindakaas geregeld mag eten, dan heb je minder het gevoel dat je op dieet bent, waardoor je het dieet weer beter volhoudt. Doe een beetje op een appel of mix het door een eiwitshake om die meer smaak te geven.

Er zijn twee voorbehouden. Ten eerste mag je er niet echt veel van eten, omdat het wel een hoog vetgehalte heeft. Beperk je daarom tot ongeveer drie eetlepels per dag. Ten tweede moet je echt proberen om natuurlijke pindakaas te kopen, niet de massaproducten die veel suiker bevatten.

Olijfolie

Missie: verlaagt cholesterol en ondersteunt het immuunsysteem
Geheime wapens: enkelvoudig onverzadigde vetzuren en vitamine E
Bestrijdt: obesitas, kanker, hart- en vaatziekten en hoge bloeddruk
Hulptroepen: canolaolie, pindaolie en sesamolie
Bedriegers: plantaardige en gehydrogeneerde plantaardige oliën, transvetzuren en margarine

Olijfolie en de diverse varianten helpen je om minder te eten doordat ze je hongergevoel onder controle houden. Ze helpen ook om vet te verbranden en je cholesterolgehalte binnen de perken te houden. Heb je nog meer redenen nodig om een fles aan te schaffen?

Volkorenbrood en ontbijtgranen

Missie: voorkomt dat je lichaam vet opslaat
Geheime wapens: vezels, eiwit, thiamine, riboflavine, niacine, pyridoxine, vitamine E, magnesium, zink, kalium, ijzer en calcium
Bestrijdt: obesitas, kanker, hoge bloeddruk en hart- en vaatziekten
Hulptroepen: bruine rijst en volkorenpasta
Bedriegers: geraffineerde bakkerswaren, zoals wit brood, bagels en donuts, en brood waar 'tarwe' op staat in plaats van 'volle tarwe'

Een mens kan niet eeuwig leven op een eiwitdieet, een saladedieet, een koolsoepdieet of iets soortgelijks. Je lichaam vraagt om koolhydraten, omdat het die nu eenmaal nodig heeft. Het geheim is alleen die koolhydraten te eten die zo min mogelijk bewerkt zijn, waardoor ze nog alle gunstige voedingsvezels bevatten.
Koolhydraten uit volkorenproducten kunnen een belangrijke rol spelen in een gezonde levensstijl. In een onderzoek over een periode van elf jaar volgden wetenschappers van de University of Minnesota 16.000 mensen van middelbare leeftijd. Ze ontdekten dat het driemaal daags consumeren van hele granen het risico op overlijden in het volgende decennium met 23 procent verlaagde. (Vertel dat maar eens aan je zuster die koolhydraatarm eet.) Volkorenbrood houdt de insulinepieken laag en voorkomt dat er extra vet wordt opgeslagen. In ons dieet is het vooral handig omdat volkorenproducten snel klaar te maken zijn en

bij zo'n beetje alles passen. Knäckebröd bij het ontbijt, bruine boterhammen 's middags, en in de namiddag een boterham met pindakaas als tussendoortje. Schenk geen geloof aan die hype. Koolhydraten, de juiste soort koolhydraten, zijn heel goed voor je. **Waarschuwing:** voedingsfabrikanten zijn heel uitgekookt. Soms voegen ze, nadat ze alle vitamines, vezels en mineralen uit de tarwe hebben weggeraffineerd, stroop en kleurstof aan het brood toe om het bruin te maken, en dan komt het in de schappen te staan met een label waarop 'tarwebrood' staat. Wat een truc! Op werkelijk volwaardig brood en andere volkorenproducten staat 'hele tarwekorrel' of 'hele granen'.

Extra eiwitpoeder (wei)

Missie: bouwt spiermassa op en verbrandt vet
Geheime wapens: eiwit, cysteïne en gluthation
Bestrijdt: obesitas
Hulptroepen: ricotta (kaas)
Bedriegers: soja-eiwit

Eiwitpoeder? Wat is dat nou weer? Het is het enige krachtvoedingsmiddel dat je misschien niet in de supermarkt tegenkomt, maar het is wel een product dat de moeite waard is om even voor naar de sportvoedingswinkel of drogist te gaan. Ik heb het over wei-eiwitpoeder, een type dierlijk eiwit dat de opbouw van je spieren bevordert. Voeg je wei-eiwitpoeder aan je maaltijd toe, bijvoorbeeld in een shake, dan heb je mogelijk de meest stofwisselingverhogende maaltijd gebrouwen die je je kunt bedenken. Wei-eiwit is een hoogwaardig eiwit dat alle essentiële aminozuren bevat die spieren opbouwen en vet verbranden. Maar het is vooral effectief omdat het heel veel eiwit bevat, maar heel weinig vet, en daarmee ook de calorieën binnen de perken houdt. Een shake met een schep wei-eiwit is heel effectief vóór een work-out. Uit een onderzoek van de University of Texas van enkele jaren geleden (2001) bleek, dat sporters die voor hun work-

out een shake dronken met aminozuren en koolhydraten meer spiermassa opbouwden dan de proefpersonen die deze shake dronken na hun training. Aangezien training de bloedtoevoer naar de spieren verhoogt, veronderstelt men dat ook eiwit hiervan profiteert, doordat aminozuren, de bouwstenen van spiereiwit, beter door de spieren worden opgenomen.
Overigens is ricotta een geweldige wei-eiwitbron die je gewoon in de supermarkt kunt vinden. In tegenstelling tot andere kazen, die gemaakt zijn van gestremde melk, is ricotta gemaakt van wei, een heel goede reden om deze kaas bij de Italiaan eens te bestellen.

Frambozen en andere rode vruchten

Missie: beschermen je hart, verbeteren je gezichtsvermogen, je evenwichtsgevoel, je coördinatievermogen en je kortetermijngeheugen, en voorkomen vreetbuien
Geheime wapens: antioxidanten, vezels, vitamine C en tanninen (veenbessen)
Bestrijdt: hart- en vaatziekten, kanker en obesitas
Hulptroepen: de meeste andere fruitsoorten, vooral appels en grapefruits
Bedriegers: vruchtengelei, bevat geen vezels, maar wel toegevoegde suikers

Afhankelijk van je smaak, kun je allerlei rode vruchten gebruiken (behalve die van chocola). Ik houd van frambozen omdat ze superkrachten hebben én goed smaken. Ze zitten bomvol antioxidanten die je lichaam helpen hart- en vaatziekten en kanker te bestrijden. De flavonoïden in deze vruchten bevorderen je gezichtsvermogen, evenwicht, coördinatievermogen, en helpen je kortetermijngeheugen op peil te houden. Een kop frambozen bevat 6 gram vezels en meer dan de helft van je aanbevolen dagelijkse hoeveelheid vitamine C.
Bosbessen bevatten ook veel oplosbare voedingsvezels die je,

net als bij havermout, langer een vol gevoel geven. Sterker nog, bosbessen zijn een van de gezondste voedingsmiddelen die je kunt eten. Bosbessen steken 39 soorten fruit en groenten naar de kroon in antioxidantconcentratie. Uit een onderzoek bleek dat ratten die bosbessen aten slimmer waren en een beter coördinatievermogen hadden dan ratten die geen bosbessen aten. Aardbeien bevatten een andere waardevolle vorm van vezels, die pectine heet (zit ook in sinaasappels, perziken, appels en grapefruits). In een onderzoek gepubliceerd in het *Journal of the American College of Nutrition,* bleek dat proefpersonen die sinaasappelsap verrijkt met pectine dronken, een voller gevoel hadden na het drinken dan proefpersonen die gewoon sinaasappelsap hadden gekregen. Het volle gevoel hield maar liefst vier uur aan.

Hoofdstuk 9

De Wasbordrecepten

Krachtvoedingsmiddelen verwerkt in makkelijke en snelle recepten

Als je hetzelfde bent als een hoop mensen waar ik mee werk en die ik ken, dan breng je meer tijd door in de badkamer, de auto, of op de bank, dan in de keuken. Je hebt gewoon geen tijd om te koken. Je steekt op de valreep nog even snel een boterham in je mond, drinkt op je werk een paar bakken koffie, luncht met collega's, klanten of kinderen, en aan het eind van de middags trek je iets uit de snoepautomaat of rij je vlug langs een snacktent. Tegen de tijd dat je thuis bent, is koken het laatste waar je zin in hebt.

Ik snap het, want ik ben precies hetzelfde. Ik heb geen tijd, energie of creatieve drang om te gaan koken. Op de bovenkant van mijn fornuis liggen meer rekeningen en reclamefolders dan er potten en pannen staan, en mijn oven wordt eerder gebruikt als opslagplaats dan voor het bereiden van een overheerlijke ovenschotel. (Mijn moeder kwam ooit onverwachts op visite en grilde per ongeluk mijn basketbal.) De eerste keer dat ik kookte voor mijn vriendin, wist ze het eten redelijk precies te omschrijven als 'iets met vlees'.

Wat je daarom op de volgende pagina's tegenkomt, is zelfs voor iemand met weinig aanleg voor koken nog gemakkelijk klaar te maken. En kun je met een blender en een koekenpan uit de voeten, dan is het bereiden ervan geen enkel probleem.

De meeste van de recepten zijn heel snel en gemakkelijk te bereiden, soms zelfs in minder dan vijf minuten. Ik besef ook wel dat je niet al deze maaltijden zult klaarmaken, dus heb ik, gebruikmakend van de krachtvoedingsmiddelen, een paar voorbeeldcombinaties opgenomen die redelijk evenwichtige maaltijden vormen. Voor de avondmaaltijden zijn de porties groter dan voor één persoon, dus wat er overblijft, kun je voor de lunch gebruiken. Heb je een gezin waar je voor moet koken, dan is het heel eenvoudig om de dubbele of drievoudige hoeveelheid van een recept klaar te maken.

Wasbord**powershakes**

Powershakes vormen misschien wel een van de prettigste onderdelen van het Wasborddieet. In minder dan 3 minuten staat er een shake op tafel. Ze zijn rijk aan hoogwaardige voedingsstoffen. Ze vullen. En als dat nog niet genoeg is: ze smaken meestal nog geweldig ook. Je kunt je eigen combinatie brouwen door magere melk of magere yoghurt te gebruiken, met wei-eiwitpoeder en ijsklontjes als belangrijkste ingrediënten. Havermout en fruit zijn prima aanvullingen, maar een eetlepel pindakaas is ook lekker. Alles in de blender en mixen tot het mooi glad is. Voor extra volume kun je nog meer ijsklontjes toevoegen. Een paar voorbeelden. (Bij elk recept staat hoeveel krachtvoedingsmiddelen (KVM) erin zijn gebruikt.)

Ultimate powershake (aantal KVM: 5)

Totaal 2 porties van 250 cc

1 *kop magere melk*
2 *eetlepels magere yoghurt*
¾ *kop havermout in water geweekt*
2 *theelepels pindakaas*
2 *theelepels chocolade wei-eiwitpoeder*
6 *ijsklontjes*

Calorieën per portie: 220 • eiwit: 12 gram • koolhydraten: 29 gram
totaal vet: 4 gram • verzadigd vet: 1,5 gram • natrium: 118 mg • vezels: 3 gram.

Aardbeienpowershake (aantal KVM: 5)

Totaal 2 porties van 250 cc
½ kop magere yoghurt
1 kop magere melk
2 theelepels pindakaas
1 kop (diepvries)aardbeien
2 theelepels wei-eiwitpoeder
6 ijsklontjes

Calorieën per portie: 186 • eiwit: 11 gram • koolhydraten: 26 gram
totaal vet: 5 gram • verzadigd vet: 2 gram • natrium: 151 mg • vezels: 3 gram.

Granengigant (aantal KVM: 4)

Totaal 2 porties van 250 cc
8 eetlepels muesli
1 kop magere melk
½ kop bosbessen
1 eetlepel honing
2 theelepels wei-eiwitpoeder
6 ijsklontjes

Calorieën per portie: 145 • eiwit: 8 gram • koolhydraten: 32 gram
totaal vet: 2 gram • verzadigd vet: 1 gram • natrium: 155 mg • vezels: 9 gram.

Bananensplitpowershake (aantal KVM: 3)

Totaal 2 porties van 250 cc
1 banaan
½ kop magere yoghurt
50 ml sinaasappelsapconcentraat uit de diepvries
½ kop magere melk
2 theelepels wei-eiwitpoeder
6 ijsklontjes

Calorieën per portie: 171 • eiwit: 8 gram • koolhydraten: 33 gram
totaal vet: 2 gram • verzadigd vet: 1 gram • natrium: 94 mg • vezels: 2 gram.

Bosvruchtenpowershake (aantal KVM: 4)

Totaal 2 porties van 250 cc
¾ kop havermout
¾ kop magere melk
¾ kop gemengde bosbessen, aardbeien en frambozen
2 theelepels wei-eiwitpoeder
3 ijsklontjes

Calorieën per portie: 144 • eiwit: 7 gram • koolhydraten: 27 gram
totaal vet: 1 gram • verzadigd vet: 0 gram • natrium: 109 mg • vezels: 4 gram

Pindakaaspowershake (aantal KVM: 5)

Totaal 2 porties van 250 cc
¾ kop magere yoghurt
¾ kop magere melk
2 theelepels pindakaas
1 middelgrote banaan
½ kop verse aardbeien
2 theelepels wei-eiwitpoeder
4 ijsklontjes

Calorieën per portie: 235 • eiwit: 11 gram • koolhydraten: 39 gram
totaal vet: 5 gram • verzadigd vet: 2 gram • natrium: 154 mg • vezels: 4 gram.

Zomerpowershake (aantal KVM: 4)

Totaal 2 porties van 250 cc
⅔ kop verse aardbeien
1 banaan
½ kop suikermeloen
135 ml magere yoghurt
¾ kop magere melk
2 theelepels wei-eiwitpoeder
3 ijsklontjes

Calorieën per portie: 199 • eiwit: 9 gram • koolhydraten: 39 gram
totaal vet: 2 gram • verzadigd vet: 1 gram • natrium: 117 mg • vezels: 4 gram.

Rode afslankpowershake (aantal KVM: 6)

Totaal 2 porties van 250 cc

1 *schep vanille-ijs (light)*
¼ *kop elk bosbessen, aardbeien en frambozen uit de diepvries*
½ *kop magere melk*
1 *eetlepel wei-eiwitpoeder met vanillesmaak*
3 *ijsklontjes*

Calorieën per portie: 251 • eiwit: 15 gram • koolhydraten: 38 gram
totaal vet: 4 gram • verzadigd vet: 2 gram • natrium: 116 mg • vezels: 4 gram.

Honingneusjepowershake (aantal KVM: 3)

Totaal 1 portie van 250 cc

1 *schep pecannotenijs, light*
½ *kop magere melk*
1 *theelepel vanille*
1 *theelepel gemalen lijnzaad*
1 *snufje kaneel*
1 *theelepel honing*
3 *ijsklontjes*

Calorieën per portie: 250 • eiwit: 15 gram • koolhydraten: 38 gram
totaal vet: 4 gram • verzadigd vet: 2 gram • natrium: 131 mg • vezels: 3 gram.

Chocoladetherapie (aantal KVM: 3)

Totaal 1 portie van 250 cc

1 *schep chocoladeroomijs, light*
1 *eetlepel chocoladesaus*
½ *kop magere chocolademelk*
1 *eetlepel wei-eiwitpoeder met chocoladesmaak*
½ *banaan*
3 *ijsklontjes*

Calorieën per portie: 355 • eiwit: 17 gram • koolhydraten: 60 gram
totaal vet: 6 gram • verzadigd vet: 4 gram • natrium: 158 mg • vezels: 4 gram.

Pompoenenpowershake (aantal KVM: 3)

Totaal 1 portie van 250 cc

1 *schep pecannotenroomijs, light*
½ *kop pompoen uit blik*
½ *kop magere melk*
1 *eetlepel wei-eiwitpoeder met vanillesmaak*
1 *theelepel gemalen lijnzaad*
3 *ijsklontjes*

Calorieën per portie: 265 • eiwit: 17 gram • koolhydraten: 41 gram
totaal vet: 5 gram • verzadigd vet: 2 gram • natrium: 136 mg • vezels: 7 gram.

Chocoladepowershake (aantal KVM: 4)

Totaal 1 portie van 250 cc

1 *schep chocoladeroomijs, light*
½ *kop diepvriesframbozen*
½ *kop magere chocolademelk*
1 *eetlepel wei-eiwitpoeder met chocoladesmaak*
½ *banaan*
3 *ijsklontjes*

Calorieën per portie: 340 • eiwit: 17 gram • koolhydraten: 56 gram
totaal vet: 7 gram • verzadigd vet: 2 gram • natrium: 136 mg • vezels: 7 gram.

Citroenzure powershake (aantal KVM: 5)

Totaal 1 portie van 250 cc

1 *schep vanilleroomijs (light)*
½ *kop magere ricotta*
½ *kop magere melk*
1 *eetlepel wei-eiwitpoeder met vanillesmaak*
1 *eetlepel gehakte amandelen*
½ *citroen, geperst*
4 *ijsklontjes*

Calorieën per portie: 387 • eiwit: 27 gram • koolhydraten: 37 gram
totaal vet: 16 gram • verzadigd vet: 8 gram • natrium: 289 mg • vezels: 2 gram.

Ontbijt volgens het Wasborddieet

Tussen alle bedrijven door (douchen, snel de koppen van de krant bekijken, een laatste plakbandje herstellen aan het werkstuk van je zoon) komt het ontbijt er vaak bekaaid af. Meestal sla je het over omdat je 'belangrijker' dingen te doen hebt. Toch staat onomstotelijk vast, dat als je de zes maaltijden van de dag een cijfer zou moeten geven, het ontbijt de belangrijkste maaltijd is. Ontbijt brengt de stofwisseling op gang en stimuleert het lichaam vet te verbranden, waarmee het risico op overgewicht omlaag gaat. De snelste manier om het Wasborddieet toe te passen voor het ontbijt is het combineren van de krachtvoeding (krachtvoedingsmiddelen), om maaltijden te bereiden zoals:

Ontbijt brengt de stofwisseling op gang en stimuleert het lichaam vet te verbranden.

- Een Powershake van 250 cc
- 2 eetlepels pindakaas en 2 plakjes Canadese bacon op volkorenbrood
- 400 gram geplette tarwe en vezels met 2 dl magere melk, 3 kalkoenworstjes en 8 eetlepels rode vruchten
- 2 geklutste eieren, 2 sneden volkorenbrood, 1 banaan en 2 dl magere melk
- Ontbijtgranen, samengesteld uit 12 eetlepels vezelrijke muesli, 4 eetlepels Cruesli, 2 eetlepels amandelen en 150 ml magere melk
- 1 snee volkorenbrood met 1 eetlepel pindakaas, 1 middelgrote sinaasappel en 8 eetlepels rode vruchten

In het weekend of op de ochtenden dat je iets meer tijd hebt, geven de volgende ontbijten ook een goede oppepper.

Eisandwich Royale (aantal KVM: 5)

Voor 1 persoon

1 groot ei
3 eiwitten van grote eieren
1 theelepel gemalen lijnzaad
2 geroosterde volkorenboterhammen
1 plak Candese bacon
1 gesneden tomaat of 1 gesneden rode paprika
½ kopje jus d'orange

1. Kluts het hele ei en de eiwitten in een schaal. Voeg het gemalen lijnzaad toe.
2. Bakken in een koekenpan met antiaanbaklaag, beetje vegetarische oliespray op de bodem spuiten. Gooi het geheel op de geroosterde boterhammen.
3. Voeg de bacon en tomaten, paprika of andere groenten toe.

Calorieën per portie: 399 • eiwit: 31 gram • koolhydraten: 46 gram
totaal vet: 11 gram • verzadigd vet: 3 gram • natrium: 900 mg • vezels: 6 gram.

Ontbijtburger met bacon (aantal KVM: 5)

Voor 1 persoon

1 tarwemuffin
½ theelepel transvetzuurvrije margarine
1 ei
1 plak magere kaas
1 plak Canadese ham
Groenten naar keuze

1. Snijd de muffin doormidden en stop de helften in de broodrooster, daarna margarine erop.
2. Breek een ei, leg het in een magnetronschaaltje, prik de dooier door en doe er een cellofaantje overheen.
3. Zet het 30 seconden in de magnetron (hoogste stand). Voeg kaas en Canadese ham toe aan de muffin en zet dan nog eens 20 seconden in de magnetron.
4. Groenten erbij.

Calorieën per portie: 300 • eiwit: 22 gram • koolhydraten: 28 gram
totaal vet: 11 gram • verzadigd vet: 3,5 gram • natrium: 868 mg • vezels: 3 gram.

Ik-heb-nog-geen-koffie-gedronken-sandwich (aantal KVM: 3)

Voor 1 persoon

1½ theelepel magere roomkaas
1 volkorenpitabroodje, gehalveerd om twee 'zakjes' te maken
2 plakken kalkoen of ham
Sla of andere groene groente

1. Smeer de roomkaas binnen in de pitabroodjes.
2. Opvullen met vlees en groenten.
3. In de mond stoppen. Kauwen en doorslikken.

Calorieën per portie: 225 • eiwit: 10 gram • koolhydraten: 42 gram
totaal vet: 3 gram • verzadigd vet: 1 gram • natrium: 430 mg • vezels: 6 gram.

Tonijn Anders (aantal KVM: 3)

Voor 1 persoon

2 eieren
2 eetlepels tonijn in blik, uitgelekt
½ groene ui

Kluts in een magnetronbestendige schaal de eieren tot ze goed gemengd zijn. Voeg de tonijn en de ui toe. 2½ minuut in de magnetron tot de eieren in het midden droog zijn.

Calorieën per portie: 189 • eiwit: 20 gram • koolhydraten: 2 gram
totaal vet: 10 gram • verzadigd vet: 3 gram • natrium: 249 mg • vezels: 1 gram.

Mintconditie (aantal KVM: 2)

Voor 1 persoon

1 kop magere yoghurt
½ eetlepel mint (vers gehakt of gedroogd)
1 kop meloenblokjes

Yoghurt en mint goed mengen, daarna de meloenblokjes erdoorheen mixen tot het mooi glad is.

Calorieën per portie: 208 • eiwit: 14 gram • koolhydraten: 30 gram
totaal vet: 4 gram • verzadigd vet: 3 gram • natrium: 179 mg • vezels: 1 gram.

Feta Fantastisch (aantal KVM: 3)

Voor 1 persoon

2 eieren
½ eetlepel fetakaas in kruimels
⅓ kop gehakte spinazieblaadjes
1 theelepel gedroogde oregano

In een magnetronbestendige schaal de eieren klutsen tot ze goed gemengd zijn. Voeg feta, spinazie en oregano toe. 2½ minuut in de magnetron tot de eieren in het midden droog zijn.

Calorieën per portie: 163 • eiwit: 13 gram • koolhydraten: 2 gram
totaal vet: 11 gram • verzadigd vet: 4 gram • natrium: 205 mg • vezels: 0 gram.

Texaanse Wafels (aantal KVM: 2)

Voor 1 persoon

1 ei
1 geroosterde volkorenboterham
1 eetlepel salsa

Sla het ei stuk in een kleine schaal, dooier en eiwit goed mengen en 2½ minuut in de magnetron. Boterham roosteren. Bedekken met ei en salsa, doormidden snijden en in je mond steken.

Calorieën per portie: 183 • eiwit: 10 gram • koolhydraten: 4 gram
totaal vet: 9 gram • verzadigd vet: 3 gram • natrium: 263 mg • vezels: 1 gram.

Ontbijt met Barbie (aantal KVM: 3)

Voor 1 persoon

1 *pakje instantgrutten*
4 *diepvriesgarnalen, ontdooid en gehakt*
1 *eetlepel geraspte magere cheddar*
1 *eetlepel barbecuesaus*

De grutten bereiden volgens de instructies op de verpakking. Voeg de garnalen en de kaas toe, en roer het geheel goed door elkaar. Eetlepel barbecuesaus toevoegen.

Calorieën per portie: 167 • eiwit: 9 gram • koolhydraten: 31 gram
totaal vet: 1 gram • verzadigd vet: 0 gram • natrium: 731 mg • vezels: 2 gram.

Wilde Maïs (aantal KVM: 2)

Voor 1 persoon

2 *eieren*
2 *eetlepels diepvriesmaïskorrels*
1 *plak tomaat in stukjes*
1 *eetlepel zwarte bonen, afgespoeld*

In een magnetronbestendige schaal de eieren klutsen tot ze goed gemengd zijn. Voeg maïs, tomaat en bonen toe. 2½ minuut in de magnetron, of tot de eieren in het midden droog zijn.

Calorieën per portie: 180 • eiwit: 14 gram • koolhydraten: 7 gram
totaal vet: 10 gram • verzadigd vet: 3 gram • natrium: 203 mg • vezels: 2 gram.

Grutten Speciaal (aantal KVM: 4)

Voor 1 persoon

1 *pakje instantgrutten*
1 *eetlepel gemalen lijnzaad*
2 *repen Beef Jerky, fijngehakt*
1 *eetlepel geraspte magere Cheddarkaas*

De grutten bereiden volgens de instructies op de verpakking. Voeg lijnzaad, Jerky en kaas toe en meng alles goed door elkaar.

Calorieën per portie: 199 • eiwit: 11 gram • koolhydraten: 26 gram
totaal vet: 6 gram • verzadigd vet: 2 gram • natrium: 786 mg • vezels: 3 gram.

Lunch volgens het Wasborddieet

Halverwege een werkdag kunnen snackbars en pizzatenten aantrekkelijker zijn dan een warm bubbelbad tijdens de wintersport. Wees sterk! Je kunt het voedingsprogramma altijd volgen, waar je ook bent. Tijdens een lunch buitenshuis kun je ook verstandige alternatieven kiezen, in plaats van drie broodjes kroket. Een goed alternatief is bijvoorbeeld een salade met gegrilde kip, zalm of tonijn, wat groenten, amandelen of andere noten, en een beetje balsamicoazijn en olijfolie. Je kunt ook een stukje mager vlees bestellen (biefstuk) met bruin brood, met daarbij wat groente. Vraag om wat salsa of een beetje olijfolie om je brood in te dippen. Neem je je lunch mee naar je werk of gebruik je de lunch thuis, dan zijn er een paar andere mogelijkheden.

De 'ik-ben-niet-echt-aan-het-eten' salade (aantal KVM: 4)

Voor 1 persoon
70 gram gegrilde kip
1 kop bindsla
1 gehakte tomaat
1 gehakte kleine groene paprika
1 gehakte middelgrote peen
3 eetlepels magere Italiaanse dressing of 1 theelepel olijfolie
1 eetlepel geraspte Parmezaanse kaas
1 eetlepel gemalen lijnzaad

1. Snijd de kip in kleine stukjes.
2. Meng alle ingrediënten en zet het mengsel in de koelkast. Met of zonder meergranenbrood eten.

Calorieën per portie: 248 • eiwit: 16 gram • koolhydraten: 33 gram
totaal vet: 8 gram • verzadigd vet: 6 gram • natrium: 875 mg • vezels: 10 gram.

Tortilla met kalkoen (aantal KVM: 3)

Voor 1 persoon

$^3/_4$ *eetlepel vetvrije mayonaise*
1 *volkorentortilla*
2 *plakken gerookt kalkoenspek*
65 *gram gegrilde kalkoenborst in dobbelsteentjes gesneden*
2 *plakken tomaat*
2 *blaadjes sla*

1. Smeer de mayo op de tortilla.
2. Beleg de tortilla met de plakken gerookte kalkoen en leg de kalkoenborst, de tomaat en de sla er bovenop.
3. Maak er een stevig rolletje van.

Calorieën per portie: 206 • eiwit: 17 gram • koolhydraten: 26 gram
totaal vet: 7 gram • verzadigd vet: 2 gram • natrium: 1270 mg • vezels: 3 gram.

Soep van de dag (aantal KVM: 3)

Voor 1 persoon

$^1/_2$ *kippenborst*
1 *kop gehakte ui*
1 *theelepel olijfolie*
2 *teentjes knoflook*
6 *kopjes zoutarme kippenbouillon*
1 *kop uitgelekte kidneybonen uit blik*
$^1/_2$ *kop geraspte wortel*
1 *kop maïs*
$^1/_2$ *kop gepelde tomaten*
2 *eetlepels gehakt basilicum of gehakte peterselie*
$^1/_4$ *eetlepel gemalen zwarte peper*

1. In een grote sauspan op laag vuur de kip en ui 10 minuten sauteren in olie, tot de ui goudkleurig is. Voeg de knoflook eraan toe en verhit het geheel 1 minuut.
2. Voeg de bouillon, de bonen en de wortel eraan toe. Aan de kook brengen. Maïs en tomaten (met sap) toevoegen. 15 minuten laten koken.

Calorieën per portie: 260 • eiwit: 27 gram • koolhydraten: 30 gram
totaal vet: 5 gram • verzadigd vet: 1 gram • natrium: 602 mg • vezels: 6 gram.

Hete tonijn (aantal KVM: 4)

Voor 2 personen

½ *kop gehakte selderie*
1 *gehakte ui*
½ *kop magere geraspte mozzarella*
½ *kop magere cottagecheese*
1 *blikje tonijn op waterbasis (200 gram)*
4 *eetlepels mayonaise (light)*
1 *eetlepel citroensap*
3 *tarwemuffins, gehalveerd*

1. De oven voorverwarmen op 150°. In een grote pan met antiaanbaklaag selderie en ui fruiten tot ze zacht zijn. Voeg kazen, tonijn, mayo en citroensap eraan toe, en maak even warm.
2. Smeer een zesde deel van het mengsel op elk van de halve muffins. Leg de muffins op een bakplaat in de oven (10 minuten).

Calorieën per portie: 628 • eiwit: 50 gram • koolhydraten: 54 gram
totaal vet: 24 gram • verzadigd vet: 6 gram • natrium: 1300 mg • vezels: 8 gram.

Knabbeltijd (aantal KVM: 5)

Voor 1 persoon

3 *koppen gemengde groenten*
2 *plakken gerookte kalkoen, gehakt*
½ *kleine Granny Smith-appel*
2 *eetlepels geraspte wortel*
1 *eetlepel pecannoten, gehakt*
1½ *eetlepel gedroogde gezoete cranberries*
1 *eetlepel gekruimelde blauwe kaas*

Als dressing:
1½ theelepel olijfolie en 1 eetlepel balsamicoazijn

Alle ingrediënten in een schaal doen. Schaal in de koelkast totdat je gaat eten.

Calorieën per portie: 296 • eiwit: 15 gram • koolhydraten: 31 gram
totaal vet: 15 gram • verzadigd vet: 3 gram • natrium: 590 mg • vezels: 7 gram.

Tonijn met avocado (aantal KVM: 4)

Voor 2 personen

1 *blikje tonijn op oliebasis (200 gram)*
2/3 *kop avocado*
1/4 *gehakte tomaat*
1 *theelepel citroensap*
1 *eetlepel mayonaise, light*
1 *theelepel gemalen lijnzaad*
2 *witte tarwebroodjes*

1. Doe de eerste zes ingrediënten in een schaal en meng ze goed door elkaar met een vork.
2. Snijd de broodjes open en vul ze allebei met de helft van het mengsel.

Calorieën per portie: 606 • eiwit: 36 gram • koolhydraten: 58 gram
totaal vet: 28 gram • verzadigd vet: 5 gram • natrium: 942 mg • vezels: 13 gram.

Snelle Curry (aantal KVM: 3)

Voor 2 personen

1/2 *kop magere yoghurt*
8 *eetlepels mayonaise (light)*
3 *eetlepels fijngehakte ui*
1 *theelepel gember*
1 *pond kip zonder bot, in kleine reepjes gesneden*
1 *theelepel paprika*
1/2 *theelepel gemalen zwarte peper*
2 *koppen gekookte bruine rijst*

1. In een kleine schaal yoghurt, mayonaise, ui, gember en kerriepoeder mengen.
2. Leg de kip in een middelgrote schaal. Paprikapoeder en peper eroverheen strooien. Goed mengen.
3. In een pan met antiaanbaklaag de kip op een middelhoog vuur 4 tot 5 minuten verwarmen. Gooi het yoghurtmengsel erbij. Laat, al roerend, 2 minuten koken. Schep het mengsel over de rijst.

Calorieën per portie: 598 • eiwit: 61 gram • koolhydraten: 69 gram
totaal vet: 7 gram • verzadigd vet: 1 gram • natrium: 704 mg • vezels: 6 gram.

Twee kippen in een hok (aantal KVM: 4)

Voor 1 persoon

3 koppen gemengde groenten
⅓ kop garbanzobonen (kikkererwten), uitgelekt en afgespoeld
½ kop voorgekookte kip in blokjes
¼ kop geroosterde rode pepers in blokjes
1 theelepel gemalen lijnzaad

Als dressing:
1½ eetlepel magere kant-en-klaardressing

Alle ingrediënten in een schaal doen. Schaal in de koelkast totdat je gaat eten.

Calorieën per portie: 391 • eiwit: 41 gram • koolhydraten: 27 gram
totaal vet: 12 gram • verzadigd vet: 2 gram • natrium: 884 mg • vezels: 8 gram.

Tortilla Totaal (aantal KVM: 4)

Voor 1 persoon

¾ kop gekookte kip in blokjes
2 eetlepels gehakte ui
2 eetlepels fetakruimels
1 handje gehakte rucola
1 grote volkorentortilla
Salsa om te dippen

1. Leg de kip, de ui, de kaas en de sla in het midden van de tortilla.
2. Stevig oprollen en dan doormidden snijden.
3. Leg de rolletjes in de lengte in een koekenpan met antiaanbaklaag en verhit op middelhoog vuur. Per kant ongeveer 2 tot 3 minuten grillen. Serveren met salsa.

Calorieën per portie: 397 • eiwit: 56 gram • koolhydraten: 25 gram
totaal vet: 10 gram • verzadigd vet: 4 gram • natrium: 493 mg • vezels: 3 gram.

Popeye en Olijfje (aantal KVM: 4)

Voor 1 persoon

1½ kop gehakte babyspinazie
1½ kop gehakte rucola
3 plakken prosciutto, fijngesneden
⅓ kop mandarijnpartjes
⅓ kop gesneden aardbeien
2 eetlepels rode ui in blokjes

Als dressing:
1½ theelepel olijfolie, 1 eetlepel rodewijnazijn, ½ teentje knoflook (geperst) en ½ theelepel zwarte peper

Alle ingrediënten in een schaal doen. Laat de schaal in de koelkast staan tot je gaat eten.

Calorieën per portie: 238 • eiwit: 9 gram • koolhydraten: 23 gram
totaal vet: 14 gram • verzadigd vet: 4 gram • natrium: 450 mg • vezels: 6 gram.

Zuurkool en feta op rogge (aantal KVM: 5)

Voor 1 persoon

¼ kop zuurkool, uitgelekt
1 eetlepel fetakruimels
1 eetlepel magere Thousand-Island-dressing
2 sneetjes roggebrood
2 plakken gerookte kalkoen
1 plak Zwitserse kaas

1. Koekenpan met antiaanbakspray invetten en op middelhoog vuur zetten.
2. In een kleine schaal zuurkool, feta en dressing mengen. Op een snee roggebrood smeren. Bedekken met de kalkoen, de Zwitserse kaas en de tweede snee roggebrood.
3. Elke kant 2 tot 3 minuten grillen.

Calorieën per portie: 335 • eiwit: 23 gram • koolhydraten: 42 gram
totaal vet: 9 gram • verzadigd vet: 3 gram • natrium: 1625 mg • vezels: 5 gram.

Meloenbanket (aantal KVM: 4)

Voor 1 persoon
3 koppen gemengde groenten
5 eetlepels watermeloen in blokjes
8 eetlepels cantaloupemeloen in blokjes
2 eetlepels geschrapte wortel
30 gram gerookte zalm in kleine stukjes
1 theelepel fijngehakte munt

Als dressing:
1½ theelepel olijfolie, 2 theelepels balsamicoazijn en 1 theelepel citroensap.

Mix alle ingrediënten in een schaal. Laat de schaal in de koelkast staan tot je gaat eten.

Calorieën per portie: 274 • eiwit: 11 gram • koolhydraten: 20 gram
totaal vet: 19 gram • verzadigd vet: 2 gram • natrium: 635 mg • vezels: 5 gram.

Garnaal de luxe (aantal KVM: 4)

Voor 1 persoon
3 koppen gehakte rucola
5 grote diepvriesgarnalen, ontdooid (staartjes verwijderd)
½ avocado in blokjes
⅓ kop diepvriesmaïskorrels, ontdooid
1 kop cherrytomaatjes
2 eetlepels verkruimelde tortillachips
1 theelepel gehakte koriander

Als dressing:
1½ eetlepel magere kant-en-klaardressing

Mix alle ingrediënten in een schaal. Laat de schaal in de koelkast staan tot je gaat eten.

Calorieën per portie: 395 • eiwit: 13 gram • koolhydraten: 38 gram
totaal vet: 24 gram • verzadigd vet: 4 gram • natrium: 439 mg • vezels: 14 gram.

Avondmaaltijden volgens het Wasborddieet

De avondmaaltijd is het moment waarop de meesten van ons zich ontspannen en zich lekker rond eten. Dat komt doordat we de hele dag bezig zijn om andere mensen van dienst te zijn. Tegen de avondmaaltijd hebben we honger als een paard. Maar bij dit voedingsprogramma heb je voor het avondeten al vier keer bijgetankt, zodat je tegen die tijd gewoon 'trek' hebt, in plaats van berehonger. Deze maaltijden geven je het gevoel dat je zondigt, maar zonder dat je je daar schuldig over hoeft te voelen.

Gehakt met ballen (aantal KVM: 3)

Voor 4 personen

1 pond mager rundergehakt
½ kop gebroken zoute crackers
1 grote ui, gesneden
1 teentje knoflook, geperst
1 eetlepel lijnzaad of wei-eiwitpoeder
1 pot (500 gram) tomatensaus
4 volkorenbroodjes
½ kop magere mozzarella in stukjes

1. Meng rundergehakt, crackers, ui, knoflook en lijnzaad of wei-eiwitpoeder, en rol er balletjes van ter grootte van een golfbal.
2. De gehaktballetjes in een pan met antiaanbaklaag op middelhoog vuur braden tot ze rondom mooi bruin zijn. Giet het vet uit de pan en voeg de tomatensaus toe.
3. Terwijl je de gehaktballetjes braadt, schep je met een vork wat brood uit de granenbroodjes, zodat ze hol worden. Vul de broodjes met de gehaktballetjes en de saus, en strooi er wat mozzarella overheen.

Calorieën per portie: 569 • eiwit: 38 gram • koolhydraten: 65 gram
totaal vet: 19 gram • verzadigd vet: 6 gram • natrium: 1341 mg • vezels: 10 gram.

Supersandwich rosbief-kaas (aantal KVM: 3)

Voor 4 sandwiches

1 middelgrote ui, gesneden
1 kleine rode paprika, gesneden
1 kleine groene paprika, gesneden
⅔ kop salsa, hot of medium
4 meergranenbroodjes
375 gram rosbief, dun gesneden
½ kop geraspte magere cheddar (kaas)

1. In een pan met antiaanbaklaag de uien en de pepers op middelhoog vuur fruiten. Voeg er de salsa aan toe en warm even op.
2. Beleg de broodjes met rosbief, uien, pepers en kaas, en warm het geheel 1 tot 2 minuten op in de magnetron (op hoge stand), tot de kaas begint te smelten.

Calorieën per portie: 558 • eiwit: 35 gram • koolhydraten: 40 gram
totaal vet: 28 gram • verzadigd vet: 12,5 gram • natrium: 653 mg • vezels: 4 gram.

Chili con kalkoen (aantal KVM: 4)

Voor 4 personen

500 gram mager kalkoengehakt
1 blik (450 gram) Mexicaanse tomaten
1 blik (500 gram) zwarte bonen, uitgelekt en gespoeld
1 pakje droge chilimix (50 gram)
1 eetlepel gemalen lijnzaad
¼ kop water
1 kop gekookte bruine rijst

1. In een grote pan met antiaanbaklaag de kalkoen op middelhoog vuur bruin braden.
2. De rest eraan toevoegen, behalve de rijst, en op laag vuur 10 minuten verwarmen. Over de rijst serveren.

Calorieën per portie: 407 • eiwit: 30 gram • koolhydraten: 52 gram
totaal vet: 11 gram • verzadigd vet: 3 gram • natrium: 1578 mg • vezels: 9 gram.

Chilipepersteak (aantal KVM: 4)

Voor 4 personen
1 eetlepel olijfolie
2 gesneden wortels
1 kop gesneden broccoli
2 cayennepepers, gesneden
2 jalapeñopepers, gesneden
400 gram mager kalfsvlees, dun gesneden
¼ kop Hunan roerbaksaus
4 koppen gekookte bruine rijst

1. Meng rundergehakt, crackers, ui, knoflook en lijnzaad of wei-eiwitpoeder, en rol er balletjes van ter grootte van een golfbal.
2. De gehaktballetjes in een pan met antiaanbaklaag op middelhoog vuur braden tot ze rondom mooi bruin zijn. Giet het vet uit de pan en voeg de tomatensaus toe.
3. Terwijl je de gehaktballetjes braadt, schep je met een vork wat brood uit de granenbroodjes, zodat ze hol worden. Vul de broodjes met de gehaktballetjes en de saus, en strooi er wat mozzarella overheen.

Calorieën per portie: 485 • eiwit: 32 gram • koolhydraten: 57 gram
totaal vet: 14 gram • verzadigd vet: 3,5 gram • natrium: 224 mg • vezels: 6 gram.

Kip King Kong (aantal KVM: 3)

Voor 4 personen
2 eetlepels olijfolie
½ ui, gehakt
1 theelepel bloem
2 eetlepels water
1 pond malse kippenborst
4 theelepels chilipoeder
1 kop spaghettisaus
300 gram gekookte volkorenspaghetti

1. Verhit de olie in een pan met antiaanbaklaag op middelhoog vuur. Voeg de ui toe en laat 1 minuut fruiten. In een kleine schaal de bloem en het water mengen.
2. Voeg kip, chilipoeder, saus en bloemmengsel aan de pan toe.

Even roeren. Laat 10 minuten, zonder deksel, zachtjes sudderen. Serveer met de gekookte spaghetti.

Calorieën per portie: 320 • eiwit: 31 gram • koolhydraten: 26 gram
totaal vet: 10 gram • verzadigd vet: 2 gram • natrium: 360 mg • vezels: 5 gram.

BBQ King (aantal KVM: 5)

Voor 4 personen

150 gram gerookte kalkoen in blokjes
1 *kleine ui, gehakt*
1 *blik (100 gram) gesneden champignons*
1 *teen knoflook, geperst*
1 *eetlepel gemalen lijnzaad*
1 *blik (450 gram) gebakken bonen*
1 *blik (200 gram) navy beans, uitgelekt*
1 *blik (225 gram) gepureerde tomaten*
zout en peper
4 *eetlepels gekruide broodkruimels*
¾ *eetlepel gemalen lijnzaad*
¾ *eetlepel olijfolie*

1. De oven voorververwarmen op 180°C. De kalkoen in een ovenschaal met een inhoud van 2 liter plaatsen en bakken tot hij bruin is (ongeveer 5 minuten). Vet weg laten lopen en de schaal apart zetten.
2. In een antiaanbakpan op middelhoog vuur ui, champignons en knoflook ongeveer 7 tot 10 minuten bakken. Doe dit mengsel in de ovenschaal bij de kalkoen en voeg de bonen en de tomaten toe, plus peper en zout naar smaak.
3. Bak 20 minuten of tot er belletjes langs de randen komen.
4. In een kleine schaal broodkruimels en lijnzaadolie mengen. Strooi dit over het vleesmengsel en laat het geheel, op een afstand van 10 tot 12 cm van de hittebron, braden tot de bovenkant mooi bruin is (ongeveer 3 minuten).

Calorieën per portie: 348 • eiwit: 20 gram • koolhydraten: 53 gram
totaal vet: 8,5 gram • verzadigd vet: 2 gram • natrium: 1463 mg • vezels: 13 gram.

Spaghettaboudit! (aantal KVM: 3)

Voor 4 personen

375 gram extra mager gehakt
1½ ui, gehakt
1 blik (100 gram) gesneden champignons
1 groene paprika in stukjes
2 tenen knoflook, fijngehakt
225 gram gesneden champignons
2 blikken (à 450 gram) hele tomaten
1 pot (600 gram) spaghettisaus
2 eetlepels Italiaanse kruiden
1 pak (500 gram) volkorenspaghetti

1. In een grote sauspan op middelhoog vuur het vlees braden totdat het bruin is. Het vet afgieten.
2. Voeg uien, peper en knoflook toe en kook tot het zacht is. Doe de champignons, de tomaten (met sap), de saus en de kruiden erbij, en roer alles goed door elkaar. Laat pruttelen. In een aparte pan de spaghetti koken volgens de instructies op het pak.

Calorieën per portie: 400 • eiwit: 28 gram • koolhydraten: 50 gram
totaal vet: 12 gram • verzadigd vet: 4 gram • natrium: 798 mg • vezels: 10 gram.

Tortilla Godzilla (aantal KVM: 4)

Voor 4 personen

250 gram mager rundergehakt of kalkoengehakt
½ ui, gehakt
2 teentjes knoflook, geperst
½ kop kidneybonen uit blik, afgespoeld en geprakt
2 groene pepers in blokjes, zaadjes verwijderd
2 theelepels chilipoeder
4 grote volkorentortilla's
⅔ kop sla
1 kop gehakte tomaten
½ kop magere geraspte kaas

1. In een grote pan met antiaanbaklaag op middelhoog vuur het gehakt, de uien en de knoflook bakken. Vet laten uitlekken.
2. Bonen, pepers en chilipoeder toevoegen, en even flink

verhitten. Van het vuur afhalen.
3. Verwarm de tortilla's 20 seconden in de magnetron en vul ze daarna met de helft van het mengsel. Sla, tomaten en kaas erbovenop, en tortilla's stevig oprollen.

Calorieën per portie: 270 • eiwit: 21 gram • koolhydraten: 32 gram
totaal vet: 9 gram • verzadigd vet: 4 gram • natrium: 341 mg • vezels: 6 gram.

Gaan vissen (aantal KVM: 5)

Voor 1 persoon

1 eetlepel + 1 theelepel olijfolie
1 forelfilet
1 eetlepel maïsmeel
zout en peper
½ theelepel gehakte verse peterselie
1 kop sperziebonen, schoongemaakt en in kleine stukjes gesneden
2 eetlepels gehakte amandelen

1. Verhit de eetlepel olijfolie in een antiaanbakpan op middelhoog vuur.
2. Terwijl de pan heet wordt, de vleeskant van de forel besprenkelen met maïsmeel, zout en peper, beetje aandrukken zodat het maïsmeel blijkt plakken.
3. Leg de vis in de pan, met de vleeskant naar beneden, en laat op het vuur 4 minuten sauteren. Omdraaien en nog eens 2 minuten. Afmaken met peterselie.
4. Zet de bonen in een stoommandje en laat 5 minuten stomen. Husselen met de overgebleven theelepel olie, zout en peper.

Calorieën per portie: 372 • eiwit: 20 gram • koolhydraten: 17 gram
totaal vet: 26 gram • verzadigd vet: 4 gram • natrium: 48 mg • vezels: 5 gram.

Zalman Rushdie (aantal KVM: 5)

Voor 4 personen
2 eetlepels olijfolie
1 theelepel citroensap
¼ theelepel zout
¼ theelepel gemalen zwarte peper
1 eetlepel gemalen lijnzaad
1 teen knoflook
4 zalmfilets (200 gram elk)
1 kop gekookte bruine rijst

1. In een ovenschaal olie, citroensap, zout, peper, lijnzaad en knoflook mengen. Voeg de vis eraan toe, goed marineren, afsluiten en 15 minuten in de vriezer.
2. De oven voorverwarmen op 200°C. Een bakplaat bekleden met folie en invetten met antiaanbakspray. Haal de vis uit de marinade en plaats hem met het vel naar beneden op de bakplaat.
3. Ongeveer 9 tot 12 minuten in de oven. Serveren met groene groenten en rijst.

Calorieën per portie: 411 • eiwit: 40 gram • koolhydraten: 15 gram
totaal vet: 20 gram • verzadigd vet: 3 gram • natrium: 231 mg • vezels: 1 gram.

Terra Ricotta (aantal KVM: 3)

Voor 1 persoon
3 eetlepels magere ricotta
1 theelepel geroosterde knoflook
1 kant-en-klaar plat brood, zoals een rozemarijn- of knoflookbrood
¾ kop voorgekookte kip in stukjes
3 eetlepels magere mozzarella in stukjes
zout en peper

1. Roer de ricotta en de knoflook goed door elkaar. Smeer op het platte brood. Kip en de mozzarella erover. Op smaak brengen met zout en peper.
2. Op 225°C 6 minuten laten bakken

Calorieën per portie: 352 • eiwit: 41 gram • koolhydraten: 19 gram
totaal vet: 13 gram • verzadigd vet: 6 gram • natrium: 409 mg • vezels: 2 gram.

Kolonel Mosterd (aantal KVM: 3)

Voor 1 persoon

1 eetlepel stroop
1 eetlepel Dijonmosterd
1 theelepel olijfolie
zout en peper
2 dungesneden varkenshaasjes
2 koppen Italiaanse groenten
1 eetlepel magere balsamicovinaigrette

1. In een kleine schaal stroop, mosterd, olie, zout en peper goed mengen.
2. De varkenshaasjes en het mosterdmengsel in een grote, afsluitbare plastic zak leggen, om het geheel te kunnen schudden en de varkenshaasjes te 'smeren'.
3. De varkenshaasjes in een antiaanbakkoekenpan op middelhoog vuur bakken, 2 tot 3 minuten per kant. Giet in de laatste minuut het resterende mosterdmengsel over de varkenshaasjes.
4. De groenten en de dressing in een grote schaal goed husselen.

Calorieën per portie: 393 • eiwit: 42 gram • koolhydraten: 23 gram
totaal vet: 17 gram • verzadigd vet: 5 gram • natrium: 650 mg • vezels: 2 gram.

Sinaasappel & goud (aantal KVM: 5)

Voor 1 persoon

2 theelepels pindaolie
¼ eetlepel rodepepersnippers
2 dunne botloze en ontvelde kippenborsten, in smalle reepjes
⅓ kop kleine wortels
⅓ kop gehakte selderij
1 groene ui, gesneden
2 eetlepels gehakte ongezouten pinda's
1 eetlepel hoisinsaus

1. Doe de olie en de pepersnippers samen in een koekenpan en zet op een middelhoog vuur.
2. Voeg de kip toe en laat 2 tot 3 minuten bakken, geregeld roeren.

3. Voeg de overige ingrediënten toe, en nog eens 2 tot 3 minuten bakken onder voortdurend roeren. Serveren op een bedje van bruine rijst.

Calorieën per portie: 356 • eiwit: 45 gram • koolhydraten: 18 gram
totaal vet: 11 gram • verzadigd vet: 2 gram • natrium: 444 mg • vezels: 5 gram.

Kip Italiano (aantal KVM: 3)

Voor 1 persoon

1 *eetlepel + 1 theelepel olijfolie*
1 *botloze, ontvelde kippenborst*
1 *eetlepel broodkruimels met Italiaanse kruiden*
1 *theelepel Parmezaanse kaas*
Zout en peper
¼ *kop spaghettisaus*
1 *kleine geplette teen knoflook*
3 *handjes blaadjes babyspinazie*

1. Verhit de eetlepel olie in een antiaanbakkoekenpan op middelhoog vuur.
2. Terwijl de pan heet wordt, de kip pletten tot ½ centimeter dikte. Broodkruimels, kaas, zout en peper eroverheen strooien en iets aandrukken, zodat de broodkruimels blijven plakken.
3. In de pan doen en ongeveer 2 tot 3 minuten per kant sauteren. Overgieten met de, in de magnetron opgewarmde, spaghettisaus.
4. Meng de resterende theelepel olie en de knoflook in een ander pannetje en verwarm op middelhoog vuur.
5. Voeg de spinazie toe en roer geregeld met een lepel tot de spinazie een beetje slap is geworden (ongeveer 6 minuten).

Calorieën per portie: 395 • eiwit: 32 gram • koolhydraten: 19 gram
totaal vet: 22 gram • verzadigd vet: 3 gram • natrium: 608 mg • vezels: 5 gram.

Garnalen met noten (aantal KVM: 4)

Voor 1 persoon

2 *theelepels pindaolie*
¼ *theelepel rodepepersnippers*
½ *kop sperziebonen in kleine hapklare stukjes*

$\frac{1}{3}$ kop dunne worteltjes
$\frac{1}{4}$ kop hele ongezouten cashewnoten
2 theelepels natriumarme sojasaus
2 theelepels sinaasappelsap
$\frac{1}{4}$ theelepel dunne sinaasappelschil
$1\frac{1}{2}$ kop middelgrote diepvriesgarnalen, ontdooid en zonder staartje

1. Doe de olie en de rodepepersnippers in een koekenpan en verwarm op een middelhoog vuur.
2. Voeg alles toe behalve de garnalen (die zijn al voorgekookt voordat ze werden ingevroren). 2 tot 3 minuten laten bakken en geregeld roeren.
3. Voeg de garnalen toe en nog eens 2 tot 3 minuten bakken, weer geregeld roeren. Serveren op bedje van bruine rijst.

Calorieën per portie: 332 • eiwit: 39 gram • koolhydraten: 11 gram
totaal vet: 15 gram • verzadigd vet: 3 gram • natrium: 578 mg • vezels: 2 gram.

Brutale Braziliaanse kip (aantal KVM: 2)

Voor 4 personen
1 citroen en 1 limoen
1 eetlepel gemalen lijnzaad
1 blik (250 gram) tomatensaus
1 blik (150 gram) jus d'orangeconcentraat uit de diepvries
$1\frac{1}{2}$ teen knoflook, geperst
1 theelepel gedroogde Italiaanse kruiden
4 kippenborsten zonder bot en vel
1 theelepel hete salsa
$\frac{3}{4}$ kop chunky salsa

1. Rasp de schillen van de citroen en limoen, en doe ze in een hersluitbare zak. Pers het sap van de beide vruchten in het zakje, en gooi de pulp en de zaadjes weg.
2. Vermeng met de rest, behalve de kip en de salsa.
3. Doe de kip erbij, sluit de zak weer en zet een paar uur in de vriezer.
4. Gril de kip, terwijl je de stukken een paar keer draait en besprenkelt met de marinade, 10 tot 15 minuten of totdat het midden niet meer roze is. Serveren met de salsa.

Calorieën per portie: 205 • eiwit: 29 gram • koolhydraten: 18 gram
totaal vet: 2 gram • verzadigd vet: 0,5 gram • natrium: 726 mg • vezels: 3 gram.

Tussendoortjes van het Wasborddieet

Bij de meeste diëten staat een tussendoortje gelijk met afdwaling van het rechte pad. Maar ik wil dat je tussendoortjes precies andersom ziet: als de sleutel tot succes! Het geheim van effectief 'tussendoren' zit hem in de timing, ongeveer twee uur voor je aan je volgende hoofdmaaltijd begint. Dat is voldoende tijd om de ergste honger te stillen en je je vol genoeg te laten voelen om bij de hoofdmaaltijd niet volledig door het lint te gaan. Je hebt een hoge mate van vrijheid in wat je kiest als tussendoortjes. Het kan een kliekje van de vorige maaltijd zijn, een sandwich, een powershake of een combinatie van de krachtvoedingsmiddelen van het Wasborddieet. Om het je nog gemakkelijker te maken, kies je een voedingsmiddel uit rij A en een uit rij B. Dat moet voldoende verzadiging geven.

A		**B**	
eiwit	**zuivel**	**fruit of groente**	**complexe koolhydraten**
2 eetlepels pindakaas	250 gram magere yoghurt	30 gram rozijnen	1 of 2 volkoren-boterhammen
30 gram amandelen	1 kop magere (chocolade)melk	rauwkost (selderie, peentjes, broccoli, onbeperkt)	1 schaaltje havermout of muesli
3 plakken kalkoenborst	¾ kop roomijs (light)	½ kop rode vruchten	
3 plakken rosbief	1 ½ plakje magere kaas	150 gram meloen	
	1 stukje magere kaas	1 grote sinaasappel	
		1 glas natriumarm groentesap	

Komkommerstaafjes (aantal KVM: 5)

Voor 2 personen

1 *komkommer*

1 *theelepel fijngehakte peterselie*

¼ *theelepel fijngehakt basilicum*

½ *theelepel fijngehakte bieslook*

¾ *kop magere, natriumarme hüttenkäse*

Snijd de komkommer over de lengte doormidden. Schep het zachte zaaddeel van beide kanten weg met een lepel of groentemesje. Roer de kruiden door de hüttenkäse en vul hiermee de komkommerhelften.

Calorieën per portie: 84 • eiwit: 12 gram • koolhydraten: 7 gram
totaal vet: 1 gram • verzadigd vet: 1 gram • natrium: 11 mg • vezels: 2 gram.

Pindapowerappels (aantal KVM: 2)

Voor 2 personen

2 eetlepels pindakaas

snufje kaneel

1 middelgrote rode appel (bv. Gala of Red Delicious) gehalveerd en zonder

In een kleine schaal pindakaas en kaneel mengen (begin met echt een klein snufje, want kaneel heeft een sterke smaak). Op de gehalveerde appels smeren.

Calorieën per portie: 276 • eiwit: 8 gram • koolhydraten: 30 gram
totaal vet: 17 gram • verzadigd vet: 3 gram • natrium: 1 mg • vezels: 8 gram.

Smeer je slank (aantal KVM: 2)

Voor 2 personen

1 blik (500 gram) cannellinibonen, uitgelekt en afgespoeld
1 eetlepel gehakte verse rozemarijn
1 teentje knoflook, geperst
½ citroen, geperst
2 eetlepels olijfolie
peper en zout

Met een blender of blender bonen, rozemarijn, knoflook en citroensap mixen (gebruik je een blender, dan moet je misschien af en toe stoppen om de zijkanten van de beker schoon te schrappen, zodat alles goed gemengd wordt). Schenk er olie bij tot je de gewenste dikte hebt. Op smaak brengen met zout en peper.

Calorieën per eetlepel: 21 • eiwit: 1 gram • koolhydraten: 2 gram
totaal vet: 1 gram • verzadigd vet: 0 gram • natrium: 20 mg • vezels: 1 gram.

Yoghurtijsjes (aantal KVM: 1)

Voor 6 personen

6 kuipjes van je favoriete smaak magere yoghurt
6 ijsstokjes

Een stokje in elke verpakking steken. Invriezen.

Calorieën per portie: 118 • eiwit: 4 gram • koolhydraten: 24 gram
totaal vet: 1 gram • verzadigd vet: 0 gram • natrium: 59 mg • vezels: 0 gram.

Hoofdstuk 10

Maaltijdprogramma's

Met drie perfecte weekmenu's voor vrouwen

In tegenstelling tot de meeste dieetprogramma's, die stijf staan van de ingewikkelde regels, en waarbij je allerlei dingen die je lekker vindt niet meer mag eten, hoef je bij het Wasborddieet je favoriete voedingsmiddelen niet te schrappen. Bovendien wordt je lekkere trek in toom gehouden en krijg je er minder stress van. En dat allemaal tegelijkertijd. Hier volgt een voorbeeld van hoe je een week lang zou kunnen eten. Het is geen wet van Meden en Perzen. Je mag allerlei dingen veranderen en verschuiven. Het doel van deze voorbeeldweken is alleen om je te laten zien hoe de basisbeginselen van het Wasborddieet eruit zien. Dus geniet!

Zes maaltijden per dag helpen je stofwisseling hoog te houden.

De calorieën in onderstaande weekplannen zijn afgestemd op 1400 tot 1600 calorieën per dag. Elke vrouw heeft weer een andere calorieënbehoefte, afhankelijk van haar gewicht en activiteitenniveau (op pagina 90 vind je een berekening om je eigen calorieënbehoefte te bepalen). Gebruik deze wekelijkse maaltijdplannen als een soort basis, die je verder voor jezelf op maat kunt maken. Wil je minder calorieën consumeren, sla dan geen maaltijden over. Onthoud: zes maaltijden per dag helpen je stofwisseling hoog te houden. In plaats daarvan is het beter om een wat kleinere portie te nemen van je hoofdmaaltijden of tussendoortjes. Mocht er uit de berekening van je dagelijkse calorieënbehoefte blijken dat je meer calorieën nodig hebt, dan adviseer ik je om dat te doen door je porties iets groter te maken, bijvoorbeeld door een half glaasje extra van een shake te nemen of een klein handje noten extra. Dat is beter dan je hoofdmaaltijden te vergroten, want voor je het weet worden het echt hoofdmaaltijden met een grote H.

Voorbeeld Perfecte Week 1

MAANDAG: 1433 CALORIEËN

Ontbijt
Tonijn Anders (pagina 149)

Tussendoortje #1
250 ml Rode afslankpowershake (pagina 145), 1 appel

Lunch
Knabbeltijd (pagina 155), 1 staafje kaas

Tussendoortje #2
Komkommerstaafjes (pagina 171)

Avondmaaltijd
Gaan Vissen (pagina 165)

Tussendoortje #3
Lightroomijssandwich

DINSDAG: 1568 CALORIEËN

Ontbijt
Mintconditie (pagina 150)

Tussendoortje #1
Honingneusjepowershake (pagina 145)

Lunch
Eisandwich Royale (pagina 148), 1 kop rode vruchten

Tussendoortje #2
1 staafje kaas, 5 tot 7 tarwecrackers

Avondmaaltijd
Terra Ricotta (pagina 166)

Tussendoortje #3
Zelfgemaakte yoghurtijsjes (pagina 172)

WOENSDAG: 1407 CALORIEËN

Ontbijt
Feta Fantastisch (pagina 150)

Tussendoortje #1
Powershake Chocoladetherapie (pagina 145)

Lunch
Popeye & Olijfje (pagina 158)

Tussendoortje #2
Pindapowerappels (pagina 171)

Avondmaaltijd
Kolonel Mosterd (pagina 167)

Tussendoortje #3
Lightroomijssandwich

DONDERDAG: 1510 CALORIEËN

Ontbijt
Texaanse wafels (pagina 150), 1 peer

Tussendoortje #1
Pompoenenpowershake (pagina 146)

Lunch
Zuurkool en feta op rogge (pagina 158)

Tussendoortje #2
1 stukje kaas, 5 tot 7 tarwecrackers

Avondmaaltijd
Sinaasappel & Goud (pagina 167)

Tussendoortje #3
Zelfgemaakte yoghurtijsjes (pagina 172)

VRIJDAG: 1490 CALORIEËN

Ontbijt
Ontbijt met Barbie (pagina 151)

Tussendoortje #1
Chocoladepowershake (pagina 146)

Lunch
Meloenbanket (pagina 159)

Tussendoortje #2
Komkommerstaafjes (pagina 171)

Avondmaaltijd
Kip Italiano (pagina 168)

Tussendoortje #3
Pakje magere vruchtenyoghurt

ZATERDAG: 1492 CALORIEËN

Ontbijt
Wilde Maïs (pagina 151) en 1 sinaasappel

Tussendoortje #1
Rode afslankpowershake (pagina 145)

Lunch
Twee kippen in een hok (pagina 157)

Tussendoortje #2
2 eetlepels 'Smeer je Slank' (pagina 172), ¾ kop broccoli en worteltjes

Avondmaaltijd
Garnalen met noten (pagina 168)

Tussendoortje #3
Zelfgemaakte yoghurtijsjes (pagina 172)

ZONDAG: 1294 CALORIEËN + SMOKKELMAALTIJD

Ontbijt
Grutten speciaal en ½ kop sinaasappelsap

Tussendoortje #1
Citroenzure powershake (pagina 146)

Lunch
Garnaal de luxe (pagina 159)

Tussendoortje #2
Citroenzure powershake en 1 kop meloenblokjes

Avondmaaltijd
Smokkelmaaltijd

Vijf manieren om op te 'vezelen'

Je eieren. Eén derde kop gehakte ui en een teentje knoflook geven 1 gram extra vezels aan een paar roereieren.
Je boterham. Heb je een hekel aan volkorenbrood? Probeer rogge. Net als tarwe bevat het per boterham 2 gram voedingsvezels. Dat is twee keer zo veel als in wit brood.
Je avondmaaltijd. Neem een zoete aardappel. Die bevat 2 gram vezels meer dan de gemiddelde pieper.
Je ontbijtgranen. Een halve kop frambozen voegt 4 gram vezels toe.
Je tussendoortje. Eet studentenhaver. Een halve kop rozijnen en noten, en vijf gedroogde abrikozen geven je bijna 7 gram vezels extra.

Voorbeeld Perfecte Week 2

MAANDAG: 1457 CALORIEËN

Ontbijt
1 glas Ultimate Powershake (pagina 142). Wat extra maken voor later.

Tussendoortje #1
1 theelepel pindakaas en rauwkost (zoveel als je wilt)

Lunch
Kalkoen- of rosbiefsandwich (volkorenbrood), 1 kop magere melk en 1 appel

Tussendoortje #2
30 gram amandelen en 1 ½ kop rode vruchten

Avondmaaltijd
Gehakt met ballen (pagina 160)

Tussendoortje #3
125 ml Ultimate Powershake

DINSDAG: 1472 CALORIEËN

Ontbijt
Eisandwich Royale (pagina 148) en 1 kop magere melk

Tussendoortje #1
1 theelepel pindakaas en 1 schaaltje havermout of vezelrijke ontbijtgranen

Lunch
'Ik-ben-niet-echt-aan-het-eten' salade (pagina 153)

Tussendoortje #2
3 plakken gerookte kalkoen en 1 grote sinaasappel

Avondmaaltijd
Brutale Braziliaanse kip (pagina 169)

Tussendoortje #3
30 gram amandelen en 125 gram wratmeloen in blokjes

WOENSDAG: 1578 CALORIEËN

Ontbijt
Een glas (250 ml) Aardbeienpowershake (pagina 143). Wat extra maken voor later.

Tussendoortje #1
30 gram rozijnen

Lunch
Tonijn met avocado (pagina 156)

Tussendoortje #2
1 kaasstengel en rauwkost (zoveel je wilt)

Avondmaaltijd
Chilipepersteak (pagina 162)

Tussendoortje #3
125 tot 250 ml Aardbeienpowershake

DONDERDAG: 1564 CALORIEËN

Ontbijt
1 snee volkorenbrood met 1 theelepel pindakaas, 8 eetlepels vezelrijke ontbijtgranen met 1 kop magere melk, en 1 op rode vruchten

Tussendoortje #1
250 ml magere yoghurt en 1 blikje zoutarm groentesap

Lunch
Tortilla met kalkoen (pagina 154)

Tussendoortje #2
3 plakken gerookte kalkoen en 1 grote sinaasappel

Avondmaaltijd
Supersandwich rosbief-kaas (pagina 161)

Tussendoortje #3
1 theelepel pindakaas en ½ kop lightroomijs

VRIJDAG: 1584 CALORIEËN

Ontbijt
1 glas (250 ml) Bananensplitpowershake (pagina 143). Wat extra maken voor later.

Tussendoortje #1
30 gram amandelen en 125 gram wratmeloen

Lunch
Hete Tonijn (pagina 155)

Tussendoortje #2
3 plakken gerookte kalkoen en 1 grote sinaasappel

Avondmaaltijd
Chili con Kalkoen (pagina 161)

Tussendoortje #3
125 ml Bananensplitpowershake

ZATERDAG: 1071 CALORIEËN PLUS SMOKKELMAALTIJD

Ontbijt
1 groot glas (250 ml) Bosvruchtenpowershake (pagina 144). Wat extra maken voor later.

Tussendoortje #1
8 eetlepels vezelrijke ontbijtgranen en 1 kop magere yoghurt

Lunch
Restant Chili con Kalkoen

Tussendoortje #2
1 theelepel pindakaas en 1 of 2 sneetjes volkorenbrood

Hoe kies je **fruit en groenten**?

Er zijn onder ons nogal wat mensen die zijn opgegroeid met een hekel aan groenten en fruit. Meestal veroorzaakt door overbezorgde ouders die spruitjes tot pulp kookten om er vervolgens de nadruk op te leggen dat de kindertjes in China helemaal niets te eten hadden.

Tegenwoordig weten we dat we het anders kunnen doen, en dat we groenten en fruit met smaak kunnen eten zonder ons direct schuldig te voelen over de voedselschaarste in China. Je moet natuurlijk wel weten hoe je fruit en groenten moet uitkiezen en bereiden.

Rode vruchten. Voordat je frambozen of aardbeien koopt, moet je even naar de bodem van het bakje kijken. Je bent op zoek naar tekenen van houdbaarheid, en als de vruchten aan het doorlekken zijn, dan weet je dat het met die houdbaarheid niet best meer is gesteld.

Watermeloen. Vergeet kleur, vorm of grootte. Watermeloenen kun je het best beoordelen op hun gewicht. Hoe zwaarder een meloen is, hoe meer water hij bevat, en water is precies wat de meloen zijn smaak geeft.

Wratmeloen (cantaloupemeloen). Je moet een meloen niet bekloppen om de rijpheid te beoordelen, maar er een pets tegen geven. Dan moet je een hol geluid horen, geen doffe dreun of een onmenselijke schreeuw.

Tomaten. Kies tomaten die stevig en zwaar zijn in verhouding tot hun grootte. Die tomaten zouden een zoete smaak moeten hebben. Houd je niet zo van tomaten, probeer dan de gele variant. Die zijn een stuk zoeter en hebben een minder zure smaak dan de rode.

Perziken. Kies fraaigekleurde exemplaren zonder groene vlekken. Het vruchtvlees moet als je er zacht op drukt iets meegeven en een duidelijk waarneembare geur afgeven. (Geurig als een perzik, niet geurig als je neefje Fred).

Kies tomaten die stevig en zwaar zijn in verhouding tot hun grootte.

Avondmaaltijd
Smokkelmaaltijd! Neem wat je de hele week gemist hebt: wijn, cheeseburgers, visfilet of wat dan ook, wat je maar lekker vindt.

Tussendoortje #3
125 ml Bosvruchtenpowershake (pagina 144)

ZONDAG: 1579 CALORIEËN

Ontbijt
De 'Ik-heb-nog-geen-koffie-gedronken-sandwich (pagina 149)

Tussendoortje #1
1 theelepel pindakaas en 1 blikje natriumarm groentesap

Brunch (ontspan, het is zondag)
2 geklutste eieren, 2 sneetjes volkorenbrood, 1 banaan en 1 kop magere melk

Tussendoortje #2
2 plakken geroosterde kalkoen en 1 plak magere kaas

Avondmaaltijd
BBQ King (pagina 136)

Tussendoortje #3
30 gram amandelen, ½ kop lightroomijs

Voorbeeld Perfecte Week 3

MAANDAG: 1593 CALORIEËN

Ontbijt
Omelet van 3 eiwitten met gehakte groenten en 1 tarwe-muffin met 2 theelepels zachte margarine

Tussendoortje #1
Rauwkost en 4 eetlepels hummus

Lunch
100 gram kalkoenborst in een volkorentortilla, met gemengde groenten, tomaten en 2 of 3 plakjes avocado, en 1 kop gemengde groene sla met 2 theelepels olijfolie en azijn

Tussendoortje #2
1 kop rode vruchten met twee eetlepels magere yoghurt

Avondmaaltijd
Aziatische kipsalade: 2 koppen gemengde groene groenten, rode uien en partjes tomaat, 100 gram gegrilde kippenborst in stukjes, ½ kop mandarijnpartjes, 30 gram cashewnoten gehusseld met 1 eetlepel olijfolie en 4 tarwecrackers.

Tussendoortje #3
1 stuk fruit, 1 kop magere (vruchten)yoghurt

DINSDAG: 1597 CALORIEËN

Ontbijt
1 kop volkorenontbijtgranen met 2 eetlepels rozijnen, 1 kop magere melk en 1 banaan

Tussendoortje #1
1 pakje magere yoghurt gemengd met 2 eetlepels gedroogd fruit en 2 theelepels honing

Lunch
1 kop bouillon of lichte tomatensoep en 60 gram gesneden magere rosbief met sla, tomaat en mosterd op 2 sneetjes volkorenbrood

Tussendoortje #2
1 kaasstengel en 2 tarwecrackers

Avondmaaltijd
1 kop gekookte witte of bruine rijst, 100 gram gegrilde garnalen in gumbosaus en een gemengde groene salade met 2 theelepels olijfolie en azijn

Tussendoortje #3
1 grote zoute krakeling

WOENSDAG: 1472 CALORIEËN

Ontbijt
1 kop havermout met 2 eetlepels gemengd gedroogd fruit en noten en 1 theelepel kaneel, ¼ kop magere yoghurt en 1 kop sinaasappel- of grapefruitsap

Tussendoortje #1
¼ kop popcorn (ongeveer 100 calorieën, zie verpakking)

Lunch
Tonijnsalade: 100 gram tonijn uit blik of gegrild, 5 kleine rode aardappelen, ½ kop sperziebonen en 5 tot 8 olijven op een bedje van groene sla met 2 theelepels olijfolie en 1 eetlepel rodewijnazijn.

Tussendoortje #2
1 grote Wasacracker met 1 theelepel notenboter en 1 vrucht

Avondmaaltijd
1 vegetarische burger met sla, tomaat en rode ui op een zacht broodje, met daarbij een gemengde groene salade met een dressing van 2 theelepels olijfolie en azijn

Tussendoortje #3
½ kop lightroomijs of yoghurtijs

DONDERDAG: 1564 CALORIEËN

Ontbijt
¾ kop muesli met 1 kop magere melk, en 1 sinaasappel of ½ grapefruit

Tussendoortje #1
30 gram magere kaas en 2 tarwecrackers

Lunch
Gemengde salade: gemengde groene sla, komkommer, rode paprika, rode ui, blokjes wortel, ½ kop kikkererwten, ½ kop sperziebonen en 30 gram harde geraspte kaas, aangemaakt met 2 theelepels olijfolie en 1 eetlepel rodewijnazijn. Daarbij 1 klein zacht broodje.

Tussendoortje #2
1 kop verrijkte sojamelk en 2 volkorenkoekjes

Avondmaaltijd
Spaghetti Marinara: 1 kop gekookte tarwepasta met daaroverheen ½ kop marinarasaus en 1 eetlepel geraspte Romanokaas. Daarbij een salade met olijfolie en azijn of een lightdressing.

Tussendoortje #3
2 kiwi's

VRIJDAG: 1115 CALORIEËN PLUS SMOKKELMAALTIJD

Ontbijt
1 kop warme havermout met ¼ kop magere yoghurt en 2 eetlepels rozijnen

Tussendoortje #1
1 energiereep, zoals een mueslireep

Lunch
1 volkoren pitabroodje, 60 gram kippen- of kalkoenborst en 1 eetlepel cranberrysaus met gehakte gemengde groenten

Tussendoortje #2
1 pak magere (vruchten)yoghurt

Avondmaaltijd
Smokkelmaaltijd

Tussendoortje #3
1 vetarme brownie en 1 kop magere melk

ZATERDAG: 1557 CALORIEËN

Ontbijt
2 eieren en 1 eiwit (geklutst), 2 geroosterde volkorenboterhammen met 2 theelepels zachte margarine en 1 eetlepel jam, ½ kop gemengd fruit en ½ kop magere yoghurt.

Tussendoortje #1
½ volkoren pitabroodje met 1 eetlepel hummus

Lunch
1 kop kippensoep met noedels, 4 tarwecrackers, gemengde groene salade met 1 eetlepel harde geraspte kaas en 5 gesneden olijven, aangemaakt met 2 theelepels olijfolie en azijn

Tussendoortje #2
1½ kop watermeloen in blokjes

Avondmaaltijd
125 gram gebakken lendenbiefstuk, ½ kop aardappelpuree (aangemaakt met zachte margarine) en 1 kop gestoomde broccoli met 2 theelepels Parmezaanse kaas

Tussendoortje #3
1 vrucht met ½ kop sorbetijs

ZONDAG: 1448 CALORIEËN

Ontbijt
2 geroosterde volkorenwafels met 1 theelepel notenboter, ½ middelgrote banaan (gesneden) en 1 kop magere melk

Tussendoortje #1
250 ml magere yoghurt

Lunch
1 middelgrote gepofte aardappel met even kort in 1 eetlepel olijfolie gebakken gemengde groenten (bijvoorbeeld champignons, uien en broccoli), en 30 gram geraspte harde kaas

Tussendoortje #2
10 amandelen of cashewnoten

Avondmaaltijd
Kalkoen- of kipburger: 125 gram gebakken of gegrilde kip of kalkoen (alleen wit vlees), met uien, tomaten en sla op een tarwebroodje. Gemengde groene groenten, aangemaakt met 2 theelepels olijfolie en azijn

Tussendoortje #3
1 lightpuddinkje (125 gram)

Hoofdstuk 11

Voedingsaanpassingen

Het programma op maat maken voor iedere vrouw

De weg naar een succesvol dieet heeft nogal wat duidelijke hobbels, en een van de grootste hobbels heet 'Ongemak'. Als een dieet niet bij je werkrooster, agenda, manier van leven, gezondheid en gedrag past, dan zal het sneller mislukken dan de acties van Mister Bean. Boodschappen moeten doen voor zo'n beetje elke maaltijd die je moet klaarmaken is niet echt handig. Het is ook niet handig als je iedere ochtend als ontbijt een pond ham moet bereiden of in een restaurant aan de ober moet vragen of hij je meegebrachte ovenschotel wil uitserveren ('hoeft maar 3 minuten in de magnetron'). Laten we eerlijk zijn, een heleboel diëten zijn gewoon niet praktisch.

Ik ben ervan overtuigd dat het Wasborddieet een gemakkelijk te volgen voedingsprogramma is, omdat het je voldoende richtlijnen geeft om te leren begrijpen wat gezonde voeding is, terwijl het je ook voldoende flexibiliteit geeft om het vol te kunnen houden, of je nu thuis bent, buiten de deur, in de auto of op het voetbalveld staat te kijken naar je kinderen.

Vanuit die visie is het volhouden van een dieet, of eigenlijk je voedingspatroon veranderen, niet alleen een kwestie van hoe het in je agenda en bezigheden past, maar ook hoe het aansluit op je leven en je lichaam. De behoeften van vrouwen wijken wellicht een klein beetje af van die van de gemiddelde man. Vrouwen zijn meestal wat gezondheidsbewuster dan mannen, en ook zijn er bepaalde biologische functies die het lichaam van de vrouw anders maken dan dat van de man (meer over hormonen en

zwangerschap in volgende hoofdstukken). Daarom wil ik een paar strategieën bespreken die vooral nuttig zijn voor vrouwen, gebaseerd op feedback van vrouwen over basisbeginselen, strategieën en recepten van het Wasborddieet.
Dus hier nog wat extra aanvullingen op de zes basisprincipes van het Wasborddieet om het ook voor jouw leven, gezondheid en lijf goed te laten werken, in plaats van dat het zich tegen je keert.

Als je een **calorieënteller** bent...

Persoonlijk kijk ik liever naar een film van Mister Bean, dan voortdurend calorieën te moeten tellen. Dat is veel te saai en bovendien weinig precies als je druk in de weer bent.
Toch besef ik dat veel vrouwen om verschillende redenen wél calorieën tellen. De belangrijkste is dat zij in de gaten willen houden of zij binnen hun grenzen blijven (vooral ook omdat de calorieënbehoefte van vrouwen lager is dan die van mannen en we de neiging hebben om de grootte van porties te onderschatten). In de richtlijnen van het Wasborddieet, zoals ik die in Hoofdstuk 7 heb uitgelegd, werd duidelijk dat het eten van de krachtvoedingsmiddelen een middel is om niet meer te hoeven tellen. Eet je zes uitgebalanceerde maaltijden en tussendoortjes per dag, dan is de kans klein dat het misgaat. Dat wil niet zeggen dat je geen calorieën mag tellen als dat bij jou goed werkt. Als je dan toch een calorieënteller gaat worden, dan moet je jezelf wapenen met drie instrumenten die je helpen om het tellen zo gemakkelijk mogelijk te maken.

1. **Een voedingslogboek.** Schrijf alles op wat je eet en drinkt terwijl je het aan het consumeren bent. De enige manier om calorieën te kunnen berekenen is een lijstje bij te houden in plaats van aan het eind van de dag te proberen om alles op te sommen.
2. **Wegen is weten.** Het is een feit dat de meeste mensen de hoeveelheid voedsel die ze naar binnen werken schromelijk onderschatten (in hoge mate dankzij restaurants die van eenzelfde gerecht tal van verschillende versies serveren). Als je een paar weken je ontbijtgranen en vis hebt gewogen, dan

heb je een veel beter gevoel gekregen voor hoeveelheden en porties.

3. **Een goede calorieëntabel.** Die helpt je snel te vinden wat je zoekt. Niet zo moeilijk, want we geven je een lijst van de belangrijkste voedingsmiddelen op pagina 409. [Toevoeging van de redactie: een goed en compleet boekje, waarin ook de samenstelling van voedingsmiddelen is opgenomen (bijvoorbeeld de hoeveelheid koolhydraten, eiwitten en vet) is *Kijk op calorieën en joules* van diëtiste Nicoline Duinker-Joustra.]

Je calorieënbehoefte inschatten. Zoals je duidelijk kunt zien bij auto's en fotomodellen, heeft niet iedereen en alles dezelfde bouw. Om uit te vogelen hoeveel calorieën je nodig hebt om op je huidige gewicht te blijven, kun je een heel algemene formule gebruiken, zoals die van het Voedingscentrum. Volgens deze formule heeft de gemiddelde vrouw ongeveer 2000 calorieën nodig of 30 calorieën per kilogram lichaamsgewicht. Deze hoeveelheid geldt voor iemand die matig actief is. Ben je heel sportief, dan mag je daar rustig 200 tot 300 calorieën bij optellen. Voor een meer gedetailleerde berekening, zie pagina 90. Een pond lichaamsgewicht is het equivalent van ongeveer 3500 calorieën, dus je moet 500 calorieën per week in de min om één pond vet kwijt te raken. De beste voedingsbalans (verhouding koolhydraten, eiwitten en vetten) is volgens het *Journal of the American Dietetic Association* 35 tot 50 procent koolhydraten, 25 tot 35 procent vet en 25 tot 30 procent eiwit.

De voeding 'opvezelen'. Als elke calorie telt, dan kun je het best kiezen voor vezelrijke voedingsmiddelen. Dat komt omdat voeding die rijk is aan vezels en vocht omvangrijker is, maar minder calorieën bevat. Een bakje aardbeien, bijvoorbeeld, bevat net zo veel calorieën als een klein koekje, maar vult veel meer. Een onderzoek van de Pennsylvania State University onderschrijft die ervaring. In het onderzoek kregen vrouwen twee dagen hetzelfde gewicht aan voedsel te eten. Toen ze op dag twee vezelrijkere voeding met hetzelfde gewicht voorgeschoteld kregen, aten ze maar liefst 30 procent minder calorieën zonder zich hongerig of minder vol te voelen.

Houd het bij die zes. Een Brits onderzoek heeft laten zien dat vrouwen die dagelijks hetzelfde aantal maaltijden aten, per dag minder calorieën consumeerden dan vrouwen bij wie dit aantal

Hoe ziet een portie van 100 calorieën eruit?

Eiwit
- 60 gram of 2 plakken magere cheddar
- 2 plakjes bacon
- 60 gram kip zonder vel
- 2 kleine eieren
- 1½ kop magere melk
- 1 kop halfvolle melk
- 15 gram geroosterde pinda's
- 60 gram mager varkensvlees
- 60 gram zalm of tonijn
- 125 gram (ongeveer 15 stuks) garnalen

Vet
- 1 eetlepel boter
- 2 eetlepels olijfolie of maïsolie
- 1 eetlepel mayonaise
- 1 eetlepel pindakaas

Koolhydraten
- ¾ kop vezelrijke ontbijtgranen (All-Bran)
- 1 grote appel
- 1 middelgrote banaan
- 450 gram (ongeveer 50 stuks) groene bonen
- ½ kop maïs
- ¾ kop havermout
- 30 gram pasta
- ½ gepofte aardappel
- 20 middelgrote aardbeien
- 8 theelepels suiker
- 2½ snee caloriearm tarwebrood

dagelijks wisselde en die soms ook het ontbijt oversloegen of later op de avond nog een toetje aten. Bovendien vertraagden vrouwen die goochelden met hun maaltijden daardoor hun stofwisseling.

Ken uw portiegrootte. De meeste porties die in restaurants of afhaalpaleizen geserveerd worden zijn veel groter dan normaal. Je moet beseffen dat die porties misschien wel twee tot drie keer de normale hoeveelheid zijn. Daarnaast moet je als je zelf een maaltijd bereidt het eten serveren op een klein bord: minder zal dan meer lijken, en je zult minder naar binnen werken.

Niet bang voor diepvries. Niet alle voedingsmiddelen uit de diepvries hebben dezelfde lage voedingswaarde als hun verpakking. Sommige diepvriesvoeding is heel gezond (kies de artikelen met weinig tot geen transvetzuren, verzadigde vetten, suikers en een laag fructosegehalte). Het mooiste is dat ze zelf een calorieënplafond aangeven. Uit een onderzoek van het *International Journal of Obesity* bleek dat mensen die geregeld maaltijdvervangers zoals Slim-Fast gebruikten bijna twee keer zo veel gewicht verloren als mensen die een dieet met weinig calorieën volgden. Waarom? Omdat deze maaltijden zijn verdeeld in bescheiden porties en daarmee ook een afgemeten hoeveelheid calorieën bevatten.

Ken de meest verzadigende voedingsmiddelen. Het lijkt misschien op magie, maar de ene calorie is de andere niet. Het verschil wordt bepaald door hoeveel je erna nog wilt eten. Australische wetenschappers hebben een zogeheten 'verzadigingsindex' ontwikkeld om te kunnen bepalen hoe verzadigd je bent na een maaltijd. Proefpersonen aten 240 calorieën, ieder van verschillende voedingsmiddelen en moesten tijdens de daaropvolgende twee uur hun gevoel van verzadiging aangeven. Onderstaande voedingsmiddelen bleken het hoogst te scoren op de verzadigingsindex (merk hoeveel krachtvoedingsmiddelen erbij staan!). Gebruik ze daarom om je hongergevoel buiten de deur te houden.

Aardappelen	Vis	Rundvlees
Eieren	Soep	Salade
Havermout	Appelen	Popcorn
Bonen		

Als je **vegetariër** bent...

Vegetariër zijn heeft veel voordelen naast het voordeel dat je in een restaurant in ieder geval nooit lang op een lap rundvlees hoeft te wachten. Niet alleen krijgen vegetariërs die ook eieren en melk consumeren al hun vitamines en mineralen binnen, maar ook blijkt uit onderzoek, weinig verrassend, dat vegetariërs meestal meer fruit, groenten, peulvruchten, noten en hele granen eten dan vleeseters. Ze eten meestal ook minder vet, waaronder verzadigde vetten, en hebben veel minder vaak overgewicht. Omdat veel van de krachtvoedingsmiddelen van het Wasborddieet ook geschikt zijn voor vegetariërs, kun je hetzelfde programma volgen, mits je een paar dingen in de gaten houdt.

Zorg voor voldoende eiwit. Omdat je de superbelangrijke eiwitten uit mager vlees niet krijgt, moet je ervoor zorgen dat je dagelijks minstens drie porties eiwitrijke, magere zuivelproducten, zoals melk en yoghurt (naast kaas), consumeert, maar ook zo'n twee tot drie eieren per week. Toen wetenschappers van de McMaster University in Ontario de voedingsinname onderzochten van 617 mensen die een dieet volgden, ontdekten ze dat diegenen die meer eiwit aten hun middel-heupverhouding met 24 procent meer verlaagden dan diegenen die meer koolhydraten aten.

Neem meer noten. Noten zijn een prima bron van eiwitten, gezonde vetten, vitamines en mineralen. Walnoten, koolraapolie en lijnzaadolie kunnen vis vervangen, omdat het zulke goede bronnen van omega-3-vetzuren zijn. Deze vetzuren zijn goed voor je hart.

Leef je uit met soja. Het mooie aan geen vlees eten is dat je ook niet al die vette randen binnenkrijgt, die sneller een zwemband om je middel leggen dan een badmeester zwemkurkjes kan uitdelen. De FDA (Food and Drug Administration) adviseert om dagelijks 25 gram soja-eiwit te consumeren (vanwege de gezondheidseffecten op o.a. hart en bloedvaten). Het is ook gemakkelijk verkrijgbaar: 250 ml sojamelk bevat 8 gram soja-eiwit, een sojaburger bevat 10 gram eiwit en vier eetlepels sojanoten bevatten 12 gram soja-eiwit. Nog een mogelijkheid: groene, plantaardige sojabonen (edamame) zijn ook een gezond en vullend tussendoortje.

Neem je vitamientjes. Uit Duits onderzoek is gebleken dat bij 68 procent van de vegetariërs een dermate lage inname van vitamine B12 voorkwam, dat er concentratiestoornissen, stemmingswisselingen en een vermindering van het denkvermogen optraden. Bij 38 procent begon het homocysteïnegehalte in het bloed te stijgen (een risicofactor voor hartziekten, dementie en Alzheimer). De oplossing: dagelijks een multivitamine-mineralensupplement met 100 procent van de aanbevolen dagelijkse hoeveelheid (ADH) vitamine B12 (6 microgram).

Zorg voor wat voedingsijzer. Slechts 2 tot 10 procent van het ijzer in planten wordt door ons spijsverteringssysteem

opgenomen. Drink daarom een glas sap waar vitamine C inzit (sinaasappelsap of tomatensap) bij een maaltijd die voedingsmiddelen bevat waarin ijzer zit, zoals bonen. Vitamine C kan de ijzeropname uit planten bevorderen.
Onthoud, je hebt geen vergunning om te proppen. Alleen omdat je nu geen vette lappen vlees eet, wil dat nog niet zeggen dat je je verder met chips, brood, koekjes en allerlei zoetigheden en snacks die vegetarisch zijn mag volproppen.

Als je **lactose-intolerant** bent...

Wanneer je lichaam moeite heeft met het verteren van melksuikers, dan is de kans groot dat je een lactose-intolerantie hebt. Maar wat moet je dan met de zuivelproducten (en hun verbazingwekkende eigenschappen) op de lijst met krachtvoedingsmiddelen? Is er niet een andere manier die je evenveel oplevert?
Het is waar dat mensen die lactose-intolerant zijn meestal onvoldoende calcium binnenkrijgen (ongeveer 700 mg per dag terwijl het 1200 mg zou moeten zijn voor gezonde botten). Dat kan een probleem zijn: naast de botopbouwende eigenschappen van calcium, wil je ook profiteren van het positieve effect van calcium op gewichtsverlies. Als je van zuivel winderig wordt en krampjes krijgt, dan kun je een calciumtekort op de volgende manieren voorkomen.

- Drink melk die speciaal is gemaakt voor mensen met lactose-intolerantie of gebruik bij het eten van zuivel speciale tabletten die enzymen bevatten die het verteringsproces vergemakkelijken (Kerutabs, vrij verkrijgbaar bij drogist of apotheker).
- Probeer yoghurt. De enzymen in yoghurt helpen je bij de vertering van melksuikers.
- Neem een calciumsupplement plus 400 IU vitamine D.
- Eet niet-zuivelproducten die ook veel calcium bevatten, zoals sardines, amandelen en broccoli.
- Knabbel af en toe wat cheddar of Zwitserse kaas, twee kaassoorten die een laag lactosegehalte hebben.

Als je het **Prikkelbare-darmsyndroom** hebt...

Het klinkt alsof ze een rol prikkeldraad in je darmen hebben geduwd, en als je een flinke aanval hebt, dan voelt dat ook zo. Het Prikkelbare-darmsyndroom (PDS) is iets waar heel veel mensen last van hebben, in Amerika alleen al 75 procent van de mannen en vrouwen, zo blijkt uit cijfers van het Amerikaanse ministerie van Volksgezondheid. Bij een normale spijsvertering spannen en ontspannen de wanden van je darmen zich om het voedsel door het darmstelsel te transporteren. Bij PDS zijn die contracties langer en sterker, waardoor je last krijgt van diarree, constipatie of een combinatie van beide. Het is niet duidelijk waarom meer vrouwen dan mannen last hebben van PDS, maar onderzoekers vermoeden dat het te maken heeft met hormonale veranderingen tijdens de menstruatie. Hoe het ook zij, de volgende adviezen kunnen je helpen om de pijn te verminderen.

- Zes kleine maaltijden per dag eten helpt je op natuurlijke wijze, omdat je spijsverteringssysteem niet met voeding overladen wordt zoals bij drie grote maaltijden per dag.
- Beperk je consumptie van fructose, een suiker die voorkomt in fruit en veel bewerkte voedingsmiddelen. Uit onderzoek blijkt dat fructose verband houdt met sterkere PDS-symptomen.
- Houd een voedingslogboek bij met voedingsmiddelen die het meeste ongemak veroorzaken. Onderzoekers van het St. George's Hospital in Londen analyseerden bloedmonsters van 108 PDS-patiënten en 43 gezonde mensen om hun reactie op zestien voedingsmiddelen te testen, waaronder noten, vlees, zuivel en granen. Heftige reacties werden gevonden bij tarwe, rundvlees, varkensvlees en lamsvlees. Verrassend genoeg veroorzaakten zuivelproducten, een voedingsgroep die vaak in verband wordt gebracht met PDS, geen problemen. Heb je PDS, dan kun je het best minder vlees en tarwe eten, en een voedingslogboek bijhouden om te achterhalen welke voedingsmiddelen problemen veroorzaken.
- Het kruid pepermunt ontspant de gladde spieren van het darmkanaal, waardoor krampen minder worden. Duits onderzoek heeft aangetoond dat capsules met 180 tot 200 mg pepermuntolie PDS-klachten, zoals pijn en opgeblazenheid, met 58 procent verminderen. Kies voor capsules die een

goede coating hebben, zodat je niet wordt opgezadeld met maagzuur. Neem een capsule voor de avondmaaltijd in met een glas water.

- Zorg dat je geen trainingen overslaat. Fysieke activiteit helpt de contracties in de ingewanden minder lang en heftig te maken. Uit een onderzoek van de University of Washington blijkt dat mensen met PDS-klachten baat hebben bij lichaamsbeweging en sporten.

Als je **antidepressiva** gebruikt...

Tegenwoordig is het gebruik van antidepressiva bijna net zo gewoon als het gebruik van iPods. Artsen schrijven ze om een aantal verschillende redenen voor, bijvoorbeeld bij een depressie of een verminderd libido, of om te kunnen stoppen met roken. Hoewel sommige antidepressiva neutraal zijn met betrekking tot overgewicht, zijn andere (met name de zogeheten SSRI's) dat bepaald niet, maar zorgen ervoor dat je aankomt. Praat er met je huisarts over en kies in overleg voor een antidepressivum waar je niet zwaarder van wordt. Er is een medicijn in deze categorie, Buprion, dat zelfs leidt tot gewichtsverlies. Uit een onderzoek onder 422 mensen met overgewicht bleek dat diegenen die Buprion kregen bijna 5 kilo gewicht verloren, terwijl de proefpersonen die een placebo kregen niet meer dan 1,5 kilo kwijtraakten.

Als je gemakkelijk te **verleiden** bent...

Hoe je je dagen ook doorbrengt, thuis of op kantoor, of je nu een eigen bedrijf hebt of een gezin moet managen, ik twijfel er niet aan dat je allerlei dingen tegelijkertijd moet doen. Kinderen moeten gehaald en gebracht worden, je moet je carrière in de gaten houden, en ondanks alle hightech huishoudelijke apparatuur die het leven gemakkelijker moet maken, lijk je het drukker te hebben dan ooit. (Hoeveel chocolade stak je laatst uit pure frustratie in je mond toen de computer het weer eens

Slaap je slank

Een van de beste manieren om gewichtsverlies te bevorderen is meer slapen. Uit een onderzoek van de Stanford University en de University of Wisconsin is gebleken dat mensen die minder sliepen een lagere leptinespiegel (leptine is een hormoon dat eetlust onderdrukt) en een hogere ghrelinespiegel (het hormoon dat je hongerig maakt) hebben. Onvoldoende slaap? Probeer de volgende strategieën.

- Reserveer een halfuur tot een uur 'overgangstijd' voor bijvoorbeeld een warm bad, wat yogaoefeningen of een andere ontspannende activiteit, om gemakkelijker in slaap te komen.
- Probeer elke nacht zeven tot negen uur te slapen. Neem televisieprogramma's die laat worden uitgezonden op in plaats van er voor op te blijven. Dat maakt het een stuk gemakkelijker om 's ochtends op te staan als de wekker gaat.
- Duik je toch later je bed in dan de bedoeling is, ga dan niet later slapen dan twee uur na het tijdstip dat je gewend bent.

begaf?) Het gevolg: we staan onder stress. Soms is de enige bron van troost in die stressige wereld de binnenkant van de koelkast. En dat is, kunnen we rustig stellen, Niet De Bedoeling. Daarom hieronder een paar andere manieren om met stress en verleidingen in het leven om te gaan, zodat je taille niet de prijs betaalt voor jouw stress.

Laat doorwerken op kantoor: leg vezelrijke tussendoortjes, zoals vezelrijke eiwitrepen, in je bureaula. Voedingsvezels nemen, in tegenstelling tot een suikerpiek, veel meer tijd in beslag om glucose in je bloedbaan te brengen. Hierdoor heb je een stabiele bloedsuikerspiegel die je langer energiek en hongervrij houdt, maar ook de hersenfuncties en productiviteit beter op peil houdt.

De kinderen eten geven: het kan heel verleidelijk zijn om de restjes van de kinderen op te eten (die laatste 10 patatjes, die paar schepjes roomijs), maar ze zorgen alleen maar voor extra, onnodige calorieën. De restjes van de kinderen moeten direct richting pedaalemmer, zodat ze niet op jouw bord terechtkomen. Koop ook eens calciumrijke tussendoortjes, zoals chocolademelk, magere yoghurt of kaasstengels, zodat je, als je dan toch van hun bordjes begint te eten, het geen donuts of andere calorieënbommen zijn.

Feestjes op je werk: eet een appel of een handvol noten een uur voor je een feestje hebt, zodat je niet met een hongergevoel binnenkomt.

Als je een aanhanger bent van de theorie dat **kleine beetjes** helpen...

Zit je op een dagelijkse consumptie van ongeveer 1400 tot 1600 calorieën, ja, dan telt inderdaad elke calorie. De volgende trucs lijken op het eerste gezicht misschien niet veel zoden aan de dijk te zetten, maar als je de kleine veranderingen over een langere periode optelt, dan dragen ze geweldig bij aan een strakker en slanker lichaam.

Vet deppen. Gebruik een papieren servet om het vet van een stuk pizza af te deppen. Wanneer je een stuk pizza per week eet, dan is dat op jaarbasis een volle kop vet die je niet naar binnen werkt.

De broekriem aanhalen. Wanneer je de neiging voelt om dingen in je mond te steken, moet je je broekriem wat strakker aantrekken om jezelf eraan te herinneren dat je niet alles naar binnen moet proppen, en dat je graag slanker wilt worden.

Drink meer melk. Dagelijks 1800 mg calcium consumeren kan een extra verbranding van bijna 80 calorieën betekenen. Vul je koffiemok met magere melk, drink hem leeg tot de hoeveelheid die je in je koffie wilt hebben en schenk je koffie erbij.

Koop gesneden groenten. Ze zijn duurder, belachelijk duur soms, maar het werkt wel. Je zult er vaker van eten dan wanneer je zelf groenten moet gaan snijden. De kans dat je naar junkfood grijpt wordt dan groter.

Drink meer water. Duits onderzoek heeft aangetoond dat water drinken calorieën verbrandt. Drink twee kopjes koud (geen

Je perfecte vitamine

Hoewel niet ieder multivitamine- of mineralensupplement je voedingsbehoeften volledig dekt, zou het supplement dat je gaat gebruiken toch de volgende ingrediënten moeten bevatten. Kopieer deze lijst om jouw supplement ermee te vergelijken.

Nutriënt	**Hoeveelheid per tablet**
Vitamine A	5000 IU
Bètacaroteen	20 procent van de vitamine A
Vitamine D	200 IU
Vitamine E	30 IU
Vitamine K	90 mcg
Foliumzuur	400 mcg
Vitamine B6	2 mg
Vitamine B12	2,4 mcg
Vitamine C	75 mg
Calcium	1000 mg
Chroom	25 mcg
Koper	2 mg
IJzer	18 mg
Magnesium	400 mg
Omega-3-vetzuren	1 gram
Selenium	55 mcg
Zink	8 mg

ijskoud) water en je verbruikt er ongeveer 25 calorieën mee. Drink een liter per dag en je verliest op jaarbasis ruim 2 kilo.

Kleinere porties. Gebruik een klein bord in plaats van een groot. Onderzoek heeft aangetoond dat als je je porties op kleinere bordjes doet, je dan minder eet.

Dunne sappen. Verdun je vruchtensap met water om minder calorieën binnen te krijgen.

Drink gezond. Neem een glas groentesap of tomatensap in plaats van een cola light.

Heb een gezond tussendoortje klaarliggen. Meng drie verschillende soorten bonen en doe er wat Italiaanse magere dressing over. Eet dit de hele week als tussendoortje.

Denk na over eten. Eet zonder er iets bij te doen, zoals lezen of televisiekijken.

Stop met gedachteloos snacken. Kauw als je aan het koken bent op kauwgom met een specifieke, sterke smaak, zoals kaneelkauwgom. Tussentijds uitgebreid gaan proeven is dan een stuk minder aantrekkelijk.

Speciale bijlage

Hoe gaat het geestelijk?

Psychologische strategieën om hobbels te nemen en emotioneel stabieler te worden

Er is natuurlijk een goede reden waarom er meer diëten zijn dan mensen die denken Idols te gaan winnen: de meeste diëten zijn gewoon waardeloos. Waarom? Vaak niet eens door het voedingsprogramma en de voedingskeuzen die worden gemaakt (hoewel er een heleboel zijn die nergens op slaan), maar vooral door alle toeters en bellen. De centrale vraag is: hoe verhoudt je geestelijke toestand zich tot wat er in je buik gebeurt? Hoe realistisch is het om te denken dat je een dieet lang zult kunnen volhouden? Hoeveel werk is het dieetprogramma eigenlijk? Ik geloof dat het Wasborddieet op deze punten heel goed scoort en een aantal problematische toeters en bellen van andere diëten achterwege laat. De smokkelmaaltijd, bijvoorbeeld, die je bij het Wasborddieet eens per week mag hebben, stelt je in staat om toe te geven aan je verlangen naar je favoriete dingen en niet altijd 'nee' te hoeven zeggen tegen een pizza of een flink stuk lasagne. De zes maaltijden per dag zorgen ervoor dat je geen honger hoeft te hebben of je gefrustreerd hoeft te voelen. De heerlijke powershakes bevredigen je verlangen naar zoetigheid, een verlangen waar je bij andere dieetprogramma's vaak niet aan mag toegeven. Dit gezegd hebbende, besef ik natuurlijk terdege dat veranderingen doorvoeren in je voedings- of trainingsprogramma met meer hobbels gepaard gaat dan een survivaltocht in de Sahara. Ik denk dat je succes niet alleen afhankelijk is van het volgen van de richtlijnen en basisbeginselen van het Wasborddieet, maar ook van de manier waarop je omgaat met de psychologische aspecten van de verandering van je voedings- en bewegingspatroon.

Hobbel 1: Je vol voelen versus honger hebben

We zijn geconditioneerd om te geloven dat je bij ieder dieet een geweldig gevoel van honger moet hebben en dat je elk moment een bejaarde tegen de vlakte kunt slaan om hem zijn broodje kaas af te pakken. Op de een of andere manier denken we dat onszelf bepaalde voeding ontzeggen ergens goed voor is. Toch is het een feit dat hoe meer honger je lijdt, hoe trager je stofwisseling wordt en hoe meer gewicht er uiteindelijk bijkomt. Daar staat tegenover dat je toch ook niet je hele leven het gevoel wilt hebben dat je net een zesgangenkerstmenu hebt weggewerkt. Het is niet normaal om je barstensvol, opgeblazen en vreselijk vet te voelen. Een normaal gevoel zou ergens in het midden moeten liggen, een gevoel dat je gewoon verzadigd bent. Volg je het basisprincipe van het Wasborddieet door zes maaltijden per dag te eten, dan gaat dat gepaard met een normaal gevoel van verzadiging. Toch kan het even duren voordat je verandert, omdat het ongewoon voelt je verzadigd te voelen bij een dieet.

Een van de beste manieren om je 'verzadigingsklok' terug te zetten, is ervoor te zorgen dat je het ontbijt niet overslaat. Nederlandse wetenschappers hebben ontdekt dat mensen die de dag starten met een calorierijke maaltijd, rijk aan complexe koolhydraten, langer een verzadigd gevoel hebben. Mik op een ontbijt dat ongeveer 20 procent is van het aantal calorieën dat je dagelijks mag hebben (ongeveer 350 calorieën) en rijk is aan complexe koolhydraten die je lange tijd energie geven. Dan hebben we het bijvoorbeeld over een bak ontbijtgranen met magere yoghurt of magere melk, misschien met een half banaantje erin. Het kan een paar weken duren voordat je mentaal voldoende omgeturnd bent om te beseffen dat een voortdurend gevoel van verzadiging eigenlijk een heel goede zaak is. Maar als je je maag kunt instellen op een dag met verstandige en gezonde voeding, dan is de kans een stuk groter dat je geest meegaat.

Hobbel 2: Je bent chagrijnig in het begin

Het is bekend dat je, als je met een dieet begint, een beetje knorrig kan worden, en dat je omgeving daarvan meeprofiteert. Een recent onderzoek van UCLA bracht het volgen van een dieet in verband met chronische stress. Niet alleen kan het je snel weer doen terugvallen in je oude eetpatroon, maar ook houdt het je dik doordat je meer cortisol produceert, een stresshormoon dat het afslanken vertraagt. Daarom moet je vrienden en familie vragen om je bij een dieet te ondersteunen, misschien zelfs om met je mee te doen aan het dieet. Onderzoekers uit Engeland ontdekten dat vrouwen die als groep op dieet gingen minder stress hadden dan als zij het alleen probeerden.
Het goede nieuws is dat het onprettige gevoel dat je hebt als je je eetgewoonten en voedingsprogramma gaat bijstellen al heel snel verdwijnt. Het duurt hooguit drie weken tot het Wasborddieet in je systeem zit.

Hobbel 3: Je PMS-trek eist meerdere smokkelmaaltijden per week

Tijdens de laatste veertien dagen van je menstruatiecyclus is je progesteronproductie verhoogd. Wanneer dat gebeurt, daalt de productie van het 'feel-goodhormoon' serotonine en ook van endorfine en dopamine, twee stoffen die je lichaam helpen in de strijd tegen stress. Die combinatie maakt dat je stemming daalt tot onder het nulpunt en dat je enorm veel zin krijgt in iets lekkers. Daarom is het zo belangrijk dat je je houdt aan die zes maaltijden per dag. Geregeld eten helpt je bloedsuikerspiegel te stabiliseren, vermoeidheid te bestrijden en voorkomt dat je een opgeblazen gevoel krijgt. Je vindt meer over de strijd tegen PMS (premenstrueel syndroom) en andere hormoongerelateerde eetgewoonten in hoofdstuk 16.

Hobbel 4: De weegschaal wil niet in beweging komen

Nadat je een week of zes het Wasborddieet en het trainingsprogramma hebt gevolgd, zul je merken dat je meer spieren en minder vet hebt, ook al geeft de weegschaal koppig hetzelfde gewicht aan. Dat komt doordat spieren meer wegen dan vet. Je moet beseffen dat al daalt je gewicht niet, je lichaamssamenstelling wel verandert, en dat is natuurlijk een goede zaak. De spiermassa die je hebt gekregen helpt je stofwisseling op te voeren, want spiermassa vraagt 24 uur per etmaal energie, veel meer dan lichaamsvet vraagt. Hoe meer spiermassa je hebt, hoe meer calorieën er worden verbrand, zelfs al ben je niet aan het trainen.
Vind ook andere manieren om je vooruitgang bij te houden, zoals hoe strak je kleren zitten, of het aantal oefeningen dat je achter elkaar kunt doen, of de afmetingen van je spiergroepen. Gebruik de weegschaal maar één keer per maand als je snel gefrustreerd raakt door kleine gewichtsveranderingen.

Maaltijd & **Humeur**

Er zijn veel dingen die je stemming kunnen verbeteren: een prachtige zonsondergang, een bevredigende training, of een flirterige e-mail verstuurd door de juiste persoon op de juiste tijd. Er zijn ook een heleboel dingen die je stemming aardig kunnen bederven, zoals een grijze lucht, een verstuikte enkel, of een pissige e-mail waarin staat dat je dat gezellige uitje wel op je buik kunt schrijven. We weten allemaal dat onze stemming sneller naar beneden kan duikelen dan een peuter in de speeltuin. Een van de trucs om een rothumeur of nare gedachten te bestrijden, is gebruik te maken van de natuurlijke medicijnkast die voeding heet. Door gezonde dingen te eten die je stemming verbeteren, help je je geest zonder het lichaam te schaden.

Je bent een beetje huilerig. Voel je je een beetje huilerig, dan is de kans groot dat je naar die melkchocoladereep-met-noten grijpt (bovenste la links, geloof ik). Daar krijg je dan wel onmiddellijk een flinke suikerstoot van, maar misschien kun je beter iets pakken waar je voor een langere tijd energie van krijgt.

Moeite met trainen

We hebben allemaal wel tijden dat we grote moeite hebben om onszelf op te peppen om te gaan trainen. Hieronder volgt een opsomming van de meest voorkomende obstakels en de beste manieren om ze uit de weg te gaan.

Krachttraining: wat maakt het uit of het nu acht of twaalf herhalingen zijn? Wat voor oefening je ook doet, crunches, je opdrukken, of uitstappen, het is heel gemakkelijk om je motivatie te verliezen als je herhaling na herhaling na herhaling doet.
De oplossing: houd je doel voor ogen. Je bouwt kracht op als je spieren worden afgebroken en je lichaam ze repareert en sterker maakt dan voorheen (dit proces heet supercompensatie). Bij de eerste twee herhalingen breek je niet veel spierweefsel af en daarom moet je nog tien pittige herhalingen doen. Een oefening moet precies zó zwaar zijn dat je in staat bent om tien tot twaalf herhalingen vol te houden.

Hardlopen: zeurende benen. Als je lichaam melkzuur produceert tijdens een van je intervalsessies (waarover meer op pagina 252), dan kan dat een branderig gevoel veroorzaken in je bovenbenen en hamstrings. Dat zeurende gevoel is een pijngevoel waar je doorheen kunt lopen, en een positieve indicatie van hoe hard je werkt.
De oplossing: neem een minuut of twee rust, zodat je lichaam in staat is om extra zuurstof op te nemen. Dat helpt om het melkzuur uit je spieren af te voeren. Rek en strek wat tijdens die rustpauze om de spanning van de spieren af te halen en de bloedsomloop te bevorderen. Probeer de ooievaarshouding om je bovenbenen en hamstrings te rekken. Ga op een been staan en trek het andere been achter je omhoog, zodat je hiel tegen je billen komt.

Cardiomachines: zo vreselijk saai! Je hersenen zijn met heel andere dingen bezig en je lichaam heeft een nieuwe stimulans nodig omdat het is gaan wennen aan steeds maar dezelfde beweging.
De oplossing: reden te meer om ervoor te zorgen dat je intervaltrainingen doet. Ze foppen je geest met de gedachte dat de training sneller gaat, en tegelijkertijd belast je de spieren meer, verbrand je meer calorieën en bouw je meer kracht op. Doe steeds 2 minuten op een hoog tempo en dan 1 minuut wat rustiger. Door de afwisseling vliegt de tijd voorbij.

Het beste is dan een vetarm, eiwitarm, maar koolhydraatrijk tussendoortje. Denk aan een Engelse volkorenmuffin met een toefje bosbessenjam erop (verse bosbessen zijn natuurlijk nog beter). Wanneer koolhydraatrijke voedingsmiddelen niet worden tegengewerkt door eiwit of vet, overspoelen ze de hersenen met het aminozuur tryptofaan, dat door de hersenen wordt omgezet in serotonine, een neurotransmitter die de stemming verbetert en snackneigingen afremt. Een schaaltje popcorn is ook een goed alternatief.

Je bent een beetje depressief. Het draait allemaal om vis. Uit steeds meer onderzoeken blijkt dat omega-3-vetzuren helpen tegen depressieve stemmingen. Omega-3-vetzuren komen voor in vette vis zoals zalm, haring en tonijn. Uit een onderzoek bleek zelfs dat twee keer per week vis eten het risico op een depressie verlaagde. Ben je bezorgd over het kwikgehalte in vis (vooral in vette vis), houd het dan bij zalm uit de Stille Zuidzee, garnalen, platvis, gekweekte meerval, schelvis en blauwe krab (Middellandse Zee). Deze zijn allemaal rijk aan omega-3, maar bevatten weinig kwik.

Je bent een beetje sloom. De hoogste tijd voor een lekker kopje koffie (zónder de slagroom en het koekje). Binnen een halfuur ben je weer wakker en in staat om je te concentreren op de dingen die moeten gebeuren. Hoe dat werkt? De cafeïne veroorzaakt een soort kortsluiting in een neurotransmitter die adenosine heet en die energieopwekkende stoffen in de hersenen blokkeert. De koffie heft de blokkade op en je voelt je weer alert. Wel opletten dat je niet in een cyclus terechtkomt waarin je koffie nodig hebt om een beetje bij de mensen te zijn, vervolgens weer wegzakt en dan weer koffie nodig hebt enzovoorts. Om een aangename, tijdelijke oppepper te krijgen, moet je niet meer dan drie pittige kopjes koffie per dag drinken.

Drink niet meer dan drie pittige kopjes koffie per dag.

Je bent een beetje slaperig. Natuurlijk, slaaptekort is iets waar je behoorlijk chagrijnig van wordt. Om de vermoeidheid die je overdag voelt te bestrijden, moet je 's avonds een minder grote maaltijd eten. Een zware maaltijd kan je 's nachts wakker houden, terwijl je maag maar als een dolgedraaide wasmachine zijn omwentelingen maakt. Houd de avondmaaltijd onder de 500 calorieën, en probeer meer voedingsmiddelen te consumeren die het mineraal koper bevatten. (Voorbeelden zijn kip, banaan en avocado's.) Er lijkt enig bewijs te zijn, dat mensen met een lage koperinname moeite hebben om in slaap te komen en 's ochtends minder uitgerust zijn. Je kunt ook een klein, vetarm, eiwitarm, maar koolhydraatrijk tussendoortje nemen wat later op de avond (klein sorbetje of een stukje fruit en een cracker), om de gunstige effecten van serotonine je te laten helpen bij het inslapen.

Een zware maaltijd kan je 's nachts wakker houden.

Je bent bekaf. Eerst dit: ben je zelfs te moe voor normale dagelijkse activiteiten, dan is het beter om eerst eens naar de huisarts te gaan, want vermoeidheid kan een teken van ziekte zijn. Het is bijvoorbeeld het eerste symptoom van een ijzertekort en bloedarmoede, het meest voorkomende voedingstekort ter wereld, vooral bij vrouwen in de vruchtbare leeftijd. De oorzaak? Je krijgt onvoldoende ijzer uit je voeding. Hoe goed bonen, granen en groenten ook voor je mogen zijn, de vorm ijzer die ze bevatten is zwak en moeilijk op te nemen. Dierlijke eiwitten bevatten niet alleen meer ijzer, maar ook een vorm van ijzer die veel beter door het lichaam wordt opgenomen dan ijzer uit plantaardige eiwitten. Voel je je een beetje lusteloos, vooral wanneer je weinig vlees eet, probeer dan eens garnalen, mager rundvlees, donkere delen van kip of kalkoen (zonder het vel) of vis. Een multivitamine-mineralentablet slikken helpt ook. Andere tactiek: probeer meer water te drinken. Een chronisch vochttekort is een vaak onderschatte oorzaak van lichte uitdroging en vermoeidheid.

Hoofdstuk 12

Het Wasborddieet inpassen in het dagelijks leven

Hoe dit eenvoudige voedingsprogramma ook je leven eenvoudiger maakt

In de vorige hoofdstukken heb ik uitgelegd hoe het Wasborddieet werkt, en waarom het voor jou een leven lang zal werken. Ik gaf een overzicht van de wetenschappelijke stand van zaken en zadelde je op met een paar mooie termen als 'glycemische index' en 'grondstofwisseling'. En ik gaf je een heel voedingsprogramma met maaltijden, tussendoortjes en eenvoudige recepten.

Maar ik heb ook uitgelegd waarom de meeste diëten het equivalent zijn van het cassettebandje in de film *Mission Impossible:* geprogrammeerd om binnen vijf seconden, vijf weken of vijf jaar in rook op te gaan. De meeste diëten zijn gewoon niet voor de langere termijn ontwikkeld, of ze zijn zo ingewikkeld dat je allerlei dingen absoluut niet mag eten en je baan en je kennissenkring moet opgeven als je ze naar de letter wilt volgen. Veel diëten gaan mis omdat ze ons te hard laten werken en daarbij vergeten dat we in het dagelijks leven al zo hard moeten werken. Want de meesten van ons hebben dagelijks toch al het gevoel dat het bijna onmogelijk is om de boel onder controle te houden. Wat we willen is juist die controle weer terugkrijgen: controle over onze levens, onze carrières, onze lichamen, onze voeding en onszelf.

Een van de geweldige voordelen van het Wasborddieet is dat het je helpt om weer controle over je leven te krijgen, wat vaak neerkomt op het binnen de perken houden van je stressniveau. Ik kan niet genoeg benadrukken hoe belangrijk stressmanagement

'Ik ga levenslang op het Wasborddieet!'

Naam: Marian Nagel
Leeftijd: 44 jaar
Lengte: 1,65 m
Startgewicht: 67 kg
Zes weken later: 61 kg

Als moeder van een paar tieners, kwam Marian Nagel op een punt waarop ze een besluit moest nemen: 'Wil ik oud en dik worden of oud en gezond?'

Dus besloot Nagel wat aan haar figuur te doen, en tegelijkertijd ook haar zoon te inspireren om hetzelfde te doen. Nadat ze een nummer van *Men's Health* voor hem had gekocht, leerde Nagel het Wasborddieet kennen, en ze probeerden het allebei uit. Ze zei tegen haar zoon: 'Joh, dit is helemaal geen dieet. Het is een waslijst met voedingsmiddelen waar je meer van zou moeten eten.' In zes weken verloor haar zoon 15 kilo en zijzelf 6 kilo. Marian is daarna nog ruim 2 kilo afgevallen en wil er nu nog eens 2 kilo af hebben.

'Vooral voor vrouwen van boven de veertig wordt het steeds moeilijker om het vet op de buik weg te krijgen na een aantal zwangerschappen,' zegt Nagel die haar lichaamsvetpercentage door het Wasborddieet zag zakken van 27 naar 20, en vooral fan was van intervaltrainingen op de loopband. 'Ik verloor ook heel wat centimeters in omvang. Alleen al in die eerste zes weken werd mijn taille bijna 9 cm smaller. Het was geweldig om weer eens wat mooie vormen te zien. Ik zie op de sportschool mannen die de buikspiertrainingen die ik doe niet aandurven.'

Marian Nagel vindt het voedingsprogramma ook perfect voor vrouwen. 'Vrouwen hebben eerder de neiging om nerveuze of emotionele eters te zijn dan mannen, en zijn bang dat als ze zes maaltijden per dag moeten eten ze veel te veel eten. Maar doe je het op de juiste manier, dan krijgt je lichaam alles wat het nodig heeft en voert het de stofwisseling op. Je eet om er zeker van te zijn dat je lichaam voortdurend in de verbrandingsmodus staat,' zegt Nagel.

Van alles wat het Wasborddieet voor haar heeft betekend, is Marian nog het meest dankbaar voor hoe het haar zoon heeft geholpen.

'De beste manier om hem te helpen was een voorbeeld te zijn. Op die manier kreeg ik niet alleen mijn eigen lichaam weer in vorm, maar veranderde hij zijn lijf en leven ook drastisch. Ik vind het fantastisch. We volgen het Wasborddieet nog steeds. Eigenlijk is het meer een andere manier van leven dan een dieet. Ik ga voor levenslang op het Wasborddieet!'

is voor je gewicht en de kwaliteit van je leven.
Ons lichaam is in feite niet voor de jachtigheid van het moderne leven gemaakt. Wanneer de stress toeslaat, is een van de eerste dingen die het lichaam doet het opvoeren van de adrenalineproductie. Adrenaline zorgt ervoor dat je vetcellen vet afbreken en aan het bloed afgeven voor energiedoeleinden. Dat was uitstekend in een tijd dat er een sabeltandtijger voor je neus stond of een bende holbewoners met speren het op je voorzien had. Alle vecht-of-vluchtmechanismen in het lichaam werden dan ingeschakeld. Maar dat mechanisme pakt in de moderne maatschappij minder voordelig uit, want de enige tijgers en holbewoners waar je nu mee te maken krijgt zijn de figuren die je loon uitbetalen en de wezens die hun pap over de tafel uitspugen. Je moet niet vechten of vluchten, je moet gewoon blijven zitten en zorgen dat het karwei geklaard wordt. Ondertussen produceren je bijnieren een ander hormoon om al dat vrijgekomen vet aan te pakken. Dit hormoon heet cortisol, maar ik wil dat je het bij zijn bijnaam noemt: het buikvethormoon.

Ons lichaam is in feite niet voor de jachtigheid van het moderne leven gemaakt.

In een onderzoek van Yale vroegen wetenschappers 42 mensen met overgewicht een uur stressvol werk te doen, zoals rekenkundige problemen oplossen, puzzels maken en een speech schrijven. Terwijl zij dit deden werd een uur lang hun cortisolniveau gemeten. De proefpersonen met meer buikvet bleken onder druk meer cortisol te produceren. De theorie ziet er als volgt uit: stress slaat toe, adrenaline mobiliseert vet over het hele lichaam en cortisol pakt het ongebruikte deel ervan en stapelt het met grote voorliefde op in de vetcellen in de buikstreek. In een onderzoek onder 438 brandweermannen, bleken degenen die zeiden zich zorgen te maken over hun financiën, in een periode van zeven jaar 5 kilo aan te komen, terwijl dat bij de niet-bezorgde brandweerlieden maar 3 kilo was. Het geheim van het binnen de perken houden van je buikpartij, is je stressniveau laag houden. Hier volgen een paar goede manieren om je hoofd koel en je buik strak te houden in hectische tijden.

Slimme manieren om restaurants je dieetprogramma niet te laten verpesten

Veel chef-koks gieten minstens 30 gram boter (200 calorieën en 23 gram vet) over een steak om het vlees er sappiger te laten uitzien. Vraag daarom vooraf of de kok dat wil laten.

Die onschuldig ogende geraspte wortel bij je vlees is waarschijnlijk gefrituurd. Een hoeveelheid van 125 gram bevat al 137 calorieën (vier keer zo veel als rauwe wortel) en 12 gram vet. Opzouten met die handel.

Ga je naar een restaurant dat salades serveert met een dressing, dan is dat meestal een minder vette dressing dan de meeste mensen zelf over hun sla doen. Dus die salade kan nog wel naast het hoofdgerecht.

Late televisieprogramma's schrappen. Een onderzoek van de University of Chicago, gepubliceerd in het tijdschrift *Sleep*, liet zien dat mensen die maar vier uur per nacht sliepen 37 procent hogere cortisolwaarden hadden dan mensen die acht uur sliepen. Proefpersonen die de hele nacht wakker bleven hadden 45 procent hogere waarden. Slaapspecialisten adviseren dan ook acht uur slaap per nacht.

Stop met woelen. Hoe goed je slaapt is ook van belang. Uit een ander onderzoek van de University of Chicago bleek dat mensen die voldoende diepe slaap kregen, de kwaliteitsslaap zonder al het gedroom en de snelle oogbewegingen, bijna 65 procent meer groeihormoon (HGH) produceerden dan kortslapers. Je wilt graag meer HGH om het verlies van spiermassa veroorzaakt door cortisol tegen te gaan.

Onthoud C als in 'crisis'. Zit je in een bijzonder stressvolle periode in je leven, tob je er bijvoorbeeld over of er massa-ontslagen op stapel staan, dan is het goed om extra vitamine C te nemen. Voor stressmanagement is zo'n 1000 mg per dag, verdeeld in kleinere hoeveelheden tijdens de dag, een goede hoeveelheid.

Neem dat laatste drankje niet. Alcohol zorgt ervoor dat je vocht verliest. Je lichaam denkt dat er een vochttekort is en voert de cortisolproductie op. Maar hoeveel alcohol is te veel? De meeste deskundigen menen dat de grens ligt bij drie glazen alcohol per dag. Hetzelfde vochtverliesverhaal geldt ook voor cafeïne. Om de hoeveelheid cortisol onder controle te houden moet je niet meer dan 200 mg cafeïne per dag consumeren. Dat is ongeveer twee koppen koffie.

Ga achter het stuur zitten. Het gevoel dat je controle hebt over bepaalde stressfactoren in je leven kan helpen. 'Blaas je bij een proefpersoon op willekeurige momenten een vervelend geluid in zijn oren, dan schiet het stresshormoon omhoog,' zegt dr. Robert Sapolsky, wetenschappelijk hoofdmedewerker van de faculteit der levenswetenschappen van Stanford University. 'Maar geef je hem een knop en zeg je hem dat het geluid minder vaak te horen zal zijn als hij de knop indrukt, dan is de stressrespons op dat bepaalde geluid kleiner.' De zaak onder controle hebben, al is het maar een beetje, geeft je meer het gevoel dat je zelf het stuur in handen hebt.

Maak een plan. 'Mensen kunnen beter met stress omgaan als ze erin geloven dat dingen beter zullen gaan,' zegt Sapolsky. Dus zorg dat je altijd iets hebt om naar uit te kijken. Hoop maakt stress hanteerbaarder.

Word spiritueel. Ken je de eenvoudige wijsheid van Simone Weil nog: 'Alle onverdeelde aandacht is gebed'? Als we de chaos in ons hoofd dagelijks maar heel even kunnen stoppen om ergens heel geconcentreerd aan te denken, bijvoorbeeld aan een putt van drieënhalve meter, een mus in de tuin of een kind van tien jaar, dan hebben we een gemoedstoestand bereikt die menigeen alleen in het geloof weet te vinden.
Hoofdstuk 18 geeft je nog andere geweldige strategieën om kalm van geest te worden.

Hoofdstuk 13

Het Wasborddieet versnellen

Hoe training vet verbrandt en spieren opbouwt

Misschien zijn de laatste paar maanden of jaren van je leven een grote sneeuwstorm geweest. Een sneeuwstorm van kantoorfeestjes en happy hours, van repen uit snoepautomaten en de laatste etensrestjes van je kinderen. Toen je een kind was, konden zulke stormen heel leuk zijn, maar naarmate je ouder wordt gaat de chaos je behoorlijk tegenstaan. Zulke tijden dumpen het ene pond spek na het andere op je ooit zo slanke middel en ranke benen, en begraven je buikspieren onder een gestaag groeiende laag vet. Lichaamsvet dat niet verdwijnt als sneeuw voor de zon. Ook komt er geen sneeuwschuiver langs om het vet voor je deur op te ruimen (of je moet drastisch aan het liposucken gaan, maar dan besteed je de verantwoordelijkheid voor je lijf en leven eigenlijk al weer uit).

Wil je ooit weer een glimp van je buikspieren zien, dan zal het overtollige vet verbrand moeten worden.

Wil je het pad naar de voordeur weer kunnen zien, dan zul je zelf die sneeuw moeten opruimen. En wil je ooit weer een glimp van je buikspieren zien, dan zal het overtollige vet verbrand moeten worden.

Verstandig eten is dan van cruciaal belang, en ja, door de voedingsprincipes van het Wasborddieet te volgen en je

'Mijn broek is het bewijs!'

Naam: Jessica Guff
Leeftijd: 43 jaar
Lengte: 1,70 m
Startgewicht: 58,5 kg
Zes weken later: 54 kg

Jessica Guff gelooft niet in de weegschaal. 'Die getallen geven geen totaalplaatje van je gezondheid,' zegt Guff. Waar het echt om gaat is hoe je jezelf ziet, om van hoe anderen je zien nog maar te zwijgen. Ze denkt aan die keer dat ze het kantoor van een klant binnenliep. Het personeel had haar al weken niet gezien, en de ene medewerker zei tegen de andere: 'Wie is die slanke vrouw?'

'Het is Jessica,' zei de andere medewerker. 'Ze is bezig met een soort dieet, het Wasborddieet geloof ik.'

Die dialoog vond plaats toen Jessica nog maar twee weken bezig was met het Wasborddieet, maar de effecten ervan al meteen voelde. De 43-jarige Guff, die marathons loopt, heeft altijd een goede conditie gehad, maar het baren en opvoeden van twee kinderen hadden een behoorlijke wissel op haar buik getrokken. 'Ik was eigenlijk niet eens zo slecht in vorm, behalve mijn buik dan,' zegt ze. Maar sinds ik het Wasbordprogramma volg, kan ik echt het verschil voelen. Ik kan nu waarschijnlijk walnoten kraken met mijn wasbordje.'

De sleutel tot succes was voor Guff een verandering van de manier waarop ze met voeding omging. Door haar eigen eetgewoonten op te offeren om haar kinderen op tijd de deur uit te krijgen en haar oefeningen te kunnen doen, begon ze de dag vaak met een kop thee, en verder niks. 'Vaak ging ik na die kop thee hardlopen op een lege maag, en dat is natuurlijk heel onverstandig,' zegt Guff. 'Ik schrok me rot

maaltijden op te bouwen uit de krachtvoedingsmiddelen, zul je de strijd met het vet effectief kunnen aangaan. Om het gewichtsverlies te optimaliseren en vet te laten plaatsmaken voor spieren, geeft dit boek je iets wat andere dieetboeken niet hebben: een snel en eenvoudig trainingsprogramma. Trainen helpt je niet alleen om gezonder te worden, je verliest er ook nog eens sneller gewicht door. En je wordt er sterker van. Maar het allerbelangrijkste is dat het spieren laat verschijnen waar vet zal verdwijnen. En dat doet het door de energie die rond je middel en heupen in de vorm van vet ligt opgeslagen te gebruiken voor de opbouw van spiermassa.

toen ik hoorde hoe slecht dat was, en dat trainen met een lege maag meer spiermassa afbreekt dan vet verbrandt.' De eenvoudige strategieën van het Wasborddieet veranderden dat allemaal. 'Tegenwoordig neem ik powershakes als ontbijt, en dat heeft me fitter en energieker gemaakt,' zegt Guff.
Guff zegt dat ze geen dieet zou kunnen volgen waarin ze steeds calorieën zou moeten tellen of voortdurend voeding zou moeten wegen. 'Wat ik fijn vind aan het Wasborddieet is de flexibiliteit ervan,' zegt ze. 'Het enige wat ik hoef te onthouden zijn de krachtvoedingsmiddelen van het Wasborddieet, en dat zijn er maar twaalf.'
Het resultaat: Guff is slanker en sterker. Toen haar dochter van 25 kilo op de bank in slaap viel, was het Guff die haar de trap op naar haar slaapkamer droeg. 'Ik dacht, óf ik ben sterker aan het worden óf zij is afgevallen,' zegt ze.
Ze heeft ook meer zelfvertrouwen. 'Vrouwen kijken bij andere vrouwen naar hun borsten, taille en billen. Vooral vrouwen die kinderen hebben. Iedere vrouw die kinderen heeft gekregen wil graag weer een platte buik.'
Maar het echte succes kwam in de vorm van een groene satijnen cargobroek. Guff zegt: 'Die zijn nogal hot, maar je ziet mijn buik zo als ik ze draag. Ik heb twee kinderen, dus ik ga niet mijn blote buik showen.' Na twee weken Wasborddieet besloot ze het er toch maar op te wagen. 'Toen kreeg ik van alle kanten complimenten. Een man waar ik mee op school heb gezeten zei: "Ziet er goed uit." Mijn echtgenoot vond ook dat ik er geweldig uitzag,' zegt Guff. 'Ik ga vanavond uit en ik draag mijn cargobroek weer.'

De **trainingsprincipes** van het Wasborddieet

Omdat ik al meer dan tien jaar voor *Men's Health* werk, ken ik niet alleen de laatste trainingstrends, maar pluis ik ook nauwgezet de nieuwste wetenschappelijke bevindingen uit om de effectiviteit van de verschillende trainingsprogramma's te controleren.
Met die kennis heb ik het trainingsgedeelte van het programma zo ontworpen dat je met een minimum aan tijd een maximale hoeveelheid vet kunt verliezen. Ik weet dat je geen tijd hebt

om je uren per dag in het fitnesscentrum in het zweet te werken, dus wil ik dat je uit elke training het maximale haalt. Ik weet dat flexibiliteit en gemak belangrijke uitgangspunten zijn voor het succes van een programma, en daarom heb ik een trainingsprogramma opgesteld waarmee je thuis in de woonkamer of in het fitnesscentrum aan de slag kunt. Dit programma stelt je in staat je work-outs kort en krachtig te houden, terwijl het uiteindelijke doel toch niet uit het oog wordt verloren. Pond voor pond is het de best mogelijke training om je buikspieren weer in beeld te krijgen. Dit zijn de trainingsprincipes.

Concentreer je eerst op je voedingsprogramma. De eerste twee weken training zijn niet verplicht. Train je al regelmatig, dan kun je meteen met het trainingsprogramma van het Wasborddieet beginnen. Dat is verstandig, want dan verbrand je nog meer vet dan met het Wasborddieet alleen. Ben je een beginner of heb je heel lang niet getraind, richt je dan die eerste twee weken op het wennen aan het nieuwe voedingsprogramma, voordat je met het trainingsprogramma begint. Sta je te trappelen van ongeduld om je gewichtsverlies zo groot mogelijk te maken, wen je dan aan om dagelijks 30 minuten een wandeling in hoog tempo te maken (7 kilometer per uur).

Concentreer je op je spieren. Ik ken een hoop mensen die hebben geprobeerd om af te slanken door hard te lopen, maar bij wie het toch niet lukte, ondanks een goed hardloopschema. Ze bleven op het hetzelfde gewicht of werden soms zelfs zwaarder. Hoe dat kan? Ik denk om verschillende redenen. Ten eerste omdat stationaire cardiotraining niet op dezelfde manier vet verbrandt als krachttraining dat doet. Je spieren zijn behoorlijk hongerige rakkers, en om die rakkers goed gevoed te houden moet je 24 uur per etmaal calorieën verbranden. Het opbouwen van spiermassa betekent domweg dat je meer calorieën verbrandt, waar je ook bent: in de sportschool, op kantoor, of ja, zelfs in bed. Dit programma richt zich op de grote spiergroepen, zoals je benen,

> ***Het opbouwen van spiermassa betekent dat je meer calorieën verbrandt, waar je ook bent.***

Wasbordfeiten

Let op je houding. Probeer een rechte houding aan te nemen bij het lopen. Stel je voor dat je een cape over je schouders hebt zoals Superman. Een rechtere houding maakt dat je slanker oogt, en je buikspieren worden daarbij ook nog eens aangespannen. Een andere goede truc is je rug te zien als een muur en je buik als een meubel dat tegen de muur is gedrukt zodat het niet omvalt.

Steun je rug. In tegenstelling tot wat veel mensen denken, zitten buikspieren niet alleen direct achter je navel. De buikspieren vormen een ingewikkeld spierstelsel, dat je ribbenkast, je heupen en zelfs je wervelkolom met elkaar verbindt. Om een strakke buik te krijgen moet je niet alleen oefeningen doen voor je buik maar ook voor je onderrug, en oefeningen voor de schuine buikspieren (de spieren die zijwaarts van je middel naar de buik lopen).

Stem af op je buikspieren. Misschien heb je wel eens gehoord van 'spiergeheugen': de manier waarop het lichaam leert een bepaalde activiteit te doen (zoals fietsen) om het daarna nooit meer te vergeten. Je buikspieren hebben ook zo'n soort geheugen. Wanneer je bewust je buikspieren aangespannen houdt gedurende de dag, dan zullen ze op den duur strak blijven ook al ben je zelf ontspannen.

Training eerst. Onderzoek lijkt erop te wijzen dat de beste manier om minder te eten tijdens de maaltijd is eerst even gaan trainen. Dat heeft een aantal oorzaken. Ten eerste heb je minder honger als je stofwisseling is opgevoerd, zoals direct na de training. Ten tweede heb je meer dorst, dus drink je meer water. Dat water neemt ruimte in beslag in je maag en vermindert het hongergevoel. Ten derde verbrand je, wanneer de stofwisseling is opgevoerd, ook meer calorieën. Gevolg is dat er minder calorieën zijn om als vet op te slaan.

Dieet is een vloek. Wanneer je door een dieet gewicht verliest, is spierweefsel het eerste dat wordt afgebroken. Het kost je lichaam meer om spiermassa vast te houden dan vet, dus als de energietoevoer (calorieën) wordt beperkt, dan dumpt het lichaam spiermassa en maakt er energie van. Stop je met het dieet, dan komen de pondjes weer terug. Maar doordat je nu minder spiermassa hebt om calorieën te verbranden, krijg je alleen maar vet terug. Door te gaan diëten, heb je in feite van spieren vet gemaakt.

borst, rug en schouders, omdat daar in de kortst mogelijke tijd veel spiermassa valt op te bouwen (zonder een bodybuilder te worden). Als je grotere spiergroepen traint, dan gooi je bovendien de stofwisseling flink omhoog. Dat zorgt voor een grotere naverbranding, een 'afterburn', die kan doorzetten tot aan je volgende training!
Denk eens aan hoe weinig tijd je eigenlijk trainend doorbrengt. Zelfs al zou je vijf keer per week een uur trainen, dan is dat nog niks vergeleken met de tijd die je dagelijks met andere dingen bezig bent. Om van die stofwisselingsverhoging optimaal profijt te hebben, moet je ervoor zorgen dat je, ook als je niet traint, flink wat calorieën verbruikt.

Richt je op minder tijd in het fitnesscentrum. Het krachttrainingsprogramma van het Wasborddieet maakt gebruik van twee simpele concepten om spiergroei en vetverbranding te optimaliseren, en de trainingstijd minimaal te houden.

Circuittraining. Deze term verwijst naar de praktijk om verschillende oefeningen achter elkaar af te werken zonder rust. We laten je bijvoorbeeld een serie beenoefeningen doen, direct gevolgd door een serie oefeningen voor het bovenlichaam, tot je achter elkaar acht tot tien verschillende oefeningen hebt gedaan. Er zijn twee redenen waarom circuittraining werkt. Ten eerste blijf je in beweging omdat je geen rust neemt, en daardoor blijft de hartslag hoog. Op die manier blijft de vetverbranding in een hogere stand en krijg je een betere conditie. Tweede punt is dat circuittraining je trainingstijd kort houdt. Je verspilt geen tijd tussen de series met rusten, en dat betekent dat je snel verder kan gaan met je drukke leven.

Samengestelde (basis)oefeningen. Een ander belangrijk onderdeel van het krachttrainingsprogramma zijn samengestelde oefeningen of basisoefeningen. Dat zijn oefeningen die meerdere spiergroepen tegelijkertijd aanspreken in plaats van zich te richten op één spiergroep. Voor het krachttrainingsprogramma van het Wasborddieet willen we bijvoorbeeld niet dat je eerst je borst doet, daarna je schouders, daarna je triceps en daarna je onderarmen. We willen dat je zo veel mogelijk verschillende spieren tegelijkertijd activeert en daarna als een speer naar huis gaat. Het mooie is dat je met drie trainingen per week van 20 minuten snel een paar kilogram spiermassa kunt opbouwen.

Samengestelde oefeningen maken de training niet alleen leuker en spannender, maar spreken de spieren ook intensiever aan, hoewel je zelf in feite niet harder hoeft te werken. (Bij een bepaalde hurkoefening worden bijvoorbeeld maar liefst 256 verschillende spieren getraind!) Grotere belasting van spieren stimuleert het lichaam meer groeihormoon af te geven, en groeihormoon is een krachtige vetverbrander.
Wanneer het enige gewicht wat je ooit opgetild hebt het gewicht van een Limburgse vlaai is, maak je dan toch geen zorgen over het feit dat je geen ervaring hebt met krachttraining. Je kunt rustig aan beginnen, met een gewicht dat je goed kunt hanteren, of dat nu een paar lichte dumbbells zijn of een paar blikken bruine bonen (krachtvoedingsmiddel!). Ook al begin je klein, toch word je geleidelijk sterker, bouw je spiermassa op en houd je je stofwisseling hoog. Naarmate je vooruitgaat, begin je steeds meer op te bouwen en te verbranden.

Concentreer je op intensiteit. Keer op keer heeft onderzoek aangetoond dat kortdurende intensieve trainingen beter zijn om gewicht kwijt te raken dan duurtrainingen. Tijdens een Canadees onderzoek van de Laval University bekeken de onderzoekers de verschillen in vetverlies tussen twee groepen die heel verschillende trainingsprogramma's volgden. De eerste groep trainde vier of vijf keer per week op een hometrainer, en verbrandde met trainingssessies van 30 tot 45 minuten 300 tot 400 calorieën per keer. De mensen uit de tweede groep deden hetzelfde, maar slechts een of twee keer per week, en deden daarnaast korte, intensieve intervaltrainingen op de fiets. Ze sprongen op hun hometrainer en trapten 30 tot 90 seconden zo snel als ze konden, kwamen daarna even op adem en herhaalden dit proces diverse keren per trainingssessie. Het resultaat was dat ze 225 tot 250 calorieën verbruikten bij het fietsen, maar dat ze aan het eind van de onderzoeksperiode meer vet hadden verbrand dan de andere groep. Sterker nog, al trainden ze in feite minder, hun vetverlies was negen keer groter. Onderzoekers vertelden dat de vetverbranding vooral plaatsvond na de training.
Het krachttrainingsprogramma van het Wasborddieet adviseert

Kortdurende intensieve trainingen zijn beter om gewicht kwijt te raken dan duurtrainingen.

een enkele intervaltraining per week aan je programma toe te voegen als aanvulling op je krachttraining. Deze work-outs zijn klassieke cardiotrainingen (hardlopen, zwemmen of fietsen), waarbij je perioden van hoge intensiteit afwisselt met rustiger perioden. (Ik leg in het volgende hoofdstuk uit hoe je een effectieve intervaltraining doet.)

Wanneer je **nog niet traint**

Het mooiste van de zes weken van het Wasborddieet is dat je de eerste twee weken niet per se hoeft te trainen. Train je op dit moment niet, dan is het niet vreselijk belangrijk om daar nu direct mee te beginnen. In plaats daarvan wil ik dat je je concentreert op het laten wennen van je lichaam en je agenda aan het Wasborddieet.

Maar waarom zou je wachten met het opvoeren van je vetverbrandende stofwisseling? Mocht je met een rustig krachttrainingsprogramma willen beginnen, doe dan drie keer per week de volgende work-out: wissel drie series opdrukken (begin op je knieën als je nog niet sterk genoeg bent om het met gestrekte benen te doen) af met drie series squats, allebei zonder gewicht. Bij beide oefeningen gebruik je alleen het eigen lichaamsgewicht als weerstand en bereid je je lichaam voor op het krachttrainingsprogramma. Herhaal het opdrukken acht tot tien keer, en de hurkoefening vijftien tot twintig keer. Wordt dat te gemakkelijk, verhoog dan het aantal herhalingen bij het opdrukken en gebruik bij de hurkoefening een of andere vorm van gewicht, zoals een paar lichte dumbbells. Deze lichte training, liefst in combinatie met een dagelijkse wandeling van 30 minuten in stevig tempo, gooit de stofwisseling al aardig omhoog.

Wanneer je **al in training** bent

Misschien train je al een keer of twee per week met gewichten. Misschien jog je al 's ochtends vier of vijf kilometer. Misschien ben je wel in training voor de zomertriatlon, ik weet het niet. Wat ik wel weet is dat je, ongeacht je trainingsniveau op dit moment, waarschijnlijk meer spiermassa zal opbouwen en meer vet zal verbranden als je overschakelt naar het trainingsprogramma van het Wasborddieet.
Zelfs al werkt je huidige trainingsprogramma prima voor je, toch zijn deskundigen het erover eens dat het om de maand afwisselen van je programma de beste manier is om je resultaten te optimaliseren. Dat komt doordat een toename in kracht en conditie wordt bevorderd als je lichaam wordt geprikkeld om prestaties te leveren die het niet gewend is. Altijd maar dezelfde training doen helpt niet om je lichamelijke mogelijkheden te ontwikkelen. Het maakt alleen dat je lichaam heel goed wordt in die bepaalde work-out. Dus wil ik dat je nadenkt over het inruilen van je huidige trainingsprogramma voor het programma van het Wasborddieet, al is het maar voor een paar weken. Ik garandeer je dat de resultaten verbazingwekkend zullen zijn.

Het Wasbordtrainings-programma: voorbeeld **weekschema**

Je kunt de verschillende work-outs naar eigen inzicht en behoefte indelen. Houd bij het samenstellen van het programma wel het volgende in de gaten:

- Zorg dat er een herstelperiode is van 48 uur voordat je een bepaalde spiergroep weer traint. Je spieren hebben tijd nodig om te herstellen na een training.
- Laat één dag in de week een volledige rustdag zijn.
- Warm een minuut of 5 op voor je aan de training begint, bijvoorbeeld door een beetje te joggen of te fietsen op een hometrainer, of door touwtje te springen of een paar stretchoefeningen te doen.

De drie componenten van je weekprogramma zijn:

1 **Krachttraining**: drie keer per week. Het gaat om een training van je hele lichaam die de nadruk legt op de benen.
2 **Aanvullende cardiotraining**: niet verplicht, alleen voor dagen dat je niet met krachttraining bezig bent. Voorbeelden: fietsen, zwemmen, roeien, wandelen en trainen op cardio-apparaten. Aanbevolen is om één dag per week een intervaltraining te doen, en op twee of drie van de vrije dagen een lichte cardiotraining, zoals wandelen.
3 **Buikspieroefeningen**: twee keer per week. Ik adviseer ze te doen voordat je met de krachttraining of intervaltraining begint (meer over buikspieroefeningen in hoofdstuk 15).

Hoofdstuk 14

Het Wasbordtrainingsprogramma

Het makkelijkste, meest effectieve trainingsprogramma ooit

Je ziet allerlei soorten mensen in het fitnesscentrum: mensen zonder vet, mensen zonder nek, (bagger)vette mensen en mensen met vijf onderkinnen. Ze hebben allemaal hun eigen verhaal. Ik weet dat veel mensen net zo veel trainingssystemen hebben afgewerkt als ze MP3-bestanden van het internet hebben geplukt, maar de persoon van wie ik zeker weet dat ik hem kan helpen is de dikzak die in een hoekje van het fitnesscentrum bezig is zijn onderarmen te trainen. Hij is als iemand die zijn auto total loss heeft gereden en wil dat zijn autoradio het eerst wordt gerepareerd. Het heeft geen zin om je energie te verspillen aan details als je niet eerst zorgt voor de hoofdzaken.

Het heeft geen zin om je energie te verspillen aan details als je niet eerst zorgt voor de hoofdzaken.

Daarom heb ik een 'total-bodykrachttraining' opgesteld, waarmee je zo efficiënt mogelijk je vetvrije spiermassa opbouwt. Het is heel simpel: om je wasbord te kunnen laten zien, moet je vet verbranden, en om vet te verbranden moet je spiermassa opbouwen. Onthoud dat het opbouwen van 1 kilo spiermassa je lichaam dagelijks 100 calorieën extra laat verbranden, alle dagen van de week.

Dit programma legt de nadruk op de grotere spiergroepen

van je lichaam: borst, rug en benen. Bij een van de drie krachttrainingen die je per week doet, leg je de nadruk op je benen. Ik weet wat je denkt: mijn buikspieren zitten een stuk hoger, waarom moet ik dan mijn benen trainen? De reden is dat de meeste spiermassa zich onder de navel bevindt, en je daar het snelst veel spiermassa kunt opbouwen. Het aanpakken van die heel grote beenspieren stimuleert het lichaam tot verhoogde productie van spieropbouwende en vetverslindende hormonen, die weer zorgen voor de opbouw van spiermassa over het hele (!) lichaam. Bovendien gooien ze je vetverbranding in de hoogste stand. Door je vet te verbranden... worden je buikspieren zichtbaar. Begrijp je wel? Echt, benen trainen is de sleutel tot ontwikkeling van 'total body power'. In een Noors onderzoek bleken personen die zich concentreerden op training van hun benen meer kracht in het bovenlichaam te ontwikkelen dan mensen die de nadruk legden op training van het bovenlichaam. Dat wil natuurlijk niet zeggen dat je het bovenlichaam helemaal niet meer hoeft aan te pakken. Ook daar gaat het om de grote spiergroepen, zoals je borst, rug, en schouders, om meer vet te verbranden. Volg je dit programma, dan zul je meer groei en structuur zien over je hele lichaam, zelfs bij je armen, je schouders, en ja zeker, je buik, en verander je je lichaam.

Door je vet te verbranden... worden je buikspieren zichtbaar.

In ons programma doe je circuittraining om je spieropbouw te maximaliseren. Dat wil zeggen dat je een aantal keren een bepaalde oefening doet (een serie) en direct daarna verdergaat met de volgende oefening, met niet meer dan 30 seconden rust ertussen. Houd de volgorde van oefeningen aan zoals ik die op de volgende bladzijden heb aangegeven. Daarmee train je van oefening tot oefening verschillende spiergroepen. (Een compleet overzicht van hoe je de oefeningen moet doen, begint op pagina 230.) Door de spiergroepen af te wisselen, houd je het lichaam voortdurend bezig en kun je de oefeningen zonder noemenswaardige rust achter elkaar afwerken. Circuittraining werkt uitstekend om een aantal redenen. Allereerst bespaar je tijd, want de hoeveelheid tijd die je neemt bij het afwisselen van de spiergroepen is minimaal. Belangrijker nog is dat je hartslag de hele tijd hoog blijft. Daardoor verbrand je tijdens de training nog meer vet, of je nu in een fitnesszaal bent of thuis.

Het letterlijk last-minute-afslankplan

Of het nu op de rode loper is of tijdens een fotoshoot, modellen en filmsterren zijn gewend om zich bloot te geven. Vaak maken ze daarbij gebruik van de laatste nieuwe trucjes om hun lichaam zo voordelig mogelijk te tonen. Hieronder volgen een paar à-la-minutetactieken om op de grote dag je beste beentje voor te zetten, of dat in jouw geval nu voor een trouwerij is of voor een stranddag.

Oppompen. Doe snelle krachtoefeningen zoals opdrukken of hurken vlak voordat je de boel laat zien. Verhoog het tempo en het aantal herhalingen om het bloed snel naar de spieren te pompen. Meer bloed betekent strakkere spieren.

Drink water. Een paar glazen H_2O wegklokken voor je het strand op gaat spoelt je systeem door en vermindert een opgeblazen gevoel.

Weet waar je van opblaast. Beter geen bonen, bijvoorbeeld, als je ze moeilijk verteert of als je er een opgeblazen gevoel van krijgt. Sommige mensen hebben dat ook bij zuivel. Probeer je zoutinname ook te beperken. Zout houdt vocht vast. Gemiddeld krijgen we per dag ongeveer 10 tot 12 gram zout (natrium) binnen, terwijl de Gezondheidsraad een maximum van 6 gram aanbeveelt. Om opgeblazenheid te voorkomen, moet je onder de 3 gram blijven.

De eerste twee weken van het programma doe je per circuittraining twee circuitjes. Ga van de ene oefening naar de andere zonder tussendoor langer dan 30 seconden te rusten. Heb je een circuit afgewerkt, dan mag je 1 of 2 minuten rusten. Daarna ga je snel verder met het tweede circuit. Na die eerste twee weken, wanneer je gewend bent aan het afwerken van twee hele circuits per work-out, verhoog je de trainingsbelasting tot drie circuits per training. Bij alle oefeningen, moet je een gewicht gebruiken waarmee je ook de herhalingen die je moet doen kunt volhouden. Wordt het te gemakkelijk, dan moet je voor elke oefening een gewicht nemen dat ongeveer 10 procent zwaarder is. Hier volgt een voorbeeldschema van hoe je je trainingen zou kunnen indelen.

Maandag

Total-bodykrachttraining met nadruk op de buikspieren

Doe een serie van elke buikspieroefening* en doe daarna de rest van het circuit twee keer.

Oefening	herhalingen	rust	series
Klassieke crunch*	12-15	geen	1
Knieheffen gebogen knie	12-15	geen	1
Schuine buikspieren*	10 voor elke kant	geen	1
Brug*	1 of 2	geen	1
Rug-extensions*	12-15	geen	1
Kniebuigen	10-12	30 sec.	2
Bankdrukken	10	30 sec.	2
Armtrekken	10	30 sec.	2
Schouderdrukken	10	30 sec.	2
Rechtop roeien	10	30 sec.	2
Triceps strekken	10-12	30 sec.	2
Beenstrekken	10-12	30 sec.	2
Armbuigen	10	30 sec.	2
Beenbuigen	10-12	30 sec.	2

Dinsdag (niet verplicht)

Lichte cardiotraining zoals wandelen. Probeer 30 minuten te wandelen in pittig tempo (7 km per uur).

Woensdag

Total-bodykrachttraining met nadruk op de buikspieren

Doe een serie van elke buikspieroefening* en doe daarna de rest van het circuit twee keer

Oefening	herhalingen	rust	series
Staande crunch*	12-15	geen	1
Handen-onder-de-billen*	12	geen	1
Saksisch zijwaarts buigen*	6-10 voor elke kant	geen	1
Zijwaartse brug*	1 of 2 voor elke kant	geen	1
Rugstrekken*	12-15	geen	1
Hurken	10-12	30 sec.	2
Bankdrukken	10	30 sec.	2
Armtrekken	10	30 sec.	2
Schouderdrukken voor	10	30 sec.	2
Rechtop roeien	10	30 sec.	2
Triceps strekken	10-12	30 sec.	2
Beenstrekken	10-12	30 sec.	2
Armbuigen	10	30 sec.	2
Beenbuigen	10-12	30 sec.	2

Donderdag (niet verplicht)

Lichte cardiotraining zoals wandelen (probeer 45 minuten stevig door te stappen)

Vrijdag

Total-bodykrachttraining met nadruk op de beenspieren

Herhaal het hele circuit twee keer.

Oefening	herhalingen	rust	series
Hurken	10-12	30 sec.	2
Bankdrukken	10	30 sec.	2
Armtrekken	10	30 sec.	2
Doorgaand uitstappen	10-12 per been	30 sec.	2
Schouderdrukken voor	10	30 sec.	2
Rechtop roeien	10	30 sec.	2
Steppen	10-12 per been	30 sec.	2
Triceps strekken	10-12	30 sec.	2
Beenstrekken	10-12	30 sec.	2
Armbuigen	10-12	30 sec.	2
Beenbuigen	10-12	30 sec.	2

Zaterdag (niet verplicht)

Buikspiertraining plus intervaltraining

Doe een serie van elke buikspieroefening en kies dan een intervaltraining uit de selectie op pagina 252 en 254.

Oefening	herhalingen	rust	sets
Klassieke crunch	12-15	geen	1
Knieheffen gebogen knie	12	geen	1
Een V-maken (blz 291)	6-10 elke kant	geen	1
Brug	1-2	geen	1
Rugstrekken	12-15	geen	1

Zondag: vrij

basis-oefeningen

Basisoefeningen

Hurken (squat)

Pak een lange halter vast met bovenhandse greep en leg hem voorzichtig op je bovenrug. Plaats je voeten op schouderbreedte uit elkaar en houd je knieën iets gebogen, je rug recht en je blik recht vooruit. Langzaam door je knieën zakken alsof je in een stoel wilt gaan zitten. Houd je rug daarbij in de natuurlijke positie (niet overmatig hol trekken) en je onderbenen loodrecht boven de grond. Zak door je knieën totdat je dijbenen evenwijdig zijn aan de grond. Pauzeer twee seconden en kom dan weer omhoog.

Thuistrainingsvariant: dezelfde oefening, maar nu met in beide handen een dumbbell, de handpalmen naar de buitenkant van je bovenbenen gericht.

Bankdrukken

Ga op je rug op een vlakke bank liggen en zet je voeten stevig op de grond. Pak de halter met een bovenhandse greep, de handen iets wijder uit elkaar dan schouderbreedte. Duw de halter uit de steunen en duw het gewicht omhoog tot je armen gestrekt zijn. Langzaam de halter naar de borst laten zakken. Een seconde pauzeren en dan weer terugdrukken naar de uitgangspositie.

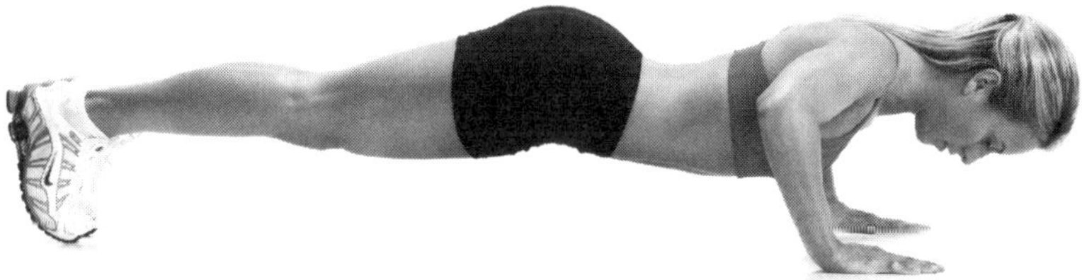

Thuistrainingsvariant: doe de gewone opdrukoefening. Neem de juiste houding aan door je handen op schouderbreedte op de grond te zetten. Buig de ellebogen tot je kin bijna de vloer raakt en kom dan weer omhoog.

Armtrekken

Ga met je gezicht voor een 'lat pulldown machine' staan. Pak de stang boven je hoofd vast met een bovenhandse greep, ongeveer 10 tot 15 cm wijder dan je schouders. Ga op het bankje zitten en laat de weerstand van de stang je armen omhoog trekken. Zijn je armen helemaal gestrekt, trek de stang dan naar beneden tot hij je bovenborst raakt. Houd deze positie 1 seconde vast en laat de stang dan weer teruggaan naar de startpositie.

Thuistrainingsvariant: voorovergebogen roeien. Ga met je knieën licht gebogen voorover staan, je voeten uit elkaar op schouderbreedte. Met in beide handen een dumbbell, de armen laten hangen tot ze helemaal gestrekt zijn. Met de handpalmen naar binnen de dumbbells naar je toe trekken tot je borst. Pauzeer een seconde en keer dan weer terug naar de startpositie.

Schouderdrukken

Ga op een trainingsbankje zitten, houd een halter op schouderhoogte, met je handen uit elkaar op schouderbreedte. Duw het gewicht recht boven je hoofd omhoog tot je armen bijna helemaal gestrekt zijn. Een seconde vasthouden en daarna het gewicht weer langzaam naar je schouders laten zakken.

Thuistrainingsvariant: ga op een stevige stoel zitten in plaats van op een trainingsbankje, en houd in iedere hand een dumbbell op oorhoogte. Druk de dumbbells omhoog tot de armen bijna volledig gestrekt zijn. Een seconde vasthouden en daarna de dumbbells weer naar de startpositie laten zakken.

Rechtop roeien

Pak een halter vast met bovenhandse greep en ga met je voeten op schouderbreedte uit elkaar staan, de knieën licht gebogen. Laat de halter met gestrekte armen voor je bovenbenen hangen, de duimen naar elkaar toe wijzend. Buig je ellebogen en trek de stang naar je kin, totdat je bovenarmen evenwijdig zijn aan de grond en de barbell vlak onder je kin is. Een seconde vasthouden en de barbell dan weer naar de startpositie laten zakken.

Thuistrainingsvariant: dezelfde oefening, alleen gebruik je nu dumbbells (in beide handen).

Triceps strekken

Ga voor een 'lat machine' staan en pak de stang die aan de hoge pulley is bevestigd, de handen ongeveer 15 cm uit elkaar. Met de ellebogen tegen de zij gedrukt, duw je de stang naar beneden, tot die recht voor je is. Met de onderarmen evenwijdig aan de grond (zie startpositie) duw je de stang naar beneden tot je armen gestrekt zijn en je handen vlak bij je bovenbenen. Strek de ellebogen niet helemaal door. Ga weer terug naar de startpositie.

Thuistrainingsvariant: voorovergebogen je triceps strekken. Ga met je knieën licht gebogen voorover staan zodat je rug bijna evenwijdig is met de vloer. Buig je ellebogen tot een hoek van ongeveer 90 graden en til ze op tot ze iets boven je rug uit komen. Dit is de startpositie. Strek je armen naar achteren, terwijl je je bovenarmen stil houdt. Zijn je armen volledig gestrekt, dan moeten ze evenwijdig aan de vloer zijn. Pauzeer een seconde en laat de armen dan weer naar de startpositie zakken.

Beenstrekken

Ga op een 'leg extension bank' zitten met je voeten onder de rol, leun iets achterover en til de rol omhoog tot je benen gestrekt zijn.

Thuistrainingsvariant: hurken tegen de muur. Ga met je rug vlak tegen een muur staan. Zak door je knieën tot je bovenbenen horizontaal zijn. Houd die positie zo lang mogelijk vast. Dit is een set. Probeer in het begin 20 seconden vast te houden en werk dan langzaam toe naar 45 seconden.

Armbuigen

Ga rechtop staan met een halter die je voor je bovenbenen houdt, de handpalmen naar buiten en de armen gestrekt. Buig het gewicht naar je schouders toe, houd daar een seconde vast, en laat dan weer zakken naar de startpositie.

Thuistrainingsvariant: dezelfde oefening, maar nu met een paar dumbbells.

Beenbuigen

Ga met je gezicht op een 'leg curl machine' liggen en haak je enkels achter de voetrol. Houd je buik en bekken tegen de bank gedrukt en buig je voeten langzaam naar je billen. Buig zo ver dat je voeten bijna tegen je billen komen en laat daarna weer langzaam zakken naar de startpositie.

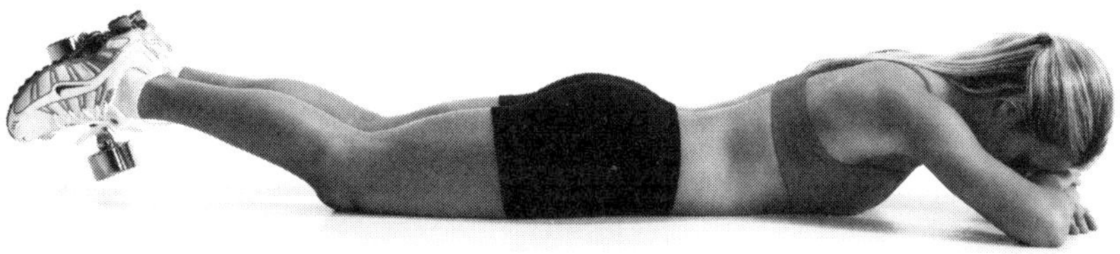

Thuistrainingsvariant: ga met je buik op de grond liggen. Klem een lichte dumbbell tussen je voeten (zodat de bovenkant van de dumbbell tegen je voetzolen rust). Knijp de hielen tegen elkaar en buig ze naar je billen toe.

Doorgaand uitstappen

Leg een halter op de bovenkant van je rug. Ga met je voeten op heupbreedte uit elkaar staan, aan de ene kant van een kamer of ruimte. Je hebt ruimte nodig om ongeveer twintig stappen te kunnen doen. Stap met je linkervoet naar voren en laat je lichaam zo ver zakken dat je linkerbovenbeen evenwijdig is met de vloer en je rechterbovenbeen er haaks op staat (je rechterknie moet je zo ver buigen dat hij bijna de grond raakt). Kom omhoog en zet je rechtervoet naast je linker, en herhaal de beweging nu uitstappend met je rechterbeen.

Thuistrainingsvariant: Gebruik dumbbells, in iedere hand een, en laat je armen langs je lichaam hangen. Heb je niet voldoende ruimte, stap dan uit en weer terug. Wissel bij iedere herhaling de voet waarmee je uitstapt.

Steppen

Gebruik een stepbankje dat ongeveer 45 cm hoog is. Zet je linkervoet op het bankje zodat je been in een hoek van 90 graden gebogen is. Je knie mag niet boven de tenen van je linkervoet hangen. Zet af met je linkervoet en zet je rechtervoet op het bankje. Houd daarbij je rug recht. Wissel de voorste voet af, of doe alle herhalingen eerst met de ene voet en dan met de andere. Heb je de beweging eenmaal onder de knie, dan kun je dumbbells gebruiken om de oefening zwaarder te maken.

Thuistrainingsvariant: dezelfde oefening. Gebruik nu alleen de trap (als je geen stepbankje hebt).

De **interval**work-out

Ze zeggen dat langzame, gelijkmatige inspanning uiteindelijk het best is. Toch zijn intervaltrainingen, trainingen die hoge en lage intensiteit afwisselen, de cardiovasculaire sleutel tot vetverbranding. Zoals ik al eerder heb gezegd, zorgt een dergelijke training ervoor dat je lichaam lang na de training nog steeds calorieën verbrandt (zogenaamde afterburn). Intervaltraining is het soort inspanning dat je bij veel sporten terugziet: start-en-stopbewegingen gecombineerd met hardlopen en sprinten worden afgewisseld met perioden van rustig joggen of stilstaan. Je kunt intervaltraining op allerlei manieren toepassen: bij hardlopen, fietsen of zwemmen, of als je traint op een elliptische trainer. Zelfs tijdens het wandelen kun je rustig lopen afwisselen met fitnesswandelen. Je kunt de intensiteit ook variëren in verschillende combinaties. Om te beginnen geef ik hier drie trainingsmogelijkheden. (Gebruik je apparaten, dan moet je de voorgeprogrammeerde intervalinstellingen links laten liggen en zelf je intensiteitsniveau instellen. Op die manier heb je meer controle over de snelheden en verbrand je sneller vet.) Met een intervaltraining van 20 minuten bereik je al geweldige resultaten. Naarmate je kracht en conditie opbouwt, kun je de duur van de training opvoeren.

Intervalvariatie I: Standaard
Dit is een typische intervaltraining. Je wisselt een periode van lage intensiteit af met eenzelfde periode van hoge intensiteit.

- 3 tot 5 minuten opwarmen (beetje joggen, lage intensiteit, en aan het eind van de opwarmperiode geleidelijk de intensiteit verhogen)

- 1 minuut gemiddeld intensieve of hoge intensiteit, gevolgd door 1 minuut lage intensiteit (6 tot 8 keer herhalen)

- 3 tot 5 minuten afkoelen (beetje joggen, lage intensiteit, en aan het eind van de afkoelperiode geleidelijk de intensiteit verlagen)

‘De smulrol om mijn middel verdween als sneeuw voor de zon’

Naam: Jamie Bellavance
Leeftijd: 22 jaar
Lengte: 1,63 m
Gewicht, week 1: 67,5 kg
Gewicht, week 6: 64 kg
Lichaamsvetpercentage week 1: 29 procent
Lichaamsvetpercentage week 2: 24 procent

Tijdens haar eerste jaar aan de Syracuse University in New York was Jamie Bellavance doodsbang voor het eerste bal. Dus begon ze elke dag te trainen en at ze voornamelijk salades, terwijl haar vrienden uitsliepen en geregeld bij de Kentucky Fried Chicken aten. Natuurlijk verloor ze gewicht in dat eerste jaar.
‘Beetje bij beetje werd ik echter minder strikt met eten. Ja, een mens leeft tenslotte maar één keer, vond ik. Ik begon vier avonden per week uit te gaan,’ zeg ze. ‘We hadden onze eigen glazen op happy hour en ’s nachts aten we dan nog een halve pizza als afsluiting.’
Tegen het eind van haar vierde jaar, was Bellavance 5 kilo aangekomen. Na haar afstuderen dacht ze dat ze haar gewicht wel naar beneden zou krijgen nu de verleidingen van het studentenleven tot het verleden behoorden. Haar gewicht dacht er anders over.
Een stage bij de redactie van *Men’s Health* bracht haar in aanraking met het Wasborddieet. ‘Ik was eerst vrij sceptisch, want ik had al een hele zomer getraind zonder erg veel resultaten,’ zegt ze.
Maar in twee weken krachttraining begon er toch iets te gebeuren: ze viel af. Ze vond de intervaltraining ook veel leuker dan steeds in hetzelfde tempo te moeten lopen. ‘Eiwitshakes? Lieve hemel, ik kon niet wachten tot het weer ochtend was om de volgende lekkere shake te mogen nemen. Het leek wel of ik ontbeet met roomijs,’ zegt ze.
‘Mijn hele lichaam begon er strakker uit te zien, terwijl de smulrol om mijn middel verdween als sneeuw voor de zon.’

Het leek wel of ik ontbeet met roomijs!

Intervalvariatie II: Piramide

Deze piramidestructuur stelt je in staat om te beginnen met korte snelheidsexplosies, om vervolgens in het midden van je work-out een hoog tempo vol te houden, waarna je naar het einde toe weer afbouwt naar een lagere intensiteit.

- 3-5 minuten opwarmen
- 30 seconden hoge intensiteit
- 1 minuut lage intensiteit
- 45 seconden hoge intensiteit
- 1 minuut lage intensiteit
- 60 seconden hoge intensiteit
- 1 minuut lage intensiteit
- 90 seconden hoge intensiteit
- 1 minuut lage intensiteit
- 60 seconden hoge intensiteit
- 1 minuut lage intensiteit
- 45 seconden hoge intensiteit
- 1 minuut lage intensiteit
- 30 seconden hoge intensiteit
- 3-5 minuten afkoelen

Intervalvariatie III: Voor sporters

Sporten zijn onvoorspelbaar. Deze intervalvariant simuleert een aantal van die onvoorspelbare situaties in sport waarin je plotseling moet schakelen tussen verschillende intensiteiten. Je kunt de volgorde en herhalingen zelf bepalen. Rust wat langer na perioden van hoge intensiteit.

- 3-5 minuten opwarmen
- 2 minuten gemiddelde tot hoge intensiteit, gevolgd door 2 minuten lage intensiteit (een keer herhalen)
- 30 seconden hoge intensiteit, gevolgd door 30 seconden lage intensiteit (vier keer herhalen)
- 60 meter sprint (of 10 seconden als je niet buiten loopt), gevolgd door 90 seconden rust (6-10 keer herhalen)
- 3-5 minuten afkoelen

Wat voor **soort vrouw** ben je?

Je kunt de oefeningen van het Wasborddieet en het circuit enigszins aanpassen, afhankelijk van wat voor lichaamstype je hebt.

Als je een slanke en smalle bouw hebt. Je wilt kracht en vorm opbouwen met krachttraining. Door de herhalingen langzaam en doelbewust te doen, prikkel je de spiervezels en bouw je ze sneller op. Bovendien helpt het je om meer spierstructuur te ontwikkelen. Doe het Wasbord-buikspiercircuit, maar probeer alle oefeningen langzaam en doelbewust uit te voeren. Probeer bij elke herhaling 3 seconden te nemen om het gewicht op te tillen en 3 seconden om het weer te laten zakken.

Als je een ronde, vrouwelijke bouw hebt. Je wilt meer balans in je lichaam en strakkere spieren, door vet en calorieën te verbranden. Dat doe je met een programma waarin het tempo hoger ligt. Een snel 'cardio-kickboksintervalprogramma' zoals beschreven op pagina 258, is zeer geschikt voor het verbranden van vet en calorieën. Zet de muziek harder en voer de oefeningen snel achter elkaar uit. Doe twee of drie circuits.

Als je een atletische bouw hebt. Je wilt slank en nog energieker worden met behulp van actieve vormen van yoga, dans en Pilates (waarvan de houdingen zijn afgebeeld op pagina's 397-404), en je wilt je atletische bouw verder ontwikkelen.

Veelzijdige **dumbbell**training

Als het gaat om veelzijdigheid, gebruiksgemak en pure effectiviteit, dan is geen enkel hulpmiddel effectiever bij het opbouwen van spiermassa dan een paar dumbbells.

Puur praktisch gezien, zijn ze ook niet eens duur (vanaf 50 euro en meer), bijna onverwoestbaar, en nemen ze weinig ruimte in beslag. (Vooral handig als je thuis traint. Probeer maar eens een sportschoolmachine onder je bed te schuiven!) Hier volgen acht zeer goede redenen waarom slimme mensen dumbbells binnen handbereik houden.

1. Dumbbells geven je een completere work-out. Je mag dan bij dumbbells voornamelijk aan armbuigen en dergelijke denken, toch zijn ze net zo effectief voor het trainen van de benen (uitstappen en kuitheffen) of de rug (gewicht van de grond trekken), en zelfs van de buikspieren (zijwaarts buigen en verzwaarde crunches).

2. Dumbbells belasten je spieren meer. Een van de grootste uitdagingen voor krachttrainers is een fenomeen dat plateaufase heet. Raakt je lichaam eenmaal gewend aan een bepaalde training, dan is er geen uitdaging meer en stoppen je spieren met groeien. Omdat je honderden verschillende oefeningen kunt doen met dumbbells, kun je je training voortdurend blijven variëren, en zo je spieren blijven stimuleren om sterker te worden. Zo zijn er bijvoorbeeld 15 tot 25 variaties op de 'biceps curl' (armbuigen) die je met dumbbells kunt doen, terwijl er maar een handvol bicepsoefeningen is waarbij je een barbell kunt gebruiken. Voor apparaten zijn dat er misschien twee of drie.

3. Dumbbells maken je sterker. Omdat dumbbells meer bewegingsvrijheid bieden, stimuleren ze je meer dan enig ander trainingsgereedschap. Zo kun je tijdens het bankdrukken een halter niet dieper dan tot op de borst laten zakken. Doe je de oefening met in beide handen een dumbbell, dan kun je de gewichten een stuk verder laten zakken, waardoor de spiervezels meer worden gestimuleerd, met als gevolg meer spiergroei.

4. Dumbbells bouwen sneller kracht op. Negatieve-weerstandstraining verwijst naar de belasting die de spieren te verwerken krijgen bij de teruggaande of negatieve fase van een oefening. Van negatieve herhalingen zouden je spieren nog wel eens harder kunnen groeien dan van positieve herhalingen. Met dumbbells kun je extra negatieve weerstand in je training verwerken. Laten we zeggen dat je bij het armbuigen tien herhalingen hebt gedaan voor de linkerarm. Je kunt het gewicht echt geen enkele keer meer omhoogbrengen. Dan kun je een beetje smokkelen door je rechterhand je linker een beetje te laten helpen om het gewicht nog één keer op te tillen, om daarna de linkerarm op eigen kracht de dumbbell weer te laten zakken. Op die manier verhoog je de kwaliteit van je training weer een beetje.

5. Dumbbells kunnen zorgen voor een gezonder hart. Tal van onderzoeken hebben aangetoond dat gewichttraining de bloeddruk verlaagt en indirect het hart sterker maakt. Recent hebben wetenschappers ontdekt dat trainen met dumbbells nog aanvullende voordelen biedt, zoals een lager 'lipideprofiel' (minder 'lijm' om je aderen dicht te plakken) en een verhoogd zuurstofgebruik. Dumbbells zijn bijvoorbeeld beter in het versterken van deze 'binnenkant' van het lichaam dan halters. Ook hier weer door de grotere bewegingsvrijheid die dumbbells je geven.

6. Dumbbells maken je slimmer. In ieder geval je spieren. Dumbbells laten je in drie dimensies werken: ze sluiten je niet op in statische op-en-neer- of links-rechtsbewegingen zoals trainingsapparaten vaak doen. Dat betekent dat dumbbells je functionele kracht zowel binnen als buiten het fitnesscentrum verbeteren. En dat is belangrijk, of je nu een sportief evenement van de buurtvereniging wilt winnen of de kinderen snel van de schommel wilt pakken om te voorkomen dat ze op hun achterhoofd vallen.

7. Dumbbells houden je lichaam in balans. Door beide armen te dwingen evenveel inspanning te verrichten, helpen dumbbells onmiddellijk om onevenwichtige krachtverdeling op te sporen en te verhelpen, die zijn ontstaan door het beoefenen van bepaalde sporten, of door gewone dagelijkse activiteiten zoals autorijden of het dragen van zware tassen, of door het trainen met barbells en apparaten. Duw je bijvoorbeeld een halter boven je hoofd omhoog, dan kun je een minder sterke arm compenseren door met de andere arm meer kracht te zetten, maar daardoor wordt de onevenwichtige krachtverdeling juist groter. Til je echter twee dumbbells boven je hoofd, dan moeten beide zijden van het lichaam onafhankelijk van elkaar werken en krijgen beide kanten evenveel training.

8. Dumbbells helpen blessures voorkomen. Trainingsapparaten zijn ontwikkeld om één bepaalde spiergroep te belasten en daarvan de groei te stimuleren. Praktisch gezien is het belangrijk om ook de kleine, ondersteunende spiergroepen, banden en pezen te versterken. Op apparaten kun je die ondersteunde spieren en weefsels niet goed trainen, wat kan leiden tot een verhoogd blessurerisico. Dumbbells daarentegen versterken alle spieren in het lichaam en helpen blessures te voorkomen.

Cardio-kickboksinterval voor ronde vrouwen

Duiken

Ga met je benen op schouderbreedte uit elkaar staan, ellebogen in je zij en vuisten gebald net onder je kin: een klassieke houding bij het kickboksen. Ga door je knieën en kom weer omhoog. Doe acht herhalingen.

Wegstappen

Houd je ellebogen gefixeerd in je zij en de vuisten gebald onder je kin. Stap met het rechterbeen naar opzij en breng het linkerbeen naar binnen. Herhaal de oefening tien keer, waarbij je steeds wisselt van kant.

Hurken en wijd stappen

Met je ellebogen tegen je zij en je vuisten gebald onder je kin, uitstappen met je voeten wijd uit elkaar, terwijl je door je knieën gaat en je evenwicht bewaart op de ballen van je voeten. Veer twee keer omhoog met je voeten wijd uit elkaar en breng je voeten ook weer twee keer bij elkaar. Herhaal deze oefening, voeten naar buiten en weer naar binnen, tien keer.

Knietje

Met je ellebogen tegen de zijkant van je lichaam en je vuisten gebald onder je kin, buig je iets met het linkerbeen en breng je je gewicht naar dit been over. Til je rechterbeen op met de knie naar het plafond, en zet het dan weer neer op de bal van de voet. Wissel bij elke herhaling van kant. Doe deze oefening vier keer.

Schaarsprong

Laat je armen gestrekt boven je hoofd naar het plafond wijzen en zet je linkervoet voor je rechter, waarbij je je knieën niet helemaal doorstrekt, zodat je kunt afzetten. Spring omhoog en doe je andere been vóór, zodat bij het landen je gewicht van been wisselt. Doe tien herhalingen.

Actieve houdingen voor sportieve vrouwen

Uitstappen Amazonestijl I

Begin met een voet voorwaarts zodat je voorste bovenbeen evenwijdig is met de grond. Zet je achterste hiel dwars op de grond en duw je heupen naar voren. Maak je borst vrij door je armen recht boven je hoofd te strekken, met de handpalmen naar elkaar toe. Leun met je hoofd naar achteren en strek je onderrug door je stuitje richting de grond te brengen (houd je achterbeen gestrekt). Adem in terwijl je het linkerbeen tegen de grond duwt en strekt, en adem uit als je weer naar voren buigt. Doe deze oefening vier keer, wissel dan van standbeen en herhaal, de benen steeds afwisselend.

Uitstappen Amazone stijl II
Begin met je linkervoet naar voren, knie gebogen (niet verder dan je tenen) en het rechterbeen gestrekt achter je, waarbij de rechtervoet de achterste rand van de mat raakt, de tenen naar buiten gedraaid. Houd je schouders recht boven je heupen en draai je lichaam naar rechts. Strek beide armen (de linker voor je, de rechter achter je) en houd ze daarbij evenwijdig aan de vloer. Adem in terwijl je het linkerbeen afzet van de vloer, en adem uit bij het naar de grond brengen van de voorste knie, waarbij je je armen op dezelfde hoogte houdt als je schouders. Doe deze oefening vier keer, verander dan van beenpositie, waarbij je begint met de rechtervoet naar voren.

Sportieve plié

Ga op de mat staan met je tenen naar buiten gedraaid op 10 en 12 uur (benen uit elkaar, waarbij de voeten aan beide kanten bijna de rand van de mat raken) en strek je armen boven je hoofd, met de handpalmen naar voren. Met de voeten stevig op de grond buig je je knieën naar buiten terwijl je je armen horizontaal voor je strekt. Hierbij adem je uit. Stop als de armen gestrekt zijn op schouderhoogte. Buig beide knieën, houd even vast en keer dan weer terug naar de uitgangspositie. Deze oefening acht tot tien keer herhalen.

Hoofdstuk 15

Je wasbord in beeld

Zesenvijftig oefeningen voor je wasbord

Toen ik studeerde, had ik een vriend die beweerde het geheim van het perfecte 'wasbordje' te hebben ontdekt: 'Alles wat je moet doen, is er een maand lang duizend crunches per dag uitpersen.' Hij zei het op een heel overtuigende manier. Als je maar voldoende discipline had om dagelijks je buikspieren te trainen, zou je uiteindelijk als uit graniet gehouwen, goedgevormde buikspieren hebben. Zijn theorie kwam erop neer dat het gewoon een kwestie was van vaak doen en discipline. Hij vervolgde zijn betoog met de mededeling dat deze buikspieroefening je niet alleen het felbegeerde wasbordje leverde, maar ook dé oplossing was voor alle gewichtsproblemen. Dat je de gevolgen van het jarenlang volproppen met pizza, frieten en frikadellen als het ware weg zou kunnen 'crunchen'. In veel opzichten (zeg maar in bijna alle opzichten) had mijn vriend het mis. Ten eerste verbrand je met crunchen nauwelijks vet. Ook ontwikkel je geen buikspieren door dezelfde oefening eindeloos te herhalen. En duizend herhalingen? Kom nou, alsjeblieft. Maar in een bepaald opzicht had hij wel gelijk: wil je sterke, goed uitziende buikspieren ontwikkelen, dan moet je ze natuurlijk trainen. En daar heb je discipline voor nodig, hoewel niet zo veel als je misschien denkt.

Wil je sterke, goed uitziende buikspieren ontwikkelen, dan moet je ze natuurlijk trainen.

Even voorstellen? Je buikspieren

Je buikspieren lijken veel op een groep hooggekwalificeerde werknemers. Hoe harder zij werken, hoe beter jij er uitziet. En omgekeerd. Dat komt doordat je buikspieren betrokken zijn bij zo'n beetje alle bewegingen van het lichaam, zoals tillen, hardlopen, springen en kopiëren. (Je hebt je buikspieren echt hard nodig als je langdurig over het kopieerapparaat gebogen staat.) Dus hoe sterker ze zijn, hoe intensiever en langer je bezig kunt zijn. Hier volgt een korte cursus anatomie van de buikspieren.

Rectus abdominis. Dit is het wasbordje dat helpt je bovenlichaam te buigen (bijvoorbeeld bij het crunchen) en een goede lichaamshouding vast te houden. Het is het deel van de buikspieren waarvan mensen denken dat het de enige buikspieren zijn.

Obliquus externus. De oppervlakkige schuine buikspieren beginnen bij je ribben en lopen diagonaal naar je kruis. Als je een beweging maakt vanuit je middel, dan zijn je oppervlakkige schuine buikspieren erbij betrokken. Het draaien van de romp, dat zo belangrijk is bij golf, tennis en hockey, is vooral een functie van de oppervlakkige schuine buikspieren. Zelfs de klassieke crunch, de beweging die wordt toegeschreven aan de rectus abdominis of rechte buikspieren (het wasbordje), zou niet mogelijk zijn zonder krachtig samentrekken van de oppervlakkige schuine buikspieren om de romp te stabiliseren.

Obliquus internus. De dieper gelegen schuine buikspieren liggen tussen de ribbenkast en de oppervlakkige buikspieren, en lopen eveneens diagonaal naar je kruis. Net als de oppervlakkige buikspieren zijn de dieper gelegen buikspieren betrokken bij het draaien van je bovenlichaam. Je gebruikt deze spieren wanneer je diep ademhaalt.

Transverse abdominis. Dit is een dunne spier die horizontaal loopt, rondom je buikspieren. Hij staat ook wel bekend als de 'gordel' omdat hij functioneert als een compressor voor de buikwand en alles op zijn plaats houdt.

Je buikspieren zijn betrokken bij zo'n beetje alle bewegingen van het lichaam.

Hoewel je romp in feite als een geheel werkt, helpt het om de buikspierregio in te delen in verschillende gebieden. De drie duidelijk zichtbare onderdelen bestaan uit de bovenste en onderste buikspieren, en de schuine buikspieren (obliquus) die vanaf je zij naar je navel lopen. Maar er zijn ook verschillende ondersteunende spieren die, als je ze goed ontwikkelt, kracht geven aan je buikspieren: de spieren in je onderrug en de transversale buikspieren, spieren die horizontaal onder je buikspieren lopen en je hele middensectie ondersteunen. Je hebt al deze spieren al, maar je moet ze alleen nog laten doorkomen. Daarom moet je prioriteit liggen bij de eerste twee componenten: de voedingsprincipes en een work-out die vet verbrandt. Heb je eenmaal het vet weten weg te werken, dan kunnen je buikspieren groeien en in beeld komen. In tegenstelling tot wat mijn vriend zei, zul je geen wasbordje ontwikkelen door je buikspieren dagelijks te trainen. In plaats daarvan moet je de volgende richtlijnen volgen om de derde en laatste component toe te voegen.

Train je buikspieren twee tot drie keer per week. Buikspieren zijn ook spieren(!), net als alle andere spieren in je lichaam. Ze groeien in rust, niet op het moment dat je ze aan het trainen bent. Dus iedere dag trainen geeft de buikspieren geen gelegenheid om te groeien en sterker te worden. Je bouwt buikspieren op door ze twee tot drie keer per week te trainen. Ik adviseer om het buikspiercircuit aan het begin van de training te doen. Als je het trainen van je buikspieren tot het laatst bewaart, dan is de kans groot dat je er door vermoeidheid niet meer aan toekomt of de oefeningen slordig uitvoert.

Train de hele buikregio. Je hebt vijf regio's met buikspieren die je moet trainen. Kies voor elke work-out één oefening per gebied om ervoor te zorgen dat je alle gebieden aanpakt.

Kies elke training andere oefeningen. We geven je 56 verschillende buikspieroefeningen, maar je hebt er per buikspiertraining maar vijf nodig. Het geheim zit 'm in de variatie. Verander je buikspierprogramma alleen als je buikspieren gewend zijn geraakt aan de oefeningen. Op die manier blijf je de groei van de buikspieren stimuleren.

Doe een circuit. In de eerste week doe je maar één serie van elke oefening (met tien tot vijftien herhalingen, afhankelijk van de oefening). In de tweede en de derde week doe je twee series, als je kunt. Doe ze in een circuit zodat je elke oefening een keer doet voordat je een oefening herhaalt. Daarna kun je drie circuits doen. En zelfs dan hoeft een buikspiertraining niet langer dan 5 minuten te duren.

Doe het langzaam aan. Iedere herhaling van een buikspier-oefening zou iets langer moeten duren dan 4 tot 6 seconden. Als je het sneller doet, dan loop je het risico dat je de 'versnelling' het werk laat doen. Hoe langzamer de uitvoering, hoe hoger de intensiteit en hoe sterker de buikspieren.
In dit hoofdstuk vind je 56 oefeningen, zodat je nooit 'verveeld' raakt en ze zo effectief mogelijk traint. Onthoud dat dit deel van de training je buikspieren geeft die er zeker mogen zijn. Beschouw het trainingsgedeelte van het buikspierenprogramma als het cadeautje onder in een zak ontbijtgranen, als het loonstrookje aan het eind van de maand, of als de eindstreep van een marathon. Het is de motivatie. De beloning. Het is het doel dat geen weegschaal je ooit zou kunnen tonen.

Hoe je de training moet doen

Kies een oefening uit elke groep van onderstaande lijst en doe het aangegeven aantal herhalingen voor die oefening. Doe een serie van elke oefening en herhaal dan het circuit.
Opmerking: veel van deze oefeningen pakken in dezelfde beweging verschillende delen van de buikspieren aan, maar zijn gegroepeerd op basis van waar het accent ligt. Ze zijn ook ingedeeld op moeilijkheidsgraad, zodat je je training kunt veranderen naarmate je sterker wordt. Bij iedere oefening moet je aan het eind van de beweging heel even pauzeren en dan weer terugkeren naar de startpositie. Dat geldt als een herhaling, tenzij anders aangegeven. Tot slot nog even dit: we hebben het wel steeds over je 'wasbord' (de showspieren van de middensectie), maar je hebt inmiddels wel begrepen dat er nog heel wat andere belangrijke buikspieren zijn.

Het Wasbordcircuit

- Bovenste buikspieren (pagina 271 tot 280)
- Onderste buikspieren (pagina 281 tot 290)
- Schuine buikspieren (pagina 291 tot 296)
- Transversale buikspieren (pagina 297 tot 304)
- Onderrug (pagina 305 tot 308)

Bovenste buikspieren

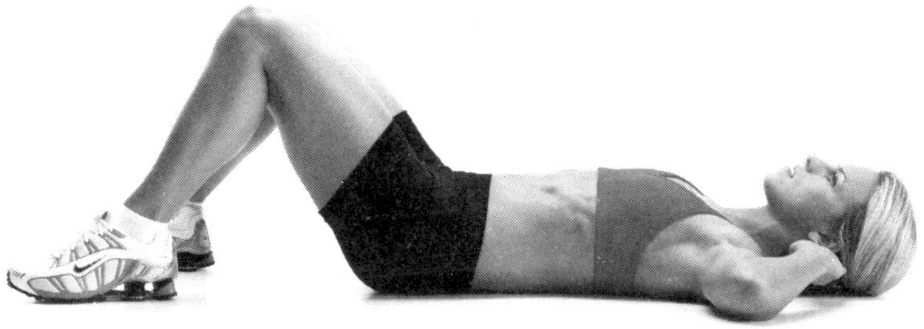

Klassieke crunch

Ga op je rug liggen, je knieën opgetrokken en de handen achter je oren. Kom langzaam omhoog, waarbij je alleen je schouderbladen van de grond tilt.
12-15 herhalingen (beginner)

Staande crunch

Bevestig een touw met handgrepen aan de hoge katrol van een High/Low Pulley. Ga met je rug naar het gewichtblok staan en houd de uiteinden van het touw achter je hoofd. Met het bovenlichaam naar beneden buigen.
12-15 herhalingen (beginner)

Aangepaste crunch met voeten van de vloer

Ga op je rug liggen, je knieën gebogen en je handen achter je oren. Til je voeten een paar centimeter van de grond en houd ze in die positie. Kom met je hoofd en schouders omhoog en houd daarbij je voeten van de grond.
12-15 herhalingen (beginner tot halfgevorderde)

Crunch met hoofd omlaag

Ga op een naar achteren hellende trainingsbank liggen, met je enkels achter de voetrol en je handen achter je oren. Til hoofd en schouderbladen van de bank en houd de rest van het lichaam tegen de bank gedrukt. Niet omhoog zwiepen om vaart te krijgen. Houd de spanning op de spieren een paar seconden vast.
12-15 herhalingen (beginner tot halfgevorderde)

Liggende kabelcrunch

Bevestig een touw met handgrepen aan de lage katrol van een High/Low Pulley. Ga met je rug op de vloer liggen met je hoofd naar de pulley, je knieën opgetrokken en je voeten plat op de grond. Houd de uiteinden van het touw voor je borst vast, zodat de splitsing van het touw in je nek zit. Buig je ribbenkast naar je bekken en til daarbij de schouderbladen iets van de grond.
12-15 herhalingen (halfgevorderde tot gevorderde)

Verzwaarde crunch

Ga op je rug liggen met je knieën opgetrokken, en houd een rond gewicht of een dumbbell voor je borst. Kom langzaam omhoog en til alleen de schouderbladen iets van de grond. Ga geleidelijk een zwaarder gewicht gebruiken.
12-15 herhalingen (halfgevorderde tot gevorderde)

Verzwaarde crunch met gestrekte armen

Ga op je rug liggen, de knieën opgetrokken en je armen gestrekt achter je. Buig je ribbenkast naar je bekken. Niet zwiepen of zwaaien met je armen om vaart te krijgen. ***12-15 herhalingen*** (halfgevorderde tot gevorderde)

Tenen tikken

Ga op je rug liggen met je benen recht omhoog en je knieën iets gebogen. Strek je armen omhoog en wijs schuin naar je tenen. Ontspan hoofd en nek. Gebruik de bovenste buikspieren om je ribbenkast naar je bekken te buigen. Til de schouderbladen iets van de grond en probeer je tenen aan te tikken. Deze positie een seconde vasthouden. Daarna de schouders weer naar de vloer laten zakken en de oefening herhalen.
12-15 herhalingen (halfgevorderde tot gevorderde)

Gooien met de medicine ball

Zet een verstelbaar bankje in een hoek van 45 graden. Ga met je hoofd naar beneden op het bankje liggen en haak je enkels achter de voetrol. Houd een medicine ball voor je borst. Kom met de schouderbladen iets omhoog en gooi de bal recht omhoog. Vang de bal op als je op het hoogste punt van je beweging bent en laat je bovenlichaam daarna weer zakken. Herhaal de oefening.
12-15 herhalingen (gevorderde)

Siciliaanse crunch

Schuif je voeten onder de stangen van een paar zware dumbbells. Leg een opgerolde handdoek onder je onderrug en houd een dumbbell voor je borst. Kom met het bovenlichaam zo ver mogelijk omhoog door je ribbenkast naar je bekken te buigen. Als je op het hoogste punt van de beweging bent, strek je je armen en duw je de dumbbell boven je hoofd omhoog. Houd de dumbbell boven je hoofd en laat je bovenlichaam in 4 seconden weer terugzakken naar de startpositie.
10 herhalingen (gevorderde)

Onderste buikspieren

Knieheffen met gebogen knieën

Ga op je rug liggen met je hoofd en nek ontspannen, en je handen plat op de grond, naast je billen. Gebruik de onderste buikspieren om je knieën naar je ribbenkast te brengen. Daarna je voeten weer langzaam naar de startpositie laten zakken. Op het moment dat je voeten licht de grond aantikken, doe je de oefening nog een keer.
12 herhalingen (beginner)

Handen onder de billen

Ga op je rug liggen met je handen onder je billen en je benen gestrekt recht omhoog, in een rechte hoek ten opzichte van je lichaam. Trek je navel naar binnen en span je bilspieren aan terwijl je je heupen een paar centimeter van de grond tilt. Daarna de heupen weer laten zakken.
12 herhalingen (beginner)

Hangend knieheffen

Ga helemaal gestrekt aan een optrekstang hangen, met je handpalmen naar voren en je handen iets verder uit elkaar dan schouderbreedte. (Je voeten mogen net de vloer raken.) Trek je knieën naar je borst, waarbij je je bekken omhoog buigt. Als je deze beweging twaalf keer kunt herhalen, maak de oefening dan zwaarder door je benen gestrekt te houden in plaats van te buigen, of door een medicine ball tussen je knieën te klemmen.
12 herhalingen (beginner tot halfgevorderde)

Zittende crunch

Ga op de rand van een stabiele stoel of een trainingsbankje zitten. Plaats je handen onder je billen en pak de rand van de stoel of bank. Leun iets achterover en strek je benen schuin naar beneden. Houd daarbij je voeten 10 tot 15 centimeter van de vloer. Je begint met de oefening door je knieën te buigen en je benen langzaam op te trekken naar je borst. Tegelijkertijd moet je vooroverbuigen met je bovenlichaam, zodat je borst vlakbij je bovenbenen komt. ***12 herhalingen*** (beginner tot halfgevorderde)

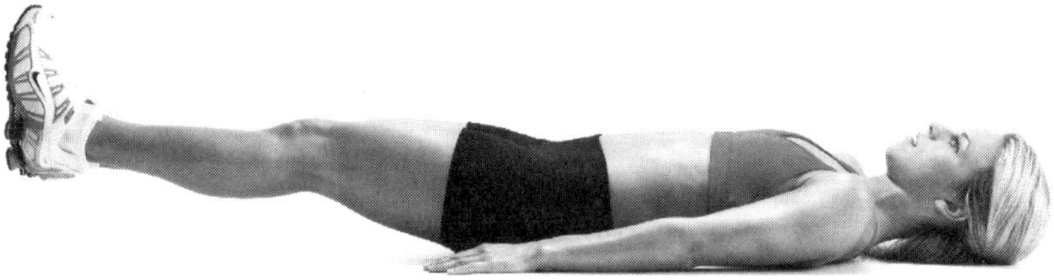

Kniestrekken met benen van de vloer

Ga op je rug liggen. Je armen langs je lichaam met de handpalmen naar beneden, iets onder de onderrug en billen. Druk je onderrug tegen de vloer en strek je benen, met je hielen 6 tot 8 cm van de vloer. Houd je onderrug stevig tegen de grond gedrukt en trek je linkerknie naar je borst. Je rechterbeen moet boven de grond blijven. Houd de positie even vast en doe de oefening dan met het andere been. Houd je buikspieren tijdens de oefening steeds aangespannen.
8-12 herhalingen voor elke kant (halfgevorderde)

Figuur-8-crunch

Ga op je rug liggen met je benen in een hoek van 90 graden en je voeten plat op de grond. Klem een kleine medicine ball tussen je knieën. Leg je handen in je nek en kom dan rustig met je hoofd, schouders en voeten omhoog. Beweeg je knieën in de vorm van een acht. Doe dit drie keer naar de ene kant en daarna drie keer naar de andere kant.
6 herhalingen (halfgevorderde)

De schaar

Ga op je rug liggen, til beide voeten van de grond en 'schaar' het ene been over het andere.
20 herhalingen (halfgevorderde)

Knieheffen met Zwitserse bal

Ga met je gezicht naar boven op een Zwitserse bal liggen, de heupen lager dan de schouders. Reik met je armen naar achteren en pak je vast aan iets dat niet beweegt, zoals een bank of een bureau. Til je benen gebogen omhoog en laat je onderbenen recht vooruit wijzen. (Om het wat moeilijker te maken, houd je je benen helemaal gestrekt). Daarna breng je je knieën naar je borst door je buikspieren en de buigspieren bij je heupen aan te spannen.
12 herhalingen (halfgevorderde tot gevorderde)

Omgekeerde crunch met medicine ball

Ga op een iets schuine bank liggen met je heupen lager dan je hoofd. Pak de stang achter je hoofd vast voor steun. Buig je heupen en je knieën in een hoek van 90 graden en klem een kleine medicine ball tussen je knieën. Breng je heupen omhoog naar je ribbenkast. Buig ze zo ver mogelijk zonder met je schouders van de bank te komen. Houd heupen en knieën daarbij in een hoek van 90 graden.
12 herhalingen (halfgevorderde tot gevorderde)

Wegduwen

Ga op je rug liggen met je handen op je borst, je benen gestrekt en je voeten van de vloer. Breng afwisselend de ene en de andere knie naar je hoofd, en duw daarna krachtig naar voren. Laat je voeten de grond niet raken. (Als deze oefening niet goed voelt in je onderrug, probeer dan je hoofd op te tillen en je kin naar je borst te brengen.)
10 herhalingen voor elke kant (halfgevorderde tot gevorderde)

Schuine buikspieren

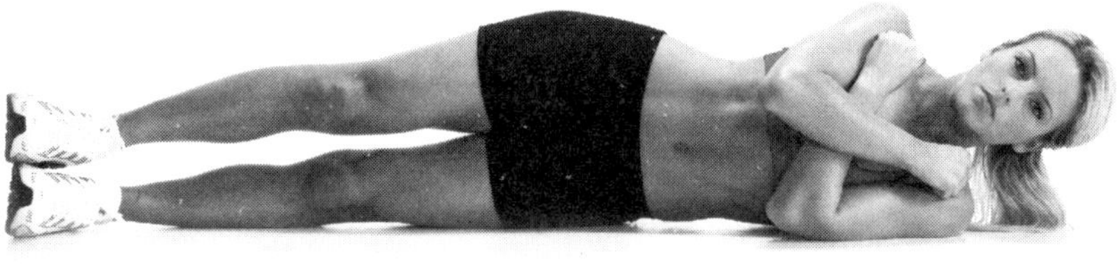

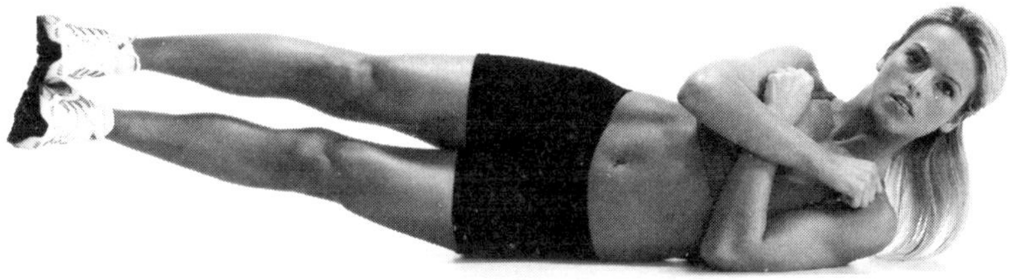

Een V-maken

Ga op je zij liggen met je lichaam in een rechte lijn. Vouw je armen voor je borst. Houd de benen bij elkaar en til ze daarna van de vloer. Breng tegelijkertijd je elleboog naar je heup. Het is maar een kleine beweging, maar toch zou je moeten voelen dat de schuine buikspieren zich sterk aanspannen.
10 herhalingen voor elke kant (beginner)

Zijwaarts buigen in Saksische stijl

Houd een paar lichte dumbbells boven je hoofd, in lijn met de schouders, met je ellebogen niet helemaal doorgestrekt. Houd je rug recht en buig vanuit je middel zo diep mogelijk naar links zonder het bovenlichaam te draaien. Pauzeer een seconde, keer terug naar de beginpositie en buig dan zo diep mogelijk naar rechts.
6-10 herhalingen voor elke kant (beginner tot halfgevorderde)

Snelle rotatie zijwaarts

Ga rechtop staan met een dumbbell die je met beide handen vasthoudt voor het midden van je borst. Draai 90 graden naar rechts, daarna 180 graden naar links. Houd de buikspieren aangespannen en voer de beweging snel uit. Keer terug naar het midden en wissel de zijden af.
10 herhalingen voor elke kant (halfgevorderde)

Houthakker

Ga rechtop staan en houd een dumbbell die je met twee handen vasthoudt alsof je klaarstaat om een boom te vellen, bij je rechteroor. Span je buikspieren aan en draai je romp naar links terwijl je de armen strekt en de dumbbell naar de buitenkant van je linkerknie brengt. Til de dumbbell weer omhoog, maak de serie af en herhaal voor de andere kant.

10 herhalingen voor elke kant (halfgevorderde)

Romprotatie met medicine ball

Houd een medicine ball of basketbal voor je. Ga op je knieën zitten met je hielen tegen je billen. Draai snel naar links en plaats de bal achter je rug. Draai snel naar rechts en pak de bal weer op. Breng de bal voor je langs naar links en leg hem weer neer. Doe weer hetzelfde. Doe deze oefening even vaak naar links als naar rechts.
10 herhalingen voor elke kant (halfgevorderde tot gevorderde)

Zijwaarts zakmes

Ga op je linkerheup liggen, met je benen bijna gestrekt en iets van de grond. Til ook je romp iets omhoog, waarbij je je linkerarm gebruikt voor steun en balans. Houd de andere hand achter je rechteroor en laat de elleboog naar je voeten wijzen. Til je benen omhoog naar je romp terwijl je de romp stilhoudt. Pauzeer een seconde en voel de spierspanning aan de rechterzijde van je middel. Laat je benen weer langzaam zakken en herhaal de oefening. Maak de serie voor de ene kant af, ga dan op je rechterheup liggen, en doe hetzelfde aantal herhalingen.
10 herhalingen voor elke kant (halfgevorderde tot gevorderde)

Transversale buikspieren

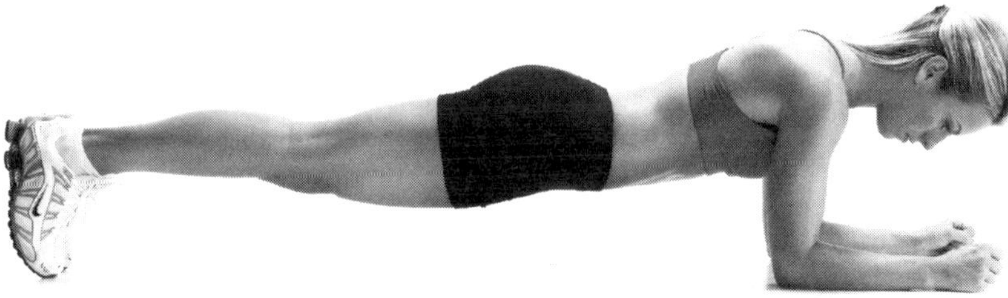

Brug

Ga in de houding van een opdrukoefening liggen, maar laat je lichaamsgewicht steunen op je onderarmen in plaats van je handen. Je lichaam moet van je schouders tot je enkels een rechte lijn zijn. Span je buikspieren aan. Probeer als het ware je navel binnendoor naar je wervelkolom te trekken. Die ingetrokken positie 20 seconden vasthouden, maar wel gewoon doorgaan met ademhalen. Naarmate je uithoudingsvermogen beter wordt, zul je in staat zijn om een serie te doen waarin je de ingetrokken positie 60 seconden vasthoudt.
1-2 herhalingen (beginner tot halfgevorderde)

Zijwaartse brug

Ga op je niet-dominante zij liggen. Steun je lichaamsgewicht met de onderarm en de buitenkant van de voet. Je lichaam moet een rechte lijn vormen van het hoofd tot de enkels. Trek je buikspieren zo ver mogelijk in en houd deze positie 10 tot 30 seconden vast, terwijl je gewoon doorademt. Ontspan. Houd je het 30 seconden vol, doe het dan nog een keer. Zo niet, kijk dan met hoeveel herhalingen je aan die 30 seconden komt. Doe hetzelfde voor de andere kant. ***1-2 herhalingen voor elke kant*** (beginner tot halfgevorderde)

Tweepuntenbrug

Ga in de standaard opdrukhouding staan. Til tegelijkertijd je rechterarm en je linkervoet van de grond. Houd 3 tot 5 seconden vast. Dat is één herhaling. Keer terug naar de startpositie, en til nu tegelijkertijd je linkerarm en je rechtervoet op.
6-10 herhalingen voor elke kant (halfgevorderde)

Negatieve crunch

Ga op de vloer zitten met gebogen knieën en je voeten plat op de grond, op ongeveer schouderbreedte. Strek je armen met de handen in elkaar verstrengeld, de handpalmen naar de knieën gericht. Begin met het bovenlichaam in een hoek van iets minder dan 90 graden ten opzichte van de grond. Laat je lichaam zakken terwijl je het bovenlichaam naar voren brengt en je buikspieren aanspant. Wanneer je bovenlichaam tot een hoek van ongeveer 45 graden van de vloer is gezakt, keer je terug naar de startpositie. (Opmerking: Het is misschien nodig om je voeten te verankeren met een paar zware dumbbells om je evenwicht te bewaren tijdens de uitvoering van de oefening.)
10 herhalingen (halfgevorderde)

Brug met Zwitserse bal

Steun met je onderarmen op de bal en met je tenen op de vloer, je lichaam in een rechte lijn. Trek je buik in en probeer hem als het ware tegen je ruggengraat te drukken. Die positie 20 seconden vasthouden, terwijl je gewoon doorgaat met ademhalen. Naarmate je conditie opbouwt, kun je een serie doen waarin je die positie 60 seconden vasthoudt.
1-2 herhalingen (halfgevorderde tot gevorderde)

Intrekken met Zwitserse bal

Neem de opdrukhouding aan, met je handen iets verder uit elkaar dan schouderbreedte. Zet je voeten nu niet op de grond, maar laat je schenen op een Zwitserse bal rusten. Met gestrekte armen en rechte rug, moet je lichaam van de enkels tot de schouders een rechte lijn vormen. Rol de Zwitserse bal richting borst. Pauzeer enkele seconden in die positie en rol de bal terug naar de startpositie door je benen te strekken.
5-10 herhalingen (halfgevorderde tot gevorderde)

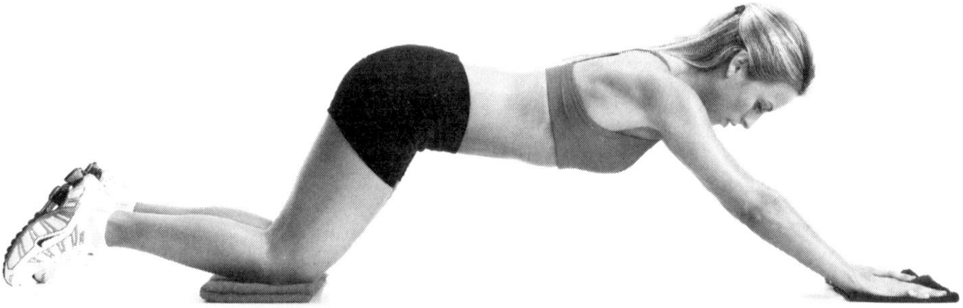

Handdoek rollen

Ga op je knieën op een handdoek of een matje zitten op een gladde tegel- of houten vloer. Leg de handdoek voor je en zet je handen erop. Schuif de handdoek over de vloer tot je lichaam volledig gestrekt is. Je lichaam moet een soort duikhouding aannemen. Langzaam weer terugglijden.
5-10 herhalingen (gevorderde)

Barbell-rollen

Doe twee schijven van 5 kilo op een barbell. Kniel op een trainingsmatje of handdoek, met de schouders recht boven de barbell. Pak de stang op schouderbreedte met een bovenhandse greep vast. Begin met je rug in een iets ronde positie, en strek hem iets meer naarmate je naar voren rolt. Bij het naar voren rollen met romp, heupen en gestrekte armen, de knieën niet van hun plaats halen. Probeer met de armen stevig gestrekt zo ver mogelijk naar voren te rollen zonder je rug hol te trekken of met je lichaam boven de knie de grond te raken. Pauzeer een enkele seconde voordat je je letterlijk weer terugtrekt naar de startpositie.
5-10 herhalingen (gevorderde)

Onderrug

Rugstrekken

Ga op een schuine bank liggen en haak je voeten onder de voetrol. Houd de armen gestrekt recht voor je. Je lichaam moet van de handen tot de heupen een rechte lijn vormen. Laat je romp zakken tot bijna loodrecht op de vloer. Buig hierbij je onderrug. Til je bovenlichaam op totdat het iets hoger is dan parallel aan de grond. Op dit punt moet je rug iets gebogen zijn en moeten je schouderbladen samengetrokken zijn. Pauzeer heel even en herhaal de oefening.
12-15 herhalingen (beginner tot halfgevorderde)

Rugstrekken met zijwaartse draai

Ga op een schuine bank liggen en haak je enkels achter de voetrol. Plaats je vingers lichtjes achter je oren. Laat je bovenlichaam zakken, waarbij je je rug buigt, tot bijna loodrecht op de vloer. Kom omhoog tot je bovenlichaam iets hoger is dan evenwijdig met de vloer, en draai je bovenlichaam naar links. Houd even vast en laat je lichaam weer naar de startpositie zakken. Herhaal de oefening, nu met een draai naar rechts.
12-15 herhalingen (halfgevorderde)

Superman op de Zwitserse bal

Ga met je gezicht naar beneden op een Zwitserse bal liggen zodat je heupen tegen de bal gedrukt zijn en je bovenlichaam er gebogen overheen ligt. Til je bovenarmen op zodat ze evenwijdig met je lichaam zijn en buig je ellebogen 90 graden zodat je vingers naar voren wijzen en je ellebogen naar achteren. Strek langzaam je rug tot je borst helemaal van de bal komt. Strek de armen voorwaarts en houd die positie enkele seconden vast. Buig je armen, terwijl je je bovenlichaam weer op de bal laat zakken. ***12-15 herhalingen*** (halfgevorderde)

De rugslag

Ga op de grond liggen met je gezicht naar het plafond, je knieën gebogen en je voeten plat op de vloer. Druk je onderrug tegen de vloer. Maak nu een crunch om je romp naar voren te laten komen, en til je schouderbladen zo hoog mogelijk boven de vloer. Houd de borst hoog en doe een rugslag met wisselende armen. Probeer naar vijf herhalingen van 45 seconden elk toe te werken, de armen steeds afwisselend. Hoe hoger je de borst van de vloer tilt, hoe beter de oefening werkt. Wordt de oefening te gemakkelijk, dan kun je lichte dumbbells in je handen houden.
1-5 herhalingen (halfgevorderde tot gevorderde)

Bonus! 18 supersnelle oefeningen voor een platte buik!

Zoek je een manier om in minder tijd meer buikvet weg te werken? De resterende achttien van de zesenvijftig oefeningen om een wasbordje te krijgen, pakken diverse delen van de buik tegelijkertijd aan. Het maakt niet uit welke oefening je kiest. Met alle onderstaande alternatieve oefeningen pak je twee of drie delen van de buikspieren tegelijk aan, zodat je het buiktrainingsprogramma kunt terugbrengen tot een paar oefeningen in plaats van vijf!

Combinatie van de crunch en zijwaarts buigen
Traint zowel de bovenste als de schuine buikspieren

Ga op je rug liggen, met je knieën gebogen en je handen achter je oren. Til de schouderbladen van de vloer en buig dan vanuit je middel naar links, waarbij je je linkeroksel naar de rechterheup draait. Weer terug naar het midden en dan naar rechts draaien.
8 herhalingen voor elke kant (beginner)

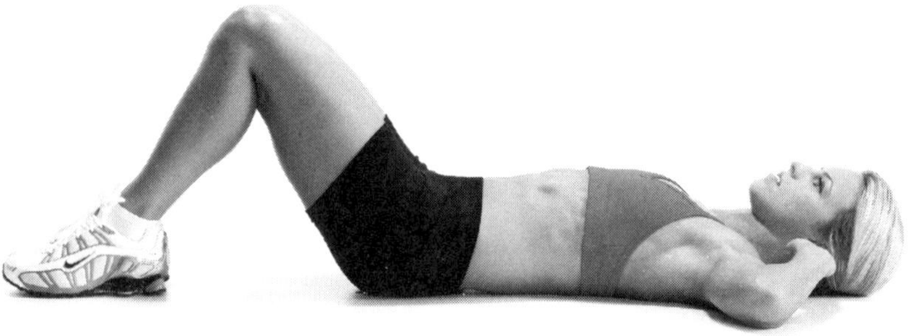

Crunch met opgetrokken knie

Traint zowel de bovenste als de onderste buikspieren

Ga op je rug liggen, met je heupen 90 graden gebogen en je voeten plat op de grond. Zet je vingers licht tegen de zijkant van je hoofd, de ellebogen gebogen. Til hoofd, schouders en billen van de vloer terwijl je tegelijkertijd je linkerknie naar je borst brengt. Laat de romp weer zakken en zet het been weer terug op de grond. Herhaal daarna de oefening, dit keer met de rechterknie naar de borst terwijl je cruncht.

10 herhalingen voor elke kant (beginner tot halfgevorderde)

Crunch en draai

Traint zowel de bovenste als de schuine buikspieren

Ga met je rug op de vloer liggen, de handen achter je oren en de ellebogen naar opzij geklapt. Kruis je enkels, houd je knieën licht gebogen en til je benen omhoog tot ze evenwijdig met de vloer zijn. Til je rechterschouder op terwijl je de rechterelleboog naar de linkerknie brengt. Keer terug naar de startpositie en herhaal, waarbij je nu je linkerschouder optilt en je linkerelleboog naar de rechterknie brengt.

8 herhalingen voor elke kant (beginner tot halfgevorderde)

Crunch met stok

Traint zowel de bovenste als de onderste buikspieren

Ga op je rug liggen, met je voeten boven de grond en de knieën iets gebogen. Houd een bezemsteel of stok achter je hoofd, met gestrekte armen die de vloer niet raken. Crunch je romp omhoog en trek je knieën naar binnen zodat de stok voorbij de knieën komt. Pauzeer enkele seconden en keer dan weer terug naar de startpositie.
12 herhalingen (halfgevorderde)

Fietsen

Traint zowel de bovenste als de onderste buikspieren

Ga op de grond liggen met de knieën 90 graden gebogen en je handen achter je oren. Beweeg je benen heen en weer alsof je aan het fietsen bent, en draai daarbij je romp afwisselend van links naar rechts en omgekeerd (linkerelleboog naar de rechterknie, etc.).
20 herhalingen (halfgevorderde)

Eenzijdige verzwaarde crunch

Traint zowel de bovenste als de schuine buikspieren

Ga met de knieën gebogen en de voeten plat op de grond op de vloer liggen. Houd een dumbbell met beide handen tegen je rechterschouder. Til je bovenlichaam op en draai naar links. Laat weer zakken en maak de serie af. Herhaal daarna de oefening, maar nu met de dumbbell tegen de linkerschouder.

8 herhalingen voor elke kant (halfgevorderde)

Hangend knieheffen met zijwaartse draai
Traint zowel de onderste als de schuine buikspieren

Pak je aan een rekstok met bovenhandse greep vast, en houd daarbij de armen gestrekt en de knieën opgetrokken. Draai je linkerheup naar je linkeroksel tot je onderbenen bijna evenwijdig zijn aan de vloer. Pauzeer een enkele seconde, keer terug naar de startpositie en draai je rechterheup naar je rechteroksel.
10 herhalingen voor elke kant (halfgevorderde)

Hangend knieheffen met één been

Traint zowel de onderste als de schuine buikspieren

Ga helemaal gestrekt aan een rekstok hangen, de handpalmen naar buiten en de handen iets wijder uit elkaar dan schouderbreedte. Je voeten moeten de vloer net raken. Zonder te zwaaien of op een andere manier vaart te maken, hef je de rechterknie zo ver mogelijk naar de linkerschouder, met de buikspieren als motor van de beweging. Draai iets met je bekken als hulpmiddel, maar ga niet zwiepen of zwaaien. Een seconde vasthouden en daarna weer terug naar de startpositie. Herhaal de oefening met je linkerbeen naar de rechterschouder toe.

8-12 seconden voor elke kant (halfgevorderde)

Drievoudige cable crunch op de knieën
Traint zowel de bovenste als de schuine buikspieren

Bevestig een touw aan de bovenste katrol van een High/ Low Pulley. Kniel voor de High/Low Pulley en pak de uiteinden van het touw vast, met de handpalmen naar elkaar toe. Houd de uiteinden van het touw langs de zijkanten van je gezicht, de ellebogen iets gebogen. Buig vanuit het middel voorover, maak de rug rond en probeer je borst naar je bekken te brengen. Stop wanneer je een duidelijke spanning in de buikspieren voelt. Keer terug naar de startpositie en herhaal de oefening, dit keer met de borst naar de linkerknie. Stop wanneer je een duidelijke spanning in de linker schuine buikspieren voelt. Keer terug naar de startpositie en herhaal de oefening, nu naar rechts. Dat is één herhaling.
8 herhalingen (halfgevorderde tot gevorderde)

Russische draai zijwaarts

Traint zowel de bovenste als de schuine buikspieren

Ga op de vloer zitten, met je knieën gebogen en je voeten plat op de grond. Leun achterover zodat je bovenlichaam een hoek van 45 graden maakt ten opzichte van de vloer. Draai zo ver mogelijk naar links, pauzeer dan even en draai zo ver mogelijk naar rechts. Naarmate je sterker wordt, kun je bij de uitvoering van de oefening een lichte dumbbell in je handen houden. (Opmerking: voor je evenwicht moet je misschien je voeten verankeren onder een paar zware dumbbells.)

10 herhalingen voor elke kant (halfgevorderde tot gevorderde)

In V-vorm tenen tikken

Traint zowel de bovenste als de schuine buikspieren

Ga plat op je rug liggen, met je benen recht omhoog in een V-vorm, zonder de knieën helemaal door te strekken. Strek je armen naar het plafond. Kom met je schouderbladen van de grond en reik met beide handen naar je rechtervoet. Houd een seconde vast, concentreer je op je buikspieren en ga dan weer terug naar de startpositie. Herhaal, ga dit keer naar je linkervoet. Bij het terugkeren naar de startpositie niet pauzeren.

12-15 herhalingen (halfgevorderde tot gevorderde)

Kurkentrekker

Traint zowel de onderste als de schuine buikspieren

Ga op je rug liggen, met je benen omhoog boven je heupen, de knieën iets gebogen. Plaats je handen met de handpalmen naar beneden langs je lichaam. Gebruik je onderste buikspieren om je heupen van de grond naar je ribbenkast te trekken, waarbij je je heupen recht omhoog naar het plafond tilt. Tegelijkertijd je heupen naar rechts draaien in een kurkentrekkerachtige beweging. Even vasthouden en dan weer terugkeren naar de startpositie. Herhaal de oefening, nu naar links draaiend.
10 herhalingen (halfgevorderde tot gevorderde)

Fietscrunch met gestrekte benen

Traint zowel de bovenste als de onderste buikspieren

Ga op je rug liggen, buig de heupen en knieën in een hoek van 90 graden zodat je voeten in de lucht zijn. Plaats je handen achter je oren en doe een buikspiercrunch door je hoofd en schouders van de grond te tillen. Tegelijkertijd trek je je linkerbeen naar je borst. Laat je romp zakken terwijl je je linkerbeen strekt en een paar centimeter boven de grond houdt. Herhaal de oefening, waarbij je dit keer bij het crunchen je rechterknie naar je toe trekt. Wissel tijdens de hele oefening van links naar rechts.

10 herhalingen voor elke kant (gevorderde)

Zijwaarts werpen met de medicine ball
Traint zowel de bovenste als de schuine buikspieren

Stel een trainingsbankje in op een hoek van 45 graden. Ga er met je rug op liggen en haak je enkels achter de enkelrol. Houd een medicine ball of een gewichtschijf tegen je borst. Als je omhoog komt, draai je naar links en strek je je armen alsof je de bal of het gewicht wilt weggooien. Trek de bal of het gewicht weer naar je borst toe terwijl je terugdraait en laat jezelf weer zakken. Herhaal, nu naar rechts draaiend. ***5 herhalingen voor elke kant*** (gevorderde)

Knieheffen met zijwaartse val

Traint zowel de onderste als de schuine buikspieren

Ga op je rug liggen met je handen achter je oren, heupen en knieën gebogen, de voeten plat op de grond. Klem een medicine ball tussen je knieën. Houd je onderrug de hele oefening door tegen de vloer gedrukt. Span de buikspieren aan en trek je knieën naar je borst. Laat je knieën naar links vallen, breng ze daarna weer naar het midden en laat ze dan naar rechts vallen. Naar links en naar rechts geldt als een herhaling.
12 herhalingen (gevorderde)

Dubbele crunch

Traint zowel de bovenste als de onderste buikspieren

Ga op je rug liggen met je heupen en knieën gebogen, en je voeten op de vloer. Laat je handen licht op de borst rusten. Plaats een medicine ball tussen je knieën. Adem uit als je je schouders van de grond tilt en je knieën naar de borst brengt. Pak de bal met je handen vast en breng hem naar de borst, terwijl je inademt en je schouders en benen weer naar de vloer laat zakken. Plaats bij de volgende herhaling de bal weer tussen de knieën en laat hem tijdens de oefening steeds van positie wisselen.
12 herhalingen (gevorderde)

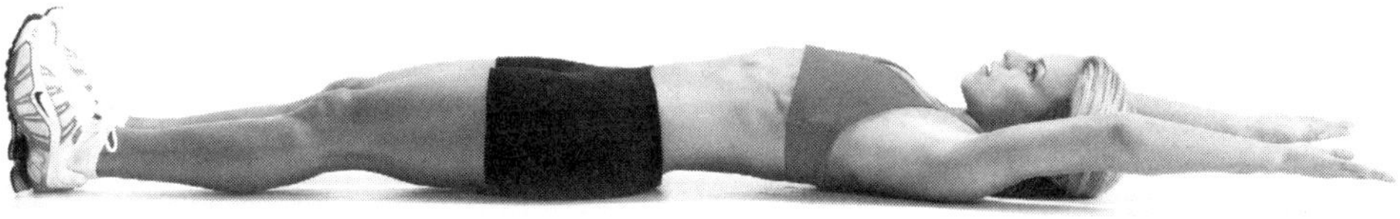

V-vormen

Traint zowel de bovenste als de onderste buikspieren

Ga op je rug liggen, met je benen en armen gestrekt. Houd de knieën en de ellebogen doorgestrekt, terwijl je met je benen en armen een V-vorm maakt en probeert om je tenen aan te raken.
5-10 herhalingen (gevorderde)

Dubbele crunch met kruis

Traint zowel de bovenste en onderste buikspieren als de schuine buikspieren

Ga op je rug liggen met de knieën gebogen, de voeten plat op de vloer, je hoofd en schouders ontspannen en de handen achter de oren. Gebruik je onderste buikspieren om beide knieën omhoog te tillen, en kruis ze naar de linkerschouder terwijl je tegelijkertijd de bovenste buikspieren gebruikt om je linkerschouder naar je rechterknie te bewegen. Een seconde vasthouden. Benen en bovenlichaam weer terug naar de startpositie en herhalen voor de andere kant.
10 herhalingen voor elke kant (gevorderde)

Speciale bijlage

Het geheim van slanke benen

Wasbordoefeningen om je onderlichaam strakker en slanker te krijgen

Zoals je hebt kunnen lezen, gaat het bij het werken aan een platte buik niet alleen om oefeningen die het 'buikspierkorset' aanpakken. Het gaat ook om het trainen van je hele lichaam, zodat je extra spiermassa opbouwt waardoor je meer vet verbrandt. De beste vetverbranders van allemaal zijn je beenspieren. Dat hoeft je niet te verbazen, want zij zijn zo groot, dat ze heel wat calorieën verslinden als je wat extra spieren opbouwt. Bijkomend voordeel: je benen worden strakker en krijgen meer vorm. En welke vrouw wil er geen slankere, strakkere billen, benen en kuiten? Kijk maar eens naar de specifieke oefeningen voor je benen. Je kunt ze als vervanging van een andere oefening gebruiken of als aanvulling toevoegen aan het circuitprogramma van het Wasborddieet.

Rek en strek

Heb je stijve hamstrings (de achterkant van je bovenbenen), dan kun je de neiging ontwikkelen om achterover te leunen om de druk te verlichten. Dit maakt dat je je buik naar voren duwt, waardoor je er nog 'gevulder' uitziet. Je hamstrings een paar keer per week stretchen kan helpen om dit te voorkomen. De snelste, makkelijkste manier om je rug en je hamstrings los te maken en je buikspieren te verstevigen is de 'Figuur-4 rekoefening' te doen. Ga hiervoor op de grond zitten met je rechterbeen recht voor je, de tenen omhoog. Buig je linkerknie om je linkerhiel tegen de binnenkant van je rechterbovenbeen te zetten, vlakbij je kruis. Houd je linkerknie daarbij zo dicht mogelijk bij de grond. Nu langzaam met je rechterarm naar je rechterenkel of teen reiken, en die proberen aan te raken. Die positie 30 seconden vasthouden, terugkeren naar de startpositie en de oefening herhalen.

Uitstappen

Uitstappen is de ultieme totaaloefening voor het onderlichaam. Hiermee train je je bovenbenen, hamstrings en bilspieren, en pak je ook je buikspieren en de spieren in je hele bovenlichaam aan, doordat je deze nodig hebt om jezelf in evenwicht te houden als je op één been staat. Deze uitstapoefeningen geven wat variatie aan je training als je af en toe eens een andere oefening wilt doen dan hurken of doorgaand uitstappen.

Uitstappen met rechtop roeien
Traint benen, schouders en bovenrug

Pak een paar dumbbells van 2 kilo en houd die met gestrekte armen voor je bovenbenen, de handpalmen naar binnen. Stap uit met het rechterbeen, terwijl je tegelijkertijd je handen omhoog trekt tot je ellebogen evenwijdig zijn aan je schouders. Laat je armen weer zakken naar de startpositie. Herhaal de oefening met het linkerbeen en doe voor elk been twaalf herhalingen.

Uitstappen in pentavorm

Versterkt benen en bilspieren vanuit elke hoek

Stap met je rechtervoet uit zoals bij gewoon uitstappen. Kom weer terug en stap 45 graden uit naar rechts (voor je). Stap dan uit naar rechts, kom omhoog (zet af) en stap 45 graden uit naar achteren. Sluit af door achteruit te stappen op de standaardmanier. Herhaal dit 'pentagram' (vijf hoeken) voor het linkerbeen en wissel bij elke herhaling steeds na de vijf hoeken van been.

Uitstappen op de Bosu-trainer
Versterkt bovenbenen en billen

Ga voor een 'bosu' staan (je kunt ook een stepbankje gebruiken), stap uit met je linkervoet en zet hem op de bosu. Buig je andere been zoals bij gewoon uitstappen. Houd je voet op de Bosu of stepbank, zet af om terug te komen in de startpositie en stap uit met je rechtervoet. Doe 10 herhalingen voor elk been.

Uitstappen, schoppen en armbuigen
Traint benen, billen en biceps

Pak twee dumbbells en stap met je rechterbeen achterwaarts uit. Bij het weer terugkomen, je achterste been naar voren schoppen terwijl je de dumbbells omhoog tilt naar je schouders. Stap met je rechterbeen weer achterwaarts uit en herhaal de oefening. Doe tien herhalingen voor elk been.

Doorgaand uitstappen met gestrekte armen

Versterkt benen, billen, romp en schouders

Houd een lichte halter of twee lichte dumbbells gestrekt boven je hoofd, de handpalmen naar elkaar toe. Span je buikspieren aan om je romp te stabiliseren. Stap uit met je rechtervoet, kom dan weer omhoog en stap uit met je linkervoet. Stap doorgaand uit tot je 10 herhalingen hebt gedaan.

Uitstappen als een flamingo

Traint benen, schouders, borst en triceps

Houd een medicine ball met gestrekte armen voor je op borsthoogte. Stap met je rechtervoet achterwaarts uit. Als je je afzet om weer terug te komen, til je de bal boven je hoofd terwijl je je rechterknie optrekt tot een hoek van 90 graden. Blijf even zo staan. Laat het gewicht weer zakken en herhaal de oefening voor hetzelfde been tien keer. Daarna tien keer herhalen voor het andere been.

Mooie benen zijn sterke benen

Voor de meeste basisoefeningen geldt dat je ze kunt aanpassen en zwaarder kunt maken om je lichaam nog fitter en sterker te maken. Bij deze drie oefeningen geldt niveau 1 als de basis. Heb je dit niveau eenmaal onder de knie, dan ga je verder met niveau 2 (pagina 337 tot 339) en niveau 3 (pagina 340 en 342) om wat meer variatie te krijgen. Vervang uitstappen, hurken of steppen af en toe door deze oefeningen.

OEFENINGEN VAN NIVEAU 1

Hurken

Houd een halter vast met bovenhandse greep zodat de stang comfortabel op je bovenrug rust. Zet je voeten uit elkaar op ongeveer schouderbreedte en strek je knieën niet helemaal door. Houd je rug recht en kijk recht vooruit. Zak langzaam door je knieën alsof je in een stoel wilt gaan zitten. Houd daarbij je rug in de natuurlijke, iets holle houding en je onderbenen bijna haaks op de vloer. Laat je knieën niet boven je tenen komen. Trek je rug niet bol. Stop net voordat je bovenbenen evenwijdig zijn aan de vloer. Die positie twee seconden vasthouden, uitademen en weer omhoogkomen.

Achterwaarts uitstappen

Ga met je voeten naast elkaar staan en zet je handen op je heupen. Stap met je rechtervoet een halve tot driekwart meter naar achteren. Adem in terwijl je je linkerknie buigt en zak naar beneden totdat je linkerknie een hoek heeft van 90 graden en je rechterknie bijna de vloer raakt. Leun niet voorover. Laat je voorste knie niet boven je tenen komen. Houd een seconde vast en adem dan uit terwijl je afzet om weer naar boven te komen. Doe al je herhalingen en dan de herhalingen waarbij je met links achterwaarts uitstapt.

Zijwaarts stappen en hurken

Ga met je voeten naast elkaar staan en je handen langs je lichaam. Stap met je linkervoet 60 tot 75 cm zijwaarts. Tijdens het inademen, jezelf met rechte rug laten zakken (hurken) alsof je in een stoel gaat zitten. Breng je armen gestrekt voor je omhoog voor extra evenwicht. Stop met hurken wanneer je bovenbenen evenwijdig zijn met de vloer. Laat je knieën niet boven je tenen komen en maak geen ronde rug. Deze positie een seconde vasthouden en dan uitademen terwijl je weer omhoogkomt en je linkervoet weer terug naar binnen zet. Doe vijf tot zes herhalingen met je linkervoet, en dan vijf tot zes herhalingen waarbij je zijwaarts uitstapt met je rechtervoet.

OEFENINGEN VAN NIVEAU 2

Plié

Ga met je voeten op schouderbreedte uiteen staan, de tenen naar buiten. Houd een dumbbell die je met beide handen vasthoudt, voor je bovenbenen. Met de rug recht hurken, en terwijl je door je knieën gaat adem je in. Stop met hurken wanneer je bovenbenen evenwijdig zijn met de vloer. Laat je knieën niet boven je tenen komen en maak geen ronde rug. Leun niet voorover. Deze positie een seconde vasthouden en dan rustig omhoogkomen terwijl je uitademt.

Achterwaarts uitstappen met knieheffen

Ga met je voeten naast elkaar staan. Houd in elke hand een lichte dumbbell en laat je armen langs je lichaam hangen of houd de dumbbells op schouderhoogte. Stap met je rechtervoet 60 tot 75 cm achterwaarts. Adem in terwijl je de linkerknie buigt en je je lichaam recht omlaag laat zakken tot je linkerknie 90 graden gebogen is en je rechterknie bijna de vloer raakt. Je hiel komt dan van de vloer. Leun niet voorover. Laat je knieën niet boven je tenen komen. Houd die positie een seconde vast en adem uit terwijl je weer rustig omhoogkomt. Til je linkerknie voor je omhoog voordat je weer in de startpositie gaat staan. Doe eerst alle herhalingen met je rechtervoet en dan alle herhalingen uitstappend met je linkervoet.

Zijwaarts uitstappen met knieheffen

Ga met je voeten bij elkaar staan. Houd in elke hand een lichte dumbbell en laat je armen langs je lichaam hangen of houd de dumbbells op schouderhoogte. Stap met je linkervoet 60-75 cm zijwaarts uit. Met je rug recht ga je door je knieën, waarbij je je knieën en heupen buigt terwijl je inademt. Stop wanneer je bovenbenen evenwijdig zijn met de vloer. Laat je knieën niet boven je tenen komen. Trek geen ronde rug. Houd die positie een seconde vast en adem uit terwijl je weer rustig omhoogkomt. Til je linkerknie voor je omhoog voordat je weer in de startpositie gaat staan. Doe vijf tot zes herhalingen met je linkervoet en doe dan vijf tot zes herhalingen uitstappend met je rechtervoet.

Hurken op één been

Houd in elke hand een lichte dumbbell en laat de armen langs je lichaam hangen. Verplaats je gewicht naar je linkervoet en til je rechtervoet van de vloer zodat alleen je tenen de vloer licht raken voor het evenwicht. Bij het inademen je linkerknie buigen en vanuit de heupen licht vooroverbuigen, waarbij je hurkt alsof je in een stoel wilt gaan zitten. Ga zo diep mogelijk als nog enigszins prettig is, maar laat daarbij je linkerbovenbeen niet verder zakken dan evenwijdig aan de vloer. Laat je knie niet boven je tenen komen. Houd deze positie een seconde vast en adem uit terwijl je weer rustig omhoogkomt. Doe alle herhalingen en doe dan de oefening voor het andere been.

Uitstappen met sprong

Ga met je voeten naast elkaar staan en je armen langs je lichaam. Stap met je rechtervoet 60 tot 75 cm naar voren. Adem in terwijl je je rechterknie buigt en je je lichaam recht naar beneden laat zakken tot je knie 90 graden is gebogen en je linkerknie bijna de vloer raakt. De achterkant van de hiel komt daarbij van de vloer. Leun niet voorover. Laat de voorste knie ook niet boven de tenen uitkomen. Houd deze positie een seconde vast en adem dan uit terwijl je met je rechtervoet afzet en een klein sprongetje maakt om met beide voeten naast elkaar weer te landen. Herhaal de oefening en doe de oefening daarna uitstappend met je linkervoet.

Zijwaarts uitstappen, hurken en springen

Ga met je voeten naast elkaar staan en je armen langs je lichaam. Bij deze oefening geen dumbbells of gewichten gebruiken. Stap met je linkervoet 60 tot 75 cm zijwaarts uit. Houd je rug recht, laat jezelf zakken, hurkend vanuit de knieën en heupen alsof je op een stoel gaat zitten. Adem daarbij in. Stop vlak voordat je bovenbenen evenwijdig zijn aan de vloer. Laat daarbij je knieën niet boven je tenen uitkomen. Maak geen ronde rug. Houd deze positie een seconde vast en adem dan uit terwijl je springt en je linkervoet bij het landen weer naast je rechtervoet zet. Doe vijf, zes herhalingen met je linkervoet en dan vijf, zes herhalingen zijwaarts uitstappend met je rechtervoet.

De total body oefening!

Weinig tijd? Dan kun je in ieder geval een oefening doen die in één keer bijna al je grote spiergroepen aanpakt. Onderstaande oefening traint bijna alle grote spiergroepen tegelijkertijd, zodat je per herhaling dus behoorlijk wat calorieën verbrandt. Het verstevigt tevens je hele romp, waardoor je een beter evenwicht ontwikkelt en minder kans hebt op blessures van je onderrug.

Houd voor je lichaam met twee handen een dumbbell vast en hef het gewicht zo ver mogelijk boven je hoofd, terwijl je op je rechtervoet draait en je lichaam naar links brengt. Til daarbij de dumbbell achterwaarts over je linkerschouder. Kom met je bovenlichaam omlaag en maak met de dumbbell een hakbeweging richting je rechtervoet, waarbij je op de ballen van je voeten draait. Je eindigt in een soort uitstappositie. Draai terug naar links en breng je bovenlichaam en de dumbbell weer omhoog (deze oefening lijkt een beetje op houthakken). Doe tien herhalingen voordat je van kant wisselt. Je kunt deze oefening een beetje variëren door onderstaande aanpassingen door te voeren.

- Ga sneller. Als je het tempo opvoert, dan moet je bovenlichaam harder werken om je lichaam in evenwicht te houden bij het hurken, draaien en tillen.
- Maak een grotere bewegingsuitslag. Door de hakbeweging verder voor je voet te maken (en de draai naar achteren groter te maken), maak je de oefening zwaarder en vergroot je de beweging.
- Verzwaar het gewicht. Zwaardere gewichten zorgen ervoor dat je harder moet werken.

Hoofdstuk 16

Het Wasborddieet en je hormonen

Hoe het programma kan aansluiten op je hormoonhuishouding

Zeg het woord hormonen tegen een man en het enige waar hij aan denkt is de eerstvolgende keer dat hij aan die van hem mag toegeven. Zeg hetzelfde woord tegen een vrouw en ze begrijpt de complexiteit, de nuances en de invloed die hormonen op haar hebben. Hormonen beïnvloeden je stemming, reguleren de voortplanting en bepalen of je vet opslaat of verbrandt.
Ze lijken vaak toe te slaan als een pitbull in een slagerswinkel, maar je kunt ze ook wel degelijk onder controle houden, als je maar weet wat je moet doen. Onderzoek laat zien dat je veel kunt doen om je hormonen op een normaal niveau te houden, of je nu te maken hebt met een daling in je oestrogeenproductie doordat je ouder wordt, of met een schildklier die net zo slecht werkt als die oude kleurentelevisie van je grootmoeder, waardoor je moeite hebt om vet te verbranden. Onderstaande strategieën helpen de pieken en dalen in je hormoonhuishouding af te vlakken, terwijl je intussen het Wasborddieet onderdeel maakt van een nieuwe levensstijl die je lichaam totaal zal veranderen.

PMS onder controle

Vrij verkrijgbare pijnstillers slikken is niet het enige wat je kunt doen om krampen, kwaaie buien en vreetaanvallen te bestrijden die het gevolg zijn van fluctuerende oestrogeen- en progesteronspiegels vlak voor de menstruatie. Probeer de volgende kleine veranderingen in je manier van leven door te voeren en de nadelen van je maandelijkse cyclus worden meteen al een stuk minder.

- Probeer, nog meer dan je nu al bij het Wasborddieet doet, je te concentreren op het eten van eiwit en voedingsvezels, om zo je bloedsuikerspiegel gelijkmatiger te houden, je spijsvertering te vertragen en de neiging tot overeten tegen te gaan. Goede voedingsmiddelen zijn dan: hele granen, fruit en groenten.
- Uit een onderzoek van de University of Massachusetts in Amherst is gebleken dat een hoge inname van calcium en vitamine D PMS-symptomen verlicht en zelfs PMS kan voorkomen. Uit het onderzoek kwam naar voren dat vrouwen die ongeveer 1200 mg calcium en 400 IU vitamine D per dag via voeding of voedingssupplementen binnenkregen, een kleinere kans hadden op de ontwikkeling van menstruele klachten. Dat is zo'n beetje vier porties magere melk, magere yoghurt of verrijkt sinaasappelsap per dag.
- Zorg voor een perfect ontbijt. Combineer vitamine B6 met magnesium (komt allebei voor in zalm en avocado's), twee voedingsstoffen waarvan is aangetoond dat ze zorgen voor minder maandelijkse stemmingswisselingen. Deze magische maaltijd mag ook kaas bevatten, waardoor vitamine D en calcium worden aangevuld en je menstruatieklachten verminderen. Ook voedingsvezels zijn heel belangrijk. Een vezelrijk voedingspatroon verlicht PMS-klachten doordat een teveel aan oestrogeen wordt afgebroken. Het beste is als je er ook drie krachtvoedingsmiddelen bijneemt! Het recept ziet er als volgt uit.

2 sneden zuiver volkorenbrood, geroosterd
1 eetlepel magere roomkaas
¼ avocado
30 gram gerookte zalm
versgemalen peper
handjevol alfalfaspruiten of verse spinazie

Smeer de kaas op een geroosterde boterham en leg er de avocado en vis op. Bestrooi met peper, en leg de spruiten en de tweede geroosterde boterham erop.

- Je kunt menstruatiegerelateerde migraine, of hoofdpijn veroorzaakt door dalingen in je oestrogeenspiegel verminderen door voedingsmiddelen te schrappen die deze klachten bevorderen. De bekendste voedingsmiddelen die hiervoor verantwoordelijk zijn, zijn oude kaas, bewerkt vlees met veel nitraten, chocolade, veel koffie, alcohol (vooral rode wijn), citrusvruchten, bananen en aspartaam. Training en meditatie helpen klachten te verminderen doordat ze stress verminderen (stress bevordert het krijgen van een migraineaanval).
- Een yogahouding die het bekkengebied losmaakt kan een opgeblazen gevoel en krampen verminderen. Probeer eens een houding die 'achteroverliggende gebonden hoek' heet. Om die oefening te doen moet je op de grond gaan zitten, met een lang kussen achter je, waarvan de onderkant je stuitje moet raken. Leg een gevouwen deken over het kussen, leun achterover tot je hoofd op het kussen rust, en laat je knieën naar opzij vallen. Houd deze houding ongeveer 5 tot 10 minuten vast en adem daarbij diep.
- Uit een recent onderzoek is gebleken dat de inname van 200 IU vitamine E tweemaal daags twee dagen voor en drie dagen tijdens de menstruatie, krampen kan verminderen. De vrouwen in het onderzoek die vitamine E namen, hadden per menstruatieperiode minder dan twee uur last van krampen in plaats van het gemiddelde van zeventien uur. En slechts 4 procent van de vrouwen had een pijnstiller nodig om de krampen te bestrijden. De gedachte is dat vitamine E de opbouw van prostaglandine (een hormoonachtige stof die zorgt voor baarmoederkrampen) bemoeilijkt. Neem vitamine E alleen tijdens de vijf dagen van de maandelijkse menstruatie. Jarenlang gebruik van hoge doseringen is in verband gebracht met hartklachten.
- Vraag je huisarts ook eens of hij kan kijken naar je pilgebruik. Uit een onderzoek gedaan door Yale University, bleek dat orale anticonceptiemiddelen PMS-klachten bij proefpersonen die 25 hormoonpillen en 4 suikerpillen kregen met 50 procent verminderden.
- Acupressuur kan ook helpen om klachten te verminderen. Onderzoek laat zien dat acupressuur de bloedsomloop stimuleert en de productie van endorfinen, de natuurlijke pijnstillers van het lichaam, stimuleert. Uit een onderzoek bleek dat vrouwen die behandeld werden met acupressuur 72 procent minder pijn en klachten hadden (hetzelfde percentage als bij vrouwen die de

pijnstiller en ontstekingsremmer Ibuprofen gebruikten), terwijl de proefpersonen die nepacupressuur kregen (niet op de correcte plaatsen uitgevoerd) maar een vermindering van 58 procent hadden.

Menopauze onder controle

Het leven is vol van overgangen. Je begint met een nieuwe baan of ziet je kinderen naar de grote school gaan, of op de bank kijken naar een nieuwe aflevering van *Survivor*. Met betrekking tot haar gezondheid, krijgt iedere vrouw te maken met ten minste één belangrijke natuurlijke overgang. Vanuit een puur wetenschappelijk oogpunt wordt de menopauze, die meestal optreedt tussen het 40e en 55e jaar, omschreven als de periode in het leven van een vrouw waarin haar eierstokken stoppen met het produceren van eitjes en haar lichaam de productie staakt van twee belangrijke hormonen: oestrogeen en progesteron (de perimenopauze is het begin van al deze hormonale veranderingen).

Het uiterlijke signaal is dat de menstruatie steeds minder frequent optreedt, totdat zij helemaal stopt. Daarnaast zijn er ook veel andere tekenen van de symptomen die te maken hebben met de veranderingen in de hormoonhuishouding.

Net als een goede vissoep, zijn niet alle vrouwen op dezelfde manier gemaakt, vooral niet als het om hun reactie op de menopauze gaat. Sommige vrouwen ervaren milde symptomen, anderen hebben weer allerlei nare klachten. De ernst van de klachten wordt meestal veroorzaakt door hoe abrupt of geleidelijk de eierstokken de hormoonproductie vertragen. De bekendste symptomen, een breed spectrum aan klachten zoals opvliegers, slapeloosheid, humeurigheid, vaginale droogheid, infecties en een verlies aan seksuele interesse, kunnen ook gepaard gaan met veranderingen die op de langere termijn kunnen leiden tot osteoporose en een hoger cholesterolgehalte in het bloed. Omdat de menopauze of overgang zo'n normaal en natuurlijk verouderingsproces is, ga je deze op dezelfde manier behandelen of proberen te voorkomen als bijvoorbeeld hart- en vaatziekten of kanker. In plaats daarvan is het doel het verminderen van de ernst van de klachten van de overgang. Gelukkig zijn er tal van dingen die je kunt doen om de ernst van de klachten te verminderen en ook de risico's van bepaalde symptomen die gepaard gaan met de overgang aan te pakken. Gebruik het Wasborddieet om een goed gewicht te houden. Onderzoekers van de Iowa Women's Health Study ontdekten dat het risico op borstkanker bij vrouwen na de overgang voor vrouwen met overgewicht 44 procent hoger was. De groep met het hoge risico had een BMI van 29,5 of hoger, terwijl de groep met een laag risico een BMI van 23,5 of lager had (op pagina 83 kun je zien hoe je BMI wordt berekend). Uit een ander onderzoek bleek dat vrouwen die na de overgang op gewicht bleven een lager risico hadden op hart- en vaatziekten. En dat is belangrijk. Een recent onderzoek onder meer dan 60.000 vrouwen liet zien dat 17 procent van hen een gemiddeld tot hoog risico had op een stille hartaanval (een hartaanval die optreedt zonder merkbare symptomen). Het is vooral belangrijk om je gewicht in de gaten te houden, wat juist na de overgang niet eenvoudig is. Uit een experiment met dieren is gebleken dat het lichaamsgewicht in de overgang wel 5 procent kan toenemen.

Eet meer fruit. Bepaald fruit en bepaalde groenten bevatten fyto-oestrogenen, stoffen die het lichaam laten denken dat het oestrogeengehalte hoger is dan het werkelijk is, waardoor klachten verminderen. Vruchten met een hoog fyto-oestrogeengehalte zijn pruimen, aardbeien, appels, druiven, sinaasappels en frambozen. Bij de groenten zijn het asperges, bloemkool, broccoli, wortelen, komkommers, uien en sojabonen.

Een klein beetje vet in het eten kan galstenen helpen voorkomen.

Een visje moet. Vis die rijk is aan omega-3-vetzuren zorgt voor een toename van het (goede) HDL-cholesterol dat kan helpen het risico op hart- en vaatziekten te verminderen (weet je nog dat je risico toeneemt na de overgang). Je kunt de omega-3-vetzuren uit vis nog aanvullen met omega-3-vetzuren uit lijnzaad.

Niet te bang voor vet. Een klein beetje voedingsvet eten tijdens een maaltijd kan het legen van je galblaas stimuleren, waardoor galstenen, een aandoening die na de overgang vaker optreedt, kunnen worden voorkomen. Denk ook eens aan het eten van wat amandelen.

Ga lekker winkelen. En loop dan ook eens een eindje. Uit een overzicht van onderzoeken gepubliceerd in *Sports Medicine* blijkt dat dagelijks 30 minuten wandelen en een tot drie keer per week aan krachttraining doen de overgangsgerelateerde gezondheidsklachten van vrouwen een stuk verminderden. De onderzoekers keken daarbij naar de invloed van deze activiteiten op een aantal parameters zoals botdichtheid, evenwicht, insulinegevoeligheid, cholesterol en lichaamssamenstelling (verhouding vet en spieren). Training en beweging stimuleren de productie van endorfinen, waardoor klachten die optreden na de menopauze verminderen. Endorfinen zijn natuurlijke antidepressiva die slapeloosheid, depressie, stemmingswisselingen en hoofdpijn kunnen verminderen.

Opvliegers. Hoewel je misschien de neiging hebt om opvliegers in verband te brengen met een vluchtige blik op de buikspieren van rapper Usher, komen ze bij vrouwen in de overgang vaker voor door een heel andere reden. Ze treden op doordat je interne thermostaat minder stabiel wordt als gevolg van een verminderde hormoonproductie. Hierdoor krijg je het te warm. Om af te koelen, verwijden de bloedvaten zich en neemt de bloedtoevoer onder de huid toe, meestal in het gezicht, de nek en het bovenlichaam. Tijdens opvliegers, die meestal 5 tot 15 minuten duren, begint je huid warm aan te voelen, begin je misschien te transpireren en heb je mogelijk een prikkelend gevoel. Opvliegers kunnen allerlei andere klachten veroorzaken, zoals slapeloosheid en prikkelbaarheid. Je kunt het effect van een opvlieger verminderen door ademhalingsoefeningen te doen. Probeer langzaam en diep adem te halen, ongeveer 10 seconden per in- en uitademing.

Houd een klachtenlogboek bij. Bij het optreden van de eerste verschijnselen van de overgang, is het verstandig om je menstruatie bij te houden en te letten op onregelmatigheden in hevigheid of duur. Ook is het goed om klachten bij te houden als je opvliegers hebt. Misschien kom je er op die manier achter wat de directe aanleidingen zijn, of het nu alcohol is, kruidig voedsel, of warm weer, zodat je manieren kunt bedenken om ze te ontwijken.

Zilverkaars. Black cohosh of Zilverkaars is een kruid uit de plantengeneeskunde dat vaak wordt gebruikt om overgangsklachten zoals opvliegers te bestrijden.

Meer water. Naarmate het oestrogeenniveau in je lichaam daalt, krijg je misschien last van vaginale droogte, waardoor de kans op pijnklachten bij het vrijen toeneemt en de zin in seks sterk kan afnemen. Glijmiddelen op waterbasis zoals Astroglide of Sensilube kunnen helpen klachten te verminderen (vermijd glijmiddelen op oliebasis, die het vaginale weefsel droger kunnen maken).

Schildklierhormoon: het stofwisselingsregulerende hormoon

Zoals je inmiddels wel al zult hebben begrepen, is de stofwisseling een behoorlijk complex proces, waarbij veel meer komt kijken dan alleen hoe je beweegt en eet. Voldoende eiwit eten en 's middags na de lunch een wandelingetje maken in plaats van bij de McDonalds te zitten(!) zijn niet de enige dingen die je stofwisseling bepalen. Je genen spelen natuurlijk ook een belangrijke rol. Hoezeer je de stofwisseling of het metabolisme (om een wat duurder woord te gebruiken) ook kunt beïnvloeden met de juiste voeding en training, toch heb je de snelheid van je stofwisseling niet volledig in de hand. Beschouw je stofwisseling als een elektrische blender: je hebt een hoge stand, een lage stand en een paar standen ertussenin. De snelheid van mixen, of in jouw geval, de snelheid waarmee je calorieën verbruikt, is in hoge mate afhankelijk van hoe je het zelf aanpakt. Je lichaam kan ook op hol slaan, waardoor de caloriemixer in de soep draait. Op verschillende manieren speelt de schildklier, een hormoonproducerende klier aan de voorkant van je hals, een belangrijke rol bij de stofwisseling.
Je schildklier is een beetje de jonge puppy van je lichaam: hij krijgt van alles en nog wat de schuld. Je schildklier reguleert niet alleen de stofwisseling, maar ook je lichaamstemperatuur. Als iets in je lichaam ervoor zorgt dat je schildklier niet goed functioneert, dan slaat die hele regulatie op hol. Hypo- en hyperthyreoïdie (een te lage en te hoge werking van de schildklier) beïnvloeden je stofwisseling en bepalen hoe snel of langzaam je lichaam calorieën verbrandt. Hypothyreoïdie is een aandoening waarbij de schildklier onvoldoende schildklierhormoon produceert. Hierdoor wordt je stofwisseling zo traag als een schildpad en word je heel gemakkelijk zwaarder. Hyperthyreoïdie is precies het tegenovergestelde. Het is een aandoening waarbij de schildklier te veel schildklierhormoon produceert, waardoor de stofwisseling zo wordt opgejaagd dat je te snel gewicht verliest (jazeker, er bestaat zoiets als te snel gewicht verliezen). Bijkomend probleem is dat de schildklier in verband staat met de hypofyse, wat betekent dat problemen met de productie van schildklierhormonen ook

effect kunnen hebben op hersenfuncties, die weer gereguleerd worden door de hypofyse. Daarom zijn schildklierproblemen ook zo moeilijk vast te stellen. De symptomen van een trage schildklier (hypothyreoïdie) kunnen optreden in de vorm van trage spraak, abnormale menstruatieperiodes, spierpijn, stijfheid in de gewrichten, loomheid, zwellingen en nog tal van andere symptomen, terwijl hyperthyroïdie wordt gekenmerkt door snel gewichtsverlies, niet goed tegen warmte kunnen, onrustigheid, vermoeidheid, slaapproblemen en andere symptomen.
Het is ook belangrijk om te weten dat je gewicht niet het enige is wat je schildklier in de soep kan laten draaien. Uit onderzoek is gebleken dat hypothyreoïdie de kans op hart- en vaatziekten met 70 procent kan verhogen en de kans op een hartaanval zelfs kan verdubbelen. Daarom is het zo belangrijk om regelmatig bloedonderzoek te laten doen, zodat je schildklierhormoonspiegel kan worden bepaald. Blijkt uit bloedonderzoek dat je hormoonwaarden onder of boven de normale waarden liggen, dan kunnen medicijnen worden voorgeschreven om die weer te normaliseren.

Hoofdstuk 17

Het Wasborddieet voor moeders

Het programma gebruiken voor zwangerschap en vormverlies na de bevalling

Het is waar: sommige mensen hebben een enorme buik omdat ze te vaak hebben genoten van chocoladetoetjes of te diep in de kaasfondue zijn gedoken. Andere mensen hebben om een heel andere reden zo'n prominente buik. Een buik die bezig is met de belangrijkste taak ter wereld: zwangerschap. Nu wil het feit dat zwangerschap van een platte buik een heel dikke buik maakt, nog niet zeggen dat je niet gezond meer hoeft te eten en leven. Integendeel, het is zelfs nog belangrijker dan eerst om op je gezondheid te letten. Een gezond verlopende zwangerschap is immers belangrijk voor moeder én kind. Bekijk het volgende onderzoek. Zweedse wetenschappers analyseerden het gewicht van 563 vrouwen voor, tijdens en 15 jaar na hun zwangerschap. Ze ontdekten dat vrouwen die meer dan 16 kilo aankwamen tijdens hun zwangerschap tweeënhalf keer zo vaak het gewicht behielden na de zwangerschap. Je moet proberen ergens tussen de 10 en 16 kilo te blijven (volgens het American College of Obstetricians and Gynecologists). Ook blijkt uit onderzoek dat als je overgewicht hebt tijdens je zwangerschap, je het risico op zwangerschapsproblemen zoals zwangerschapssuiker, zwangerschapsgerelateerde hoge bloeddruk en een bevalling met een keizersnede, verhoogt. Het simpele feit dat je buikspieren van het toneel verdwijnen tijdens de zwangerschap, wil natuurlijk nog niet zeggen dat je, eenmaal zwanger, ook het Wasborddieet van het toneel moet laten verdwijnen. Het is altijd heel belangrijk voor zwangere vrouwen om hun huisarts te raadplegen over hun voedings- en trainingsprogramma's, maar de volgende strategieën laten zien hoe het Wasborddieet heel goed kan zijn voor moeder en kind.

Voor je zwanger wordt...

Verlies gewicht. Overgewicht of extreem overgewicht (obesitas) verhoogt je kans op zwangerschapssuiker en daarmee ook de kans op hartproblemen en geboorteafwijkingen van de baby. Zwangerschapssuiker wordt ook in verband gebracht met abnormaal grote baby's en een zware bevalling. Beginnen met een gezond gewicht is ook belangrijk als je een kandidaat bent voor in-vitrofertilisatie (IVF). Als je 30 procent boven je normale gewicht zit bij het ondergaan van IVF, dan is de kans op een succesvolle zwangerschap gering. In een onderzoek kwam naar voren dat vrouwen met extreem overgewicht 32 procent minder kans hadden om zwanger te raken dan vrouwen met een gezond gewicht. Onderzoekers vermoeden dat het verliezen van slechts 5 procent van het lichaamsgewicht al een veel betere kans betekent – nog een heel goede reden om het Wasborddieet te volgen.

Kalm aan met koolhydraten. Geraffineerde koolhydraten, zoals in limonade, koekjes, vruchtensappen, chips en dergelijke, en wit brood, kunnen bij overmatige consumptie het risico op geboorteafwijkingen verhogen. Uit een zwangerschapsonderzoek van de non-profitorganisatie March of Dimes bleek dat vrouwen die de grootste hoeveelheid geraffineerde koolhydraten aten drie maanden voor de bevalling, het risico op een baby met geboorteafwijkingen verdubbelden, in vergelijking met vrouwen die het minst geraffineerde koolhydraten aten. Onderzoekers vermoeden dat zetmeelrijke of suikerhoudende voedingsmiddelen de bloedsuikerspiegel van vrouwen verhogen, wat kan leiden tot celschade en kan zorgen voor een tekort aan signaalstoffen tussen de cellen. De oplossing: eet krachtvoedingsmiddelen zoals hele granen, bonen, fruit en groenten.

Flink trainen. Er is een heel goede reden om je eigen intensieve intervaltraining te doen. Onderzoekers van de University of Washington die onderzoek deden onder 688 moeders ontdekten dat de moeders die het meest (intensief) trainden in het jaar voorafgaand aan de zwangerschap, 81 procent minder kans

hadden op zwangerschapssuiker dan vrouwen die weinig lichamelijk actief waren. Vrouwen met een gemiddelde score hadden een verlaagd risico van 59 procent.
Slik foliumzuur. Neem 400 microgram foliumzuur om de kans op geboorteafwijkingen te voorkomen, tenzij de multivitamine-mineralentablet die je slikt al die hoeveelheid bevat. Je moet wel voorzichtig zijn, want de Amerikaanse Voedingsraad (Food and Nutrition Board) heeft de veilige bovengrens gesteld op 1000 microgram maximaal. Goede voedingsbronnen zoals groene bladgroenten – spinazie bijvoorbeeld – en verrijkte ontbijtgranen helpen ook om aan je foliumzuur te komen.
Laat je bloedsuikerspiegel controleren. Je bloedsuikerspiegel moet drie tot zes maanden voor de zwangerschap op een gezond niveau zitten, want een ongezond hoge bloedsuikerspiegel geeft een verhoogde kans op geboorteafwijkingen. Heb je familieleden met suikerziekte of overgewicht, dan heb je een verhoogd risico.

Tijdens de zwangerschap...

Blijf trainen. Nu wil ik niet beweren dat je je meteen moet inschrijven voor de Rotterdam Marathon of een ander uitputtend loopevenement, maar beweging en training gedurende de zwangerschap zijn een belangrijke manier om zowel je gewicht als je spieren in vorm te houden. Doe je aan hardlopen, dan kun je dat in de vroege zwangerschap nog wel blijven doen, maar zwemmen wordt toch gezien als de veiligste cardiovasculaire bewegingsvorm, omdat het helpt je in vorm te houden zonder dat je gewrichten zwaar worden belast. De enige belangrijke verandering die je zou moeten doorvoeren in het Wasborddieet, is het schrappen van de intervaltraining. Artsen adviseren om je hartslag niet in de hogere regionen te brengen. Ze geven het advies om je hartslag op een niveau te houden waarop een gesprek met iemand nog mogelijk is zonder (zwaar) te hijgen en puffen. Uit recent onderzoek blijkt dat lichamelijke activiteit goed is tegen voortijdig bevallen.
Eet volop van de twaalf krachtvoedingsmiddelen van het Wasborddieet. Hoewel je in het tweede en derde trimester van de zwangerschap maar 300 calorieën extra nodig hebt, heb je meer belangrijke voedingsstoffen nodig. De aanbevolen dagelijkse hoeveelheid bevat bijvoorbeeld twee tot drie porties calciumrijke voeding, twee tot vijf porties groenten, twee tot vier stuks fruit,

zes tot elf porties graanproducten en twee tot drie porties mager vlees en andere eiwitbronnen. (Hierna meer over bepaalde voedingsstoffen.)
Dat lijkt, wat mij betreft, verdraaid veel op het Wasborddieet. Deskundigen adviseren in deze periode ook een goede multivitamine-mineralentablet te gebruiken om er zeker van te zijn dat je dagelijks 400 microgram foliumzuur en calcium binnenkrijgt. Foliumzuur kan geboorteafwijkingen voorkomen en calcium zorgt ervoor dat je botten op sterkte blijven. (De baby kan namelijk calcium aan je botten onttrekken, waardoor de kans op osteoporose toeneemt.) Hier volgt een aantal specifieke aanbevelingen:

- **Calcium.** Zorg voor ten minste 1000 mg calcium per dag, ongeveer 200 mg meer dan voor je zwangerschap. Een glas melk van 250 ml bevat ongeveer 300 mg. Je huisarts kan je een bepaald supplement voorschrijven. Zo niet, dan kun je bij de apotheek zelf een goed calciumsupplement vragen.
- **IJzer.** De National Academy of Sciences adviseert een dagelijkse dosering van 27 mg ijzer, 9 mg meer dan voor je zwangerschap. Daar heb je dan wel een supplement voor nodig, want een portie rundvlees, een van de beste ijzerbronnen, bevat slechts 3,5 mg.
- **Eiwit.** Tijdens de zwangerschap heb je ongeveer 70 gram eiwit per dag nodig. Dat is 20 gram meer dan normaal. 30 gram (magere) kaas extra of een stukje vlees is voldoende.

Blijf zes maaltijden per dag eten. Omdat je voor twee moet eten, wil dat nog niet zeggen dat je de hele dag door maar van alles en nog wat in je mond kunt stoppen. Houd je je aan de zes evenwichtige maaltijden per dag, dan krijg je voldoende calorieën en voedingsstoffen binnen voor moeder en (ongeboren) kind. Even tussendoor een interessante opmerking over wat je baby nodig heeft. In een onderzoek gepubliceerd in het *British Medical Journal*, werd gekeken naar de voeding van 244 zwangere vrouwen. Volgens de onderzoekers eten vrouwen die zwanger zijn van een zoon 10 procent meer dan vrouwen die een meisje verwachten. De mannelijke embryo's consumeerden 8 procent meer eiwit, 9 procent meer koolhydraten, 11 procent meer dierlijke vetten en 15 procent meer plantaardige vetten. (Zelfs voor onze geboorte proberen we al eten van je bord te pikken.) De onderzoekers hebben nog geen echte verklaring,

maar vermoeden dat het iets te maken heeft met een hoger testosteronniveau bij baby's van het mannelijke geslacht.
Als je behoefte hebt aan zestien maaltijden per dag in plaats van die zes, dan kun je de aandrang het best bestrijden met handige, gezonde tussendoortjes. Magere yoghurt, blokjes magere kaas en peentjes helpen de ergste vraatzucht buiten de deur te houden, terwijl bijvoorbeeld gedroogde abrikozen en rozijnen je verlangen naar zoet kunnen bevredigen. Een heel goede keuze: maak zelf een zakje studentenhaver (notenmix met rozijnen), met daarin ook nog een paar stukjes pure chocolade. Op die manier kom je tegemoet aan je behoefte aan zoet, zout en knapperig, en is de kans dat je je bij de eerstvolgende maaltijd helemaal volpropt een stuk kleiner. Mocht je een bak roomijs willen wegscheppen, dan kun je aan dat 'zoete verlangen' toegeven met een kop chocolademelk gemaakt van pure, magere cacao. Die bevredigt niet alleen je zin in chocola, maar je hebt er ook langer plezier van dan van bijvoorbeeld een chocoladereep, doordat de smaak langer blijft hangen en je er ook langer mee doet.

Maak zelf een zakje studentenhaver (notenmix met rozijnen), met daarin ook nog een paar stukjes pure chocolade.

Zorg voor voldoende voedingsvezels. Uit onderzoek van de University of Washington blijkt dat het eten van 21 gram vezels per dag het risico op zwangerschapsgerelateerde hoge bloeddruk met ongeveer 70 procent vermindert, in vergelijking met een inname van slechts 12 gram per dag. Volgens de onderzoekers heeft dit te maken met de bloeddruk- en cholesterolverlagende werking van vezels. Je bereikt deze hoeveelheid door twee stuks fruit, drie porties groenten en drie porties hele granen te eten.
Let op je houding. Mocht je aan yoga doen (zie hoofdstuk 18), dan moet je een paar kleine veranderingen doorvoeren om te voorkomen dat je lichaam in ongemakkelijke houdingen terechtkomt. Laat allerlei houdingen en oefeningen waarvoor je je in rare bochten moet wringen nu links liggen. Ook buikspieroefeningen kun je nu beter achterwege laten, tenzij het een heel mild rekken en aanspannen is. Houdingen waarbij je op je buik moet gaan liggen kunnen ook beter worden overgeslagen. Als je oefeningen doet waarbij je staat, dan moet je misschien

je benen wat wijder uit elkaar doen om je buik meer ruimte te geven.

Gember verlicht misselijkheid. Uit onderzoek blijkt dat gember effectief is bij het verlichten van misselijkheid en overgeven tijdens de zwangerschap. Andere onderzoeken tonen aan dat gember even effectief is als vitamine B6 in het bestrijden van ernstige misselijkheid.

Na de bevalling...

Zodra je het groene licht krijgt van je huisarts, moet je direct weer met het trainingsprogramma van het Wasborddieet beginnen. Na de bevalling denken veel vrouwen dat hun buik nooit meer in de oude staat zal terugkeren. Toch zijn er genoeg vrouwen die na de bevalling hun oude figuur weer terugkrijgen. Je moet eraan werken en het duurt wat langer, maar het kan. Zwangerschap rekt en verzwakt de buikspieren (een keizersnede zelfs nog meer). Het is niet ongewoon dat een deel van het bindweefsel van de buikspieren een jaar nodig heeft om weer op oude sterkte te komen. Buikspieroefeningen pakken de spieren van de romp aan en deskundigen adviseren oefeningen als Pilates en crunches om dit proces van versteviging te versnellen. (Je moet natuurlijk altijd wel eerst je huisarts raadplegen of het in jouw geval wel veilig is om na de bevalling weer te gaan trainen.) Om langzaam weer in vorm te komen, moet je de volgende oefening, die je zittend kunt uitvoeren – of je nu achter het stuur zit, op de bank of achter je bureau – eens proberen. Zittend met een steuntje in de rug inademen en je buik loslaten. Nu uitademen en je buikspieren naar binnen trekken, waarbij je als het ware je navel naar je wervelkolom probeert te trekken. Een seconde of 30 vasthouden (wel blijven ademen). Span tien keer aan, waarbij je bij elke contractie je navel naar je wervelkolom trekt. Doe dit drie keer per dag. Overigens maakt ook je huid net als je spieren bepaalde veranderingen door. Toch is een slappe huid bij je buik geen blijvend probleem. Huid is als een elastische band. Je kunt haar uitrekken maar daarna trekt zij weer terug in de oude vorm. Het verstevigen van de huid na een bevalling kan wel even duren, maar met wat goede buikspieroefeningen komt de vorm van voor de bevalling gestaag weer terug. Voor een compleet trainingsprogramma voor na de bevalling, zie pagina 360.

Ga op cursus. Jonge moeders die 12 weken lang een keer per week een cursus volgden over training en voeding, verloren gemiddeld in een jaar ruim 7 kilo, terwijl vrouwen die slechts één les volgden na een jaar niet meer dan anderhalve kilo kwijt waren. Dit bleek uit een onderzoek van de Saint Louis University. Vraag er je huisarts of je fitnesscentrum eens naar.
Laat naar je schildklier kijken. Bijna 10 procent van de vrouwen heeft na de bevalling last van een wat trager werkende schildklier. Dat betekent dat je stofwisseling een tandje lager staat en je dus gemakkelijker zwaar wordt. Vraag je huisarts eens naar een schildkliertest als je zwaarder wordt, overmoeidheid bent, of pijn hebt in spieren en gewrichten. De juiste medicijnen helpen je snel weer op het goede spoor.
Geef als het even kan borstvoeding. Jazeker, borstvoeding is een van de beste natuurlijke vormen van inspanning, waarmee je wel tot zo'n 500 calorieën per dag extra verbrandt. Uit een onderzoek van de Cornell University bleek dat vrouwen door die verhoogde verbranding een jaar na de bevalling 1,5 kilo lichter waren dan vrouwen die geen borstvoeding gaven. Borstvoeding heeft ook effect op het gewicht van je baby. Duits onderzoek heeft aangetoond, dat hoe langer een moeder borstvoeding geeft, hoe kleiner het risico is voor het kind om later overgewicht te ontwikkelen. Dat risico neemt af met elke maand borstvoeding extra, met een 32 procent lagere kans op overgewicht voor degenen die meer dan negen maanden borstvoeding kregen, in vergelijking met kinderen die maar een maand de borst kregen.

Borstvoeding is een van de beste natuurlijke vormen van inspanning.

Maar laat borstvoeding niet alléén het werk doen. Hoewel het waar is dat je met het geven van borstvoeding extra energie verbruikt, verbrandt niet iedere moeder er evenveel mee: 20 procent van de moeders die borstvoeding geven verliest geen gewicht. Hieronder volgen een paar specifieke dingen waar je op moet letten als je borstvoeding geeft.

- Om een daling in je hoeveelheid melk te voorkomen, moet je minstens 1800 calorieën per dag consumeren. Schrap alle ongezonde voeding. Ga de eerste maand na de bevalling nog niet op dieet.

- Zogende moeders hebben 1000 mg calcium en ten minste 200 IU vitamine per dag nodig uit hun voeding en supplementen om sterke, gezonde botten te houden.
- Eet ten minste drie porties magere zuivel en vijf porties fruit en groenten per dag om alle belangrijke voedingsstoffen binnen te krijgen. Let erop dat sommige baby's allergisch zijn voor de koemelk die hun moeders consumeren. Bij de meeste baby's verdwijnen allergiesymptomen (zoals groene ontlasting of eczeem) als hun moeder stopt met het gebruik van zuivelproducten. Is dit bij jou het geval, dan moet je de verloskundige of gynaecoloog eens advies vragen over de beste manier om calcium binnen te krijgen.

Wees geduldig. Je lichaam weer in de oude vorm krijgen na een bevalling is zeker geen makkie, maar volgens onderzoekers van John Hopkins zijn de meeste moeders binnen enkele maanden na de bevalling weer even fit als voor de zwangerschap. De wetenschappers ontdekten dat ongeacht fitheidsniveau of BMI van de moeder, hun figuur in 27 weken weer aardig op het oude niveau was. Hoewel ze na de bevalling misschien wat andere activiteiten hadden, waren ze toch ongeveer even actief als daarvoor (minder kickboksen, maar meer lopen achter de kinderwagen).

De work-out **na** de bevalling

Zoals gezegd, als je na de bevalling weer wilt gaan trainen, dan moet je eerst even overleggen met je huisarts over hoe je weer kunt beginnen, hoeveel je mag doen en met welke intensiteit. In de meeste gevallen zal hij zeggen dat je je trainingsschema rustig moet opbouwen. Je hebt tenslotte net een van de meest intensieve work-outs achter de rug die Moeder Natuur kan verzinnen. Als je weer met het Wasbordprogramma begint, doe dan eerst alleen oefeningen die weinig kracht kosten, waarbij je nauwelijks of geen gewichten gebruikt. Het moet een training zijn waarbij je alle grote spiergroepen aanpakt zonder het al te zwaar te maken. Geleidelijk opbouwen geeft je ook de mogelijkheid om goed naar de signalen van je lichaam te luisteren.

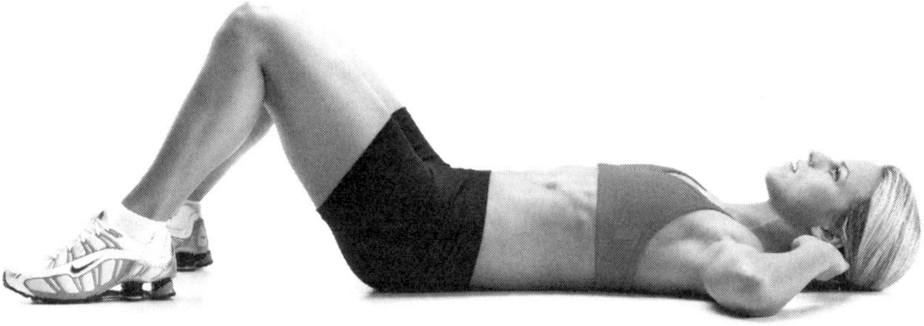

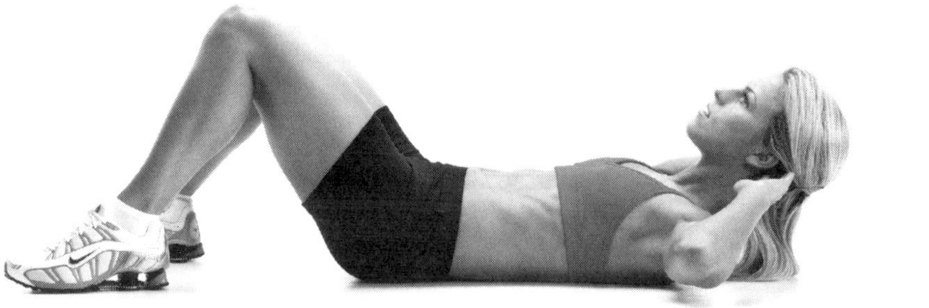

Standaardcrunch

Ga op je rug liggen, met je knieën gebogen en je handen achter je oren. Crunch omhoog door langzaam je schouderbladen van de vloer te tillen. Houd deze positie 3 seconden vast en keer dan weer terug naar de startpositie. Doe 10 herhalingen. Doe elke week één crunch meer en probeer ook het aantal seconden 'vasthouden' op te voeren.

Bekken optrekken

Ga op je rug liggen met je knieën gebogen en je voeten plat op de vloer. Adem in terwijl je je billen omhoogtilt en je buikspieren aanspant. Die positie 5 seconden vasthouden, dan langzaam weer laten zakken, waarbij je voelt hoe iedere wervel weer contact maakt met de vloer. Doe 10 herhalingen en elke week twee extra erbij.

Binnenkant bovenbeen tillen

Ga op je linkerzij liggen en steun daarbij op je linkerelleboog. Breng je rechterhand voor je lichaam. Buig je rechterknie en plaats je rechtervoet achter je linkerknie. Til je linkerbeen zo hoog mogelijk op, waarbij je tenen naar voren wijzen. Je been langzaam laten zakken. Herhaal de beweging, waarbij je dit keer de voet naar voren toe aanspant ('flexen'). Doe de oefening tien keer en wissel daarbij tussen tenen gestrekt en aangespannen voet (vijf keer elk). Ga daarna op je andere zij liggen. Verhoog het aantal herhalingen met twee herhalingen extra voor elke volgende week.

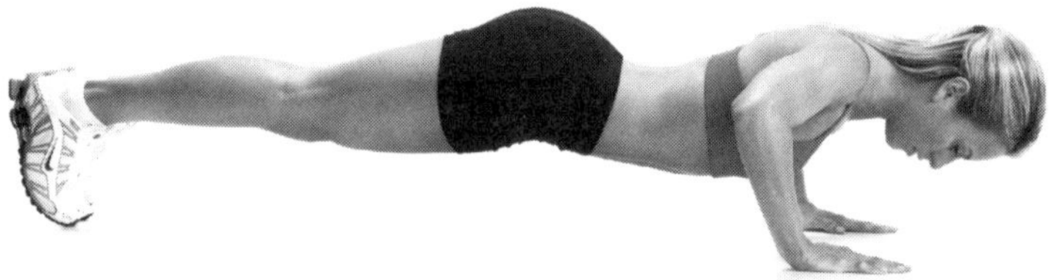

Opdrukken

Neem de opdrukhouding aan met je handen op schouderbreedte uit elkaar. Buig je ellebogen terwijl je je rug recht houdt totdat je kin de vloer bijna raakt, en duw jezelf dan weer omhoog.

Als de oefening te moeilijk is moet je het proberen met gebogen knieën. Inademen terwijl je het lichaam laat zakken. Doe tien herhalingen en verhoog het aantal elke week met twee.

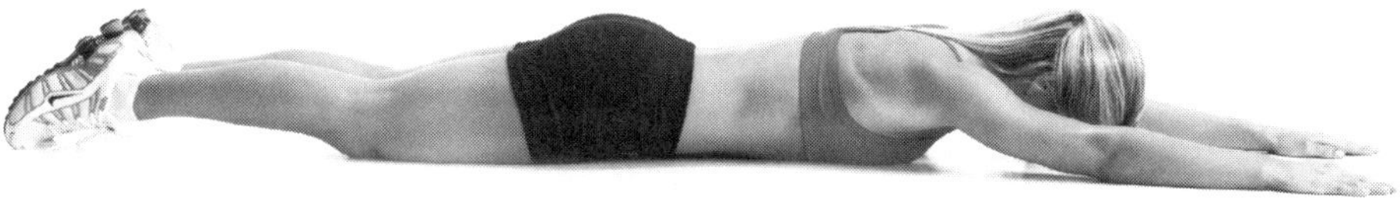

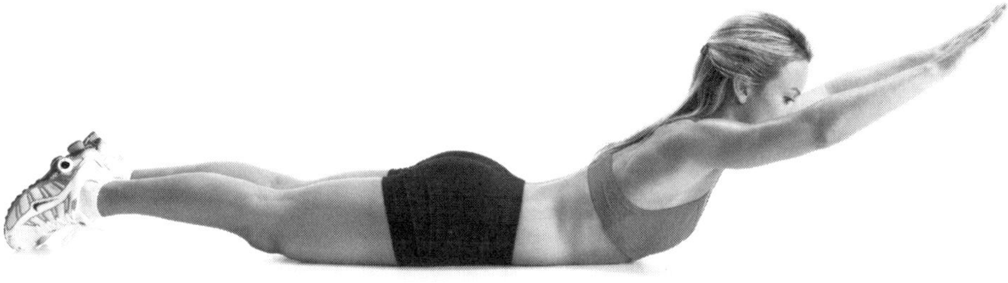

Supermam

Ga plat op je buik op de vloer liggen met je benen recht en je armen gestrekt voor je. Zonder je benen te bewegen, langzaam je romp zo hoog mogelijk van de vloer tillen, alsof Supermam wegvliegt om ergens een baby uit een brandend huis te redden. Pauzeer even en laat je lichaam dan weer naar de vloer zakken. Doe tien herhalingen en verhoog het aantal elke week met twee.

Brandkraan

Kniel met je handen, onderarmen en ellebogen op de vloer. Adem in en til je linkervoet zo hoog mogelijk naar opzij, totdat je bovenbeen evenwijdig is met de vloer. Adem uit bij het terugkeren naar de startpositie. Doe tien herhalingen en wissel dan van kant. Verhoog het aantal herhalingen elke week met twee.

Bankdippen

Ga met je rug naar een trainingsbank of stoel staan en plaats je handen op de rand, waarbij je vingers naar je onderrug wijzen. Zet je voeten op een stoel die een meter voor je staat. Met je handen stevig op de rand van de bank je benen naar voren strekken tot ze bijna helemaal gestrekt zijn. Je armen, die je gewicht dragen, moeten gestrekt zijn met de ellebogen bijna doorgestrekt. Langzaam je armen buigen om jezelf zo ver mogelijk te laten zakken en je billen zo dicht mogelijk naar de grond te krijgen. Druk jezelf weer omhoog naar de startpositie. Doe tien herhalingen en verhoog het aantal elke week met twee.

Hurken (squat)

Ga rechtop staan met in beide handen een dumbbell, de voeten op schouderbreedte uit elkaar, de knieën iets gebogen, de rug recht, de armen langs je lichaam en de blik recht vooruit. Langzaam hurken alsof je in een stoel gaat zitten. Houd daarbij de rug in de natuurlijke, iets holle houding en de onderbenen bijna haaks op de vloer. Wanneer de bovenbenen evenwijdig zijn aan de vloer, keer je weer terug naar de startpositie. Doe tien herhalingen en verhoog het aantal elke week met twee.

Voorwaarts strekken

Ga op de vloer zitten met je benen en armen gestrekt voor je. Adem uit terwijl je je enkels of kuiten probeert aan te raken. Hierbij buig je de romp naar voren, boven je bovenbenen. Houd 10 tot 15 seconden vast. Inademen terwijl je weer rechtop gaat zitten. Drie keer herhalen. Probeer toe te werken naar 20 tot 30 seconden per rek en vijf herhalingen.

Hoofdstuk 18

Het stressbestrijdingsprogramma

Een trainingsprogramma voor een fit lichaam en een kalme geest

Tegenwoordig wordt alles beoordeeld op hoe snel het is. Fastfood, 'speed daten', Olympische records, digitale camera's, internetverbindingen. We zijn een samenleving die sneller beweegt dan het verkeer op de Duitse snelwegen: geen snelheidsgrenzen, gewoon in zo min mogelijk tijd van A naar B. Door alles wat we moeten doen, de mensen waar we allemaal voor moeten zorgen en alle verantwoordelijkheden die we hebben, zijn we voortdurend onderweg. Elke seconde van de dag proppen we vol met werk, familie en, als we mazzel hebben, ook met een beetje lol. Wat betekent dat? Het betekent dat ons brein zo vol zit als een metro tijdens de spits, en soms verlangen we gewoon heel sterk naar het enige dat we niet kunnen krijgen: de mogelijkheid om even pas op de plaats te maken.

En.

Wat.

Gas.

Terug.

Nemen.

Natuurlijk weet ik ook wel dat je veel op je bordje hebt (en dan hoop ik dat er ook een paar krachtvoedingsmiddelen bij zitten!), maar ik weet ook hoe belangrijk het is om tijd te maken voor jezelf, om te ontspannen en te herstellen. Een van de beste manieren om je geest te ontspannen (en tegelijkertijd je lichaam te laten werken), is het volgen van yoga- of Pilateslessen. Doordat de oefeningen rustiger en langzamer zijn, kunnen ze je helpen om stress te verminderen. Als aanvulling op het trainingsprogramma van het Wasborddieet geven deze bewegingsvormen toch een voldoende uitdagende belasting om extra calorieën te verbranden, de spieren strakker te maken en de souplesse te laten toenemen. Steeds meer wordt de waarde van dit soort trainingen onderkend, ongeacht waar je ze doet. Onderzoekers van Jefferson Medical College bijvoorbeeld, namen bloedmonsters van mensen die net met yoga waren begonnen tijdens een week waarin ze een les van 50 minuten volgden. Het resultaat: hun cortisolspiegels (cortisol is het stresshormoon) daalden direct, en dat zelfs al bij de eerste les.

Ook is er groeiend bewijs dat yoga het niveau van de trendy 'health club' is ontstegen. In een onderzoek van de University of Pittsburgh, onderzochten wetenschappers 59 inactieve vrouwen met ernstig overgewicht die een vetarm dieet volgden. Alle proefpersonen wandelden vijf dagen per week 40 minuten per dag. Een derde van de vrouwen deed daarnaast ook krachttraining en nog eens een derde voegde daar drie dagen per week een yogaprogramma aan toe. Na vier maanden hadden de yogi's 12 kilo verloren, 3 meer dan de groep die alleen wandelde. (De krachttrainingsgroep verloor 10 kilo).

Na vier maanden hadden de yogi's 12 kilo verloren.

In dit hoofdstuk laat ik een aantal oefeningen zien die je kunt gebruiken als aanvulling op je krachttraining, intervaltraining en buikspiertraining. Ik adviseer je om de yogaoefeningen een

Overgewichtrisico's

Heb je geen zin om je yogamat mee te nemen naar de kantine op je kantoor? Wandel dan wat vaker. Uit nieuw onderzoek blijkt dat je niet vreselijk hoeft te zweten om een stemmingsverhogend effect te krijgen van een training. Een wandeling in een pittig tempo verhoogt de hartslag en daarmee ook de bloedtoevoer naar de hersenen. Dat veroorzaakt weer de afgifte van serotonine, het feelgoodhormoon, waardoor je je energiek en alert voelt in plaats van gespannen en stijf van de stress.

tot drie keer per week te doen, om zo je geest leeg te maken en je spieren te rekken en soepel te maken. Naarmate je meer ervaring hebt met de yogaoefeningen, kun je voor een pittiger vorm van yoga kiezen, zoals vinyasa (zie pagina 385) of Iron Yoga (zie pagina 391).

Je kunt de oefeningen aan het eind van de training doen of als een aparte sessie op je rustdagen. Begin er bijvoorbeeld eens mee om alle houdingen te proberen, zodat je kunt zien hoe ze je spieren rekken, en pik dan de geschiktste oefeningen uit voor je trainingen. Mik voor elke sessie op vier tot zes houdingen, waarbij je voor elke pose twee tot drie herhalingen doet. Houd daarbij iedere rekpositie twee volle in- en uitademingen vast (dan hebben we het over langzaam in- en uitademen).

Na de yogaoefeningen, heb ik ook een hoofdstuk opgenomen waarin ik nader inga op een aantal Pilatesoefeningen, oefeningen die speciaal bedoeld zijn om je romp aan te pakken en kracht in je buikspieren op te bouwen. Je kunt een aantal buikspieroefeningen af en toe vervangen door deze Pilatesoefeningen (vanaf pagina 396).

Yogahoudingen

Liggend beenheffen

Ga op je rug liggen en til je linkerbeen omhoog. Houd je rechter grote teen vast tussen je duim en wijsvinger van je rechterhand (of houd een handdoek om je voet getrokken) en laat je been op een rustige en vloeiende wijze naar je rechterschouder zakken. Laat zo ver mogelijk zakken en herhaal de oefening met je linkerbeen en linkerhand.

Ruggengraat rekken

Ga met gekruiste benen op de vloer zitten en duw de botten in je billen tegen de vloer. Verleng daarbij je ruggengraat door je kruin naar het plafond te trekken. Je kunt op een stevig kussen gaan zitten of op een paar gevouwen dekens als dat comfortabeler is. Plaats je rechterhand op je linkerknie, adem in en verleng je ruggengraat. Adem daarna uit en draai naar links. Haal adem, keer terug naar het midden, wissel van kant en herhaal de oefening. Zet je linkerhand plat op de vloer en strek je rechterarm boven je hoofd. Adem in en strek je vingers naar het plafond, adem dan uit en reik naar links, waarbij je je rechterzij rekt. Adem, wissel van kant en herhaal de oefening, waarbij je nu naar rechts reikt.

Boom

Ga met je voeten stevig op de vloer staan. Houd je linkerbeen stevig gestrekt, buig je rechterbeen en plaats de voet tegen de binnenkant van je linkerbovenbeen. Zet je handpalmen tegen elkaar alsof je in gebed bent en strek je armen recht omhoog naar het plafond. Houd even vast en wissel dan van standbeen.

Voorwaartse held

Ga op je hielen zitten en verplaats je hielen dan iets naar de buitenkant zodat je billen de vloer raken. Ga rechtop zitten en til je beide armen gestrekt naar het plafond. Terwijl je billen op de vloer blijven, buig je naar voren met je romp en vouw je je bovenlichaam over je knieën.

Ploeg

Ga op je rug liggen, je armen langs je lichaam en je benen recht omhoog, zodat je lichaam een hoek van 90 graden vormt. Span je buikspieren aan, houd je benen recht en klap je benen naar achteren over je hoofd. Probeer met je tenen de vloer te raken. Zorg dat je kin niet tegen je borst drukt.

Neerwaartse hond

Begin met je knieën en handen op de vloer, de handen op schouderbreedte, en til dan langzaam je knieën van de vloer. Duw je heupen zo ver mogelijk naar achteren om je ruggengraat te verlengen. Strek je benen net zo ver dat je spanning op je ruggengraat houdt. De aangenomen houding lijkt een beetje op een omgekeerde V.

Strijder I

Vanuit de houding van de 'neerwaartse hond', zet je een voet tussen je handen, zodat je voorste voorbeen evenwijdig is aan de grond. Draai je achterste hiel naar beneden en duw je heupen recht naar voren. Maak de borst vrij door je armen boven je hoofd naar het plafond te strekken met de handpalmen tegen elkaar. Leun met je hoofd naar achteren en verleng je onderrug door je stuitje naar de grond te trekken (houd daarbij je achterbeen recht). Positie even vasthouden, dan van kant wisselen.

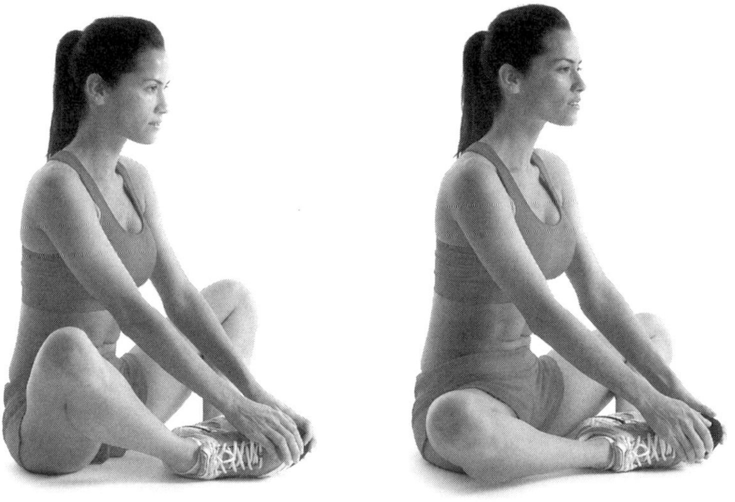

Stratenmaker

Ga op de vloer zitten in een yogahouding met de voetzolen tegen elkaar en de knieën naar buiten geklapt. (Je kunt met je rug ook tegen een muur gaan zitten voor extra steun.) Laat de knieën net zo ver naar opzij vallen als prettig voelt aan de binnenkant van je bovenbenen.

Uitstappen

Ga op handen en voeten op de grond zitten. Stap met je linkervoet naar voren zodat je tenen in lijn staan met je vingers en je knie recht boven je enkel is. Vervolgens plaats je het rechterbeen achter je, met je knie op de vloer. Houd de ruggengraat lang en recht, en je schouderbladen naar beneden. Om nog meer te rekken, druk je de heupen naar voren en naar beneden, en je sleutelbenen omhoog. Haal adem, wissel van kant en herhaal de oefening.

Triangel

Ga met je benen wijd uit elkaar staan (wijder dan schouderbreedte), met je linkervoet naar opzij en je rechtervoet naar voren. Plaats je linkerhand op je linkerscheenbeen of enkel, en je rechterhand op je rechterribben. Draai dan je bovenlichaam open naar rechts, zodat je schouders in lijn zijn met elkaar. Sta je stabiel, til dan je rechterarm recht omhoog naar het plafond zodat hij in lijn is met je linkerarm. Houd de ruggengraat lang en kijk langs je rechterarm naar boven. Krijg je hierbij last van je nek, kijk dan recht vooruit. Adem, verander van kant en herhaal.

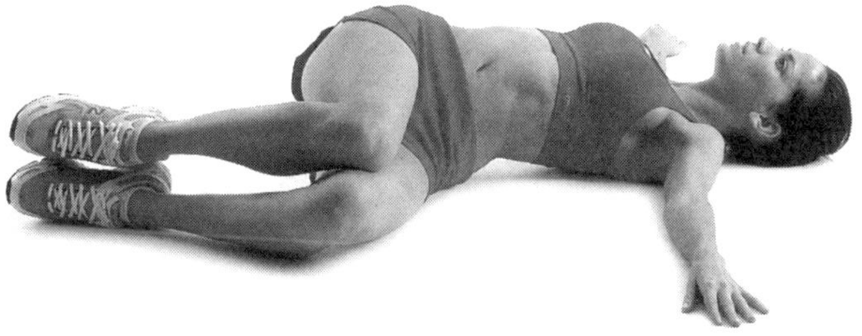

Liggende draai

Ga op je rug liggen met je armen gestrekt. Breng je knieën naar je borst in een hoek van ongeveer 45 graden. Bij het inademen, je knieën naar links klappen, waarbij je ze op elkaar houdt. Positie even vasthouden, dan van kant wisselen.

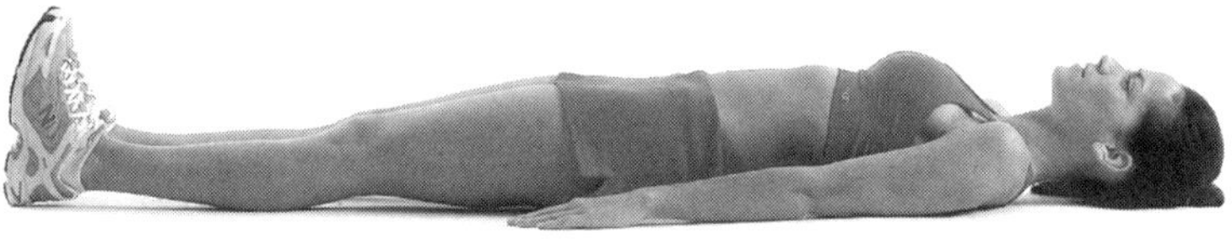

Klassieke ontspanning

Ga op de vloer liggen met je ogen gesloten. Laat je armen langs je lichaam rusten, de vingers ontspannen. Ontspan ook je benen. Neem 10 seconden om in te ademen en 10 seconden om uit te ademen. Ga er zo lang mee door als je wilt.

Intensief poseren

Doe je graag grondoefeningen, dan weet je hoe goed rekken, buigen en draaien is om extra calorieën te verbranden. Met een actieve opeenvolging van yogahoudingen (een flow), een vorm die vinyasa heet, verbrand je meer dan 450 calorieën per uur. Deze twee 'flows' zorgen voor een 'total body work-out'. Herhaal elke houding 5 tot 10 keer.

FLOW 1: STOELHOUDING
TRAINT: ONDERLICHAAM

Achterwaarts buigen

Ga met je voeten op heupbreedte uit elkaar staan. Vlecht je vingers achter je rug ineen (handpalmen naar boven), buig vanuit de bovenrug, til je borst omhoog en druk je schouders naar beneden.

Voorwaarts buigen

Buig iets door de knieën en buig tijdens het uitademen naar voren, waarbij je je romp voor je bovenbenen laat hangen. Met gestrekte armen en gevlochten vingers achter je rug vooroverbuigen, waarbij je je armen zo ver mogelijk optilt. (Sommige mensen zijn zo soepel dat ze hun armen van achteren naar voren kunnen doordraaien.)

Stoel

Adem in en buig je knieën in de hurkhouding. Ontvlecht je vingers en strek ze; houd je armen van elkaar. Zijn je bovenbenen bijna evenwijdig aan de vloer, breng je armen dan naar je oren. Houd je gewicht op je hielen. Adem in, kom omhoog en laat je armen zakken naast je lichaam. Adem uit.

FLOW 2: HONDHOUDING
TRAINT: BOVENLICHAAM

Neerwaartse hond

Ga op knieën en handen op de grond zitten, de handen op schouderbreedte, en til dan langzaam je knieën van de vloer. Duw je heupen zo ver mogelijk naar achteren om je ruggengraat te verlengen, en strek je benen alleen zo ver dat je ruggengraat verlengd kan blijven. De aangenomen houding lijkt een beetje op een omgekeerde V.

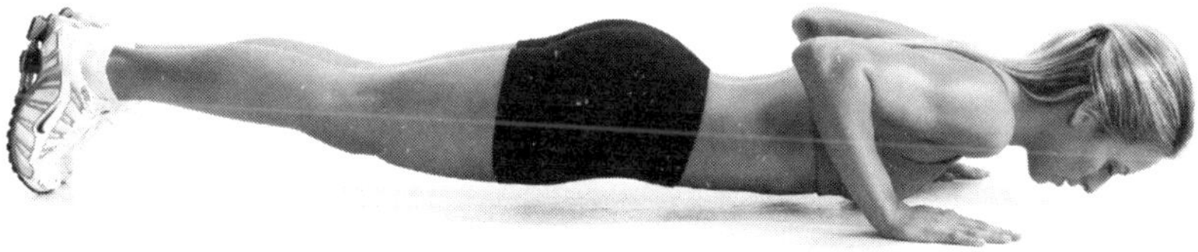

Plank

Adem in terwijl je met gestrekte armen de positie van opdrukken aanneemt. Adem uit, buig je ellebogen (houd de ellebogen naar achteren gericht en dicht tegen je lichaam), en laat je lichaam zakken tot je borst de vloer raakt.

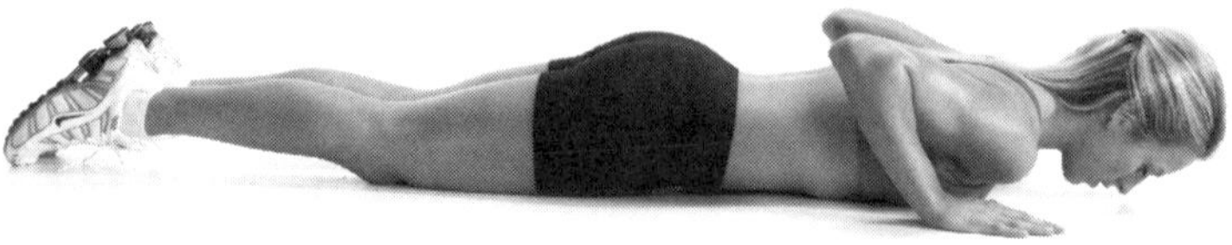

Cobra

Strek je tenen zodat de bovenkanten van je voeten de vloer raken, en druk daarbij je stuitje omlaag. Houd tijdens het inademen de ellebogen dicht tegen elkaar, strek je armen (niet helemaal doorstrekken) en til je borst van de vloer. Adem uit terwijl je je lichaam weer voorzichtig naar de vloer laat zakken. Adem in, krom je tenen en duw je heupen omhoog en naar achteren, zodat je uitkomt in de houding van de 'neerwaartse hond'. Adem uit.

Gespierd worden met yoga

Iron Yoga is niet bedoeld om training te combineren met wat karweitjes. Het is een training die twee populaire trainingsvormen combineert tot een training voor je hele lichaam. Dat werkt als volgt. Terwijl je aan het uitstappen bent of je evenwicht probeert te bewaren, moeten je romp en benen heel hard werken om je overeind te houden. Voeg je er een paar lichte dumbbells van een kilo of 2 aan toe, dan moeten de spieren in het bovenlichaam plotseling ook in actie komen. Je krijgt niet alleen een sterker onderlichaam, meer flexibiliteit, een rechtere lichaamshouding en minder stress, maar ook sterkere armen, schouders en rug. Triatleet Anthony Carillo ontwikkelde Iron Yoga als een manier waarop hij yoga kon inpassen in zijn veeleisende trainingsprogramma, maar iedereen kan het programma doen. Heb je nooit eerder aan yoga gedaan, oefen de houdingen dan eerst twee tot vier weken tot je ze een beetje onder de knie hebt, en ga er dan pas dumbbells bij gebruiken.

Tijdnood

Onderzoekers van de University of Virginia hebben vastgesteld dat je 250.000 crunches moet doen om een pond vet te verbranden. Dan moet je zeven jaar lang honderd crunches per dag doen. De kans is groot dat je geen zin hebt om daarop te wachten. Toch is alle extra verbranding in de zoektocht naar een platte buik meegenomen. Daarom hierbij een aantal snelle manieren om 100 calorieën te verbranden.

- Op een hometrainer 4 minuten en 52 seconden fietsen op een snelheid van 30 km per uur.
- 12 minuten sneeuw scheppen.
- 13 minuten heuvels oplopen.
- 20 minuten bladeren harken.
- 19½ minuten een volledige lichaamsmassage geven.
- 23 minuten met de hond wandelen.
- 36 minuten 'slow dancen'.
- 9351 keer met je voet op de grond tikken.

Iron-Yogahoudingen

Stoelhouding met roeien

Met je voeten bij elkaar en in beide handen een dumbbell gaan 'zitten' tot je bovenbenen bijna evenwijdig aan de vloer zijn. (Beginners hoeven de oefening niet echt langzaam uit te voeren.) Houd je rug recht en kijk ongeveer 60 cm voor je omlaag naar de vloer. Draai je handpalmen omhoog en duw de dumbbells tegen elkaar. Laat je armen je knieën niet raken. Houd je linkerarm stil en adem in, buig je rechterelleboog naar het plafond, en trek de dumbbell naar je borst. Uitademen en laten zakken. Doe eerst een herhaling met de linkerarm. Doe dan herhalingen met beide armen tegelijk en houd een keer boven vast voor een extra spiercontractie. Laten zakken en weer rechtop komen.

Boomhouding met armdrukken en draai

Terwijl je op je linkerbeen staat, plaats je je rechtervoet tegen de binnenkant van je linkerbovenbeen. (Beginners kunnen de voet tegen de zijkant van de kuit plaatsen of de tenen bijna op de grond.) Houd de dumbbells boven je schouders, met je handpalmen naar binnen. Adem in en duw de rechter dumbbell boven je hoofd waarbij je je arm dicht bij je oor houdt. Adem uit en laat weer zakken. Herhaal een keer met je linkerarm. Daarna met beide armen tegelijkertijd de dumbbells omhoog duwen en boven even vasthouden voor extra spiercontractie. Laat weer zakken en wissel van been.

Strijder II met heffen en buigen

Stap met je rechtervoet ongeveer 120 cm achteruit. Zet je rechtervoet naar buiten en draai je romp naar rechts om je heupen en schouders naar het centrum van je lichaam te brengen. Houd je linkervoet met de tenen naar voren en je hoofd recht vooruit. Buig je linkerknie boven je enkel tot je bovenbeen ongeveer evenwijdig is met de vloer. Til je rechterarm achter je op tot schouderhoogte, de handpalm naar boven. Houd je linkerarm boven je linkerknie, handpalm naar beneden. Uitademen en de dumbbell laten zakken. Doe de oefening één keer. Terwijl je je linkerarm stilhoudt, adem je in en buig je je rechterelleboog, waarbij je de dumbbell naar je schouder 'curlt' (niet afgebeeld). Adem uit en druk de dumbbell terug naar de startpositie. Eénmaal uitvoeren. Til je linkerarm op en buig tegelijkertijd je rechterarm. Even vasthouden voor extra spiercontractie. Keer terug naar de startpositie en herhaal met andere arm en been.

Strijder III met achteruit strekken

Stap met je linkervoet een kleine meter achteruit (niet afgebeeld). Leun vanuit de heupen voorover, breng de rechter dumbbell naar je rechteroksel met opgetrokken elleboog en til de linker dumbbell recht voor je op tot schouderhoogte, handpalm naar binnen. Til je linkervoet op en strek je linkerbeen achterwaarts met je tenen gestrekt, zodat er een rechte lijn ontstaat tussen de linker dumbbell en de tenen van de linkervoet.
(Beginners kunnen de gestrekte arm op de rand van een stoel leggen voor evenwicht.) Adem in en strek je rechterarm, waarbij je de handpalm naar boven draait richting plafond terwijl je de dumbbell achter je drukt. Adem uit en 'curl' de dumbbell terug naar je oksel. Doe twee herhalingen en houd dan even vast voor een extra spiercontractie. Keer terug naar de startpositie, laat je armen en benen zakken, en herhaal de houding met je andere been omhoog en tegenovergestelde armen.

Pilatesoefeningen

Het is geen geheim dat naarmate je ouder wordt het moeilijker is om in vorm te blijven. (Het bewijs: in een onderzoek van de University of Vermont onder vrouwen van twintig tot zestig jaar, ontdekten wetenschappers dat de oudste vrouwen 55 procent meer buikvet hadden dan de jongste.) Een van de manieren om de effecten van veroudering en te veel aardappelsalade tegen te gaan is de training en het voedingsprogramma van het Wasborddieet te volgen. Buikspieroefeningen kunnen je bijvoorbeeld helpen om een platte buik te krijgen. Maar je hoeft je niet te beperken tot de zesenvijftig Wasbordoefeningen die ik ergens anders in dit boek heb beschreven. Je kunt een hoop leren door eens een Pilatesles te nemen. Dit is een bewegingsvorm die zich richt op het opbouwen en trainen van alle spieren in je torso.

Een van de basiskenmerken van Pilates is het vasthouden van wat deskundigen een 'neutrale ruggengraat' noemen. Dat is een positie waarbij de buikspieren actief zijn maar niet te sterk aangespannen, waardoor de krachten gelijkmatig worden verdeeld over je torso. Om die positie voor jezelf te vinden, neem je een plek ongeveer 5 cm onder je navel. Trek nu deze spieren in en omhoog, maar niet te hard. (Het moet voelen alsof je een broek aantrekt die net een beetje te krap is.) Zo voelt een 'neutrale ruggengraat'. Deze houding moet je vasthouden bij al je bewegingen. Kies vier of vijf van deze bewegingen uit voor het buikspierenonderdeel van het Wasbordtrainingsprogramma, of doe er een of twee tijdens je normale trainingsprogramma.

Pilatesoefeningen

Zwemmen

Ga met je gezicht naar beneden op een mat of zachte vloer liggen, met je benen gestrekt achter je. Druk je bekken tegen de vloer en trek je navel naar je ruggengraat toe (intrekken van je buik). Til je rechterarm en linkerbeen zo ver mogelijk op als nog prettig is. Til je hoofd en borst van de vloer en begin je armen en benen af te wisselen in een ritmische zwembeweging, terwijl je blijft in- en uitademen. Doe tien herhalingen per kant.

Teen dippen

Ga op je rug liggen met je benen gebogen in een hoek van 90 graden, je bovenbenen recht omhoog en je kuiten evenwijdig aan de vloer. Leg je armen langs je lichaam met de handpalmen naar de vloer. Houd je buikspieren aangespannen en druk je onderrug tegen de vloer. Adem in en laat je linkerbeen in twee tellen zakken. Start de beweging vanuit je heup en 'dip' je tenen naar de grond (zonder dat ze de vloer raken). Adem uit en hef je linkerbeen in twee tellen naar de startpositie. Herhaal voor het rechterbeen en blijf afwisselen tot je voor elk been twaalf herhalingen hebt gedaan.

Liggende zwaan

Ga met je gezicht naar beneden op een zachte vloer liggen, met je benen achter je gestrekt en de bovenkant van je voeten plat op de vloer. Met gestrekte armen voor je, handpalmen naar beneden, je bovenlichaam, borst en hoofd optillen. Pauzeer een seconde en laat je bovenlichaam dan weer zakken, gevolgd door je benen. Herhaal tien keer.

Beencirkel

Ga op je rug liggen met je benen gestrekt. Til je linkerbeen omhoog naar het plafond, je tenen gestrekt en je handen naast je met de handpalmen naar beneden. Probeer 10 tot 60 seconden vast te houden. Maak met je linkertenen een kleine cirkel richting plafond, waarbij je je been draait vanuit je heup. Adem in bij het begin van de cirkel en adem uit aan het eind van de cirkel. Houd je lichaam zo stil mogelijk door je buikspieren aan te spannen (niet heen en weer zwaaien). Doe zes cirkels, draai dan de richting om en doe nog eens zes cirkels. Herhalen voor het andere been.

Kriskras

Begin net als bij het 'teen dippen' met je handen achter je hoofd, ellebogen naar opzij. Kom met je hoofd, nek en schouders van de vloer. Bij het inademen je torso naar rechts draaien, en je rechterknie en linkerschouder naar elkaar toe brengen. Tegelijkertijd strek je je linkerbeen in een schuine lijn van de heupen naar het plafond. Bij het uitademen naar links draaien, waarbij je de linkerknie naar de rechterschouder brengt en je rechterbeen strekt. Dat is één keer. Doe zes herhalingen.

Been zwaaien

Ga op je linkerzij liggen met je benen gestrekt op elkaar zodat je lichaam een lange lijn vormt. Kom iets omhoog en leun op je linkerelleboog en onderarm, waarbij je je ribben van de vloer tilt en je hoofd richting plafond. Plaats je rechterhand licht voor je op de grond voor het evenwicht. Til je linkerbeen omhoog tot heuphoogte en span je voet aan zodat je tenen naar voren wijzen. Adem uit terwijl je het rechterbeen zo ver mogelijk naar voren zwaait als comfortabel is en houd die positie twee seconden vast. Adem in, strek de tenen en zwaai je been naar achteren, voorbij je linkerbeen. Dat is een herhaling. Doe zes herhalingen zonder je been te laten zakken. Ga op je andere zij liggen en doe hetzelfde.

Rugstrekken met draai

Ga op je buik liggen met je voorhoofd op je handen, handpalmen naar de vloer. Spreid je benen tot heupbreedte. Trek je buik in. Til je hoofd, schouders en borst van de vloer. Draai je bovenlichaam naar rechts en weer terug naar het midden, en kom dan omlaag. Herhaal voor de linkerkant en blijf afwisselen tot je elke kant zes keer hebt gehad.

Schouderbrug

Ga op je rug liggen met gebogen knieën, je voeten plat op de grond, zo ver uit elkaar dat je prettig ligt. Je hielen zijn dicht bij je billen. Span je bilspieren aan en til je bekken omhoog. Duw je heupen naar het plafond totdat je lichaam een rechte lijn vormt van je schouders tot je knieën. Terwijl je je heupen in deze lijn houdt, til je je linkervoet van de vloer en strek je je been recht vooruit. Pauzeer een seconde en herhaal de oefening met je rechterbeen. Dan langzaam je lichaam terug naar de vloer laten zakken. Herhaal tien keer.

De oppepper

Soms heeft ons lichaam het langzame, kalmerende tempo van yoga of Pilates nodig. Maar soms, vooral als we ons erg sloom voelen, hebben we een kickstart nodig, net als een lege batterij, met een energiestoot die ons door de dag sleept. Voor een oppepper van 5 minuten die ook nog eens een paar calorieën verbrandt, moet je intensieve oefeningen doen die de bloedsomloop stimuleren, je spieren rekken en je mentaal klaar maken voor je kinderen, je klanten, of klanten die erg kinderachtig zijn.

Huppelsprong. Stap met je linkervoet naar voren en maak, als de voet de vloer raakt, een sprongetje waarbij je de linkerknie naar voren buigt. Land op je linkervoet en spring opnieuw. Doe deze oefening 2 minuten lang.

Pas op de plaats. Doe zo snel mogelijk de 'pas op de plaats', waarbij je je armen heen en weer zwaait. Doe het 30 seconden.

Touwtjespringen. Doe het 30 seconden en land daarbij op de ballen van je voeten. Geen springtouw? Doe net alsof je een touw in je handen hebt en maak dezelfde beweging.

Huppen op één been. Ga op één been staan, de handen op de heupen. Spring recht omhoog en land met een iets gebogen knie. Doe deze oefening 15 seconden voor elk been.

onder-
houd

Het onderhoudsprogramma van het Wasborddieet

Je hebt je doel bereikt en dat is reden genoeg om je te feliciteren. Maar dat is natuurlijk geen vrijbrief om weer met halflege zakjes chips te gaan ontbijten. Goed, je hebt wel een schouderklopje verdiend. Je hebt van je lichaam een strakke, gespierde vetverbrandingsmachine gemaakt. Met die basis ben je op een punt aangekomen waarop je lichaam veel werk voor je verricht. Hieronder geven we je een paar richtlijnen om het lichaam dat je hebt opgebouwd te behouden.

Onderwerp	**Richtlijn**
Voedingsbasis	Je hebt je goed aangepast, en je kunt doorgaan met het eten van de zes maaltijden per dag, met de nadruk op krachtvoedingsmiddelen – en superingrediënten zoals eiwit, vezels en volkoren koolhydraten. Blijf de powershakes geregeld drinken en zorg dat je tussendoortjes eiwitten bevatten.
Smokkelen	Je kunt van je ene smokkelmaaltijd per week een smokkeldag maken, waarop je zo'n beetje alles mag eten wat je lekker vindt. Houd het wel bij één dag in de week in plaats van het te verspreiden over de hele week. Dat vergroot de kans dat je je goede voedingsgewoonten vasthoudt.

Onderwerp	Richtlijn
Trainingsprogramma	Je zit nu in de onderhoudsfase. Blijf doorgaan met het programma als je dat prettig vindt, maar je kunt het ook terugbrengen tot één of twee dagen per week krachttraining en één keer per week intervaltraining. Uit onderzoek van het inspanningsfysiologisch laboratorium van de Ball State University is gebleken dat mensen die trainen met gewichten hun spiermassa kunnen vasthouden met slechts één krachttraining per week.
Buikspiertraining	Doe een circuit van buikspieroefeningen voor je met je krachttraining begint. Ga door met de oefeningen voor de meer gevorderden. Nu je het wasbord weer (een beetje) in beeld hebt, zul je de intensiteit van je training wat willen opvoeren. Toch hoef je voor een optimale groei je buikspieren niet meer dan twee tot drie keer per week te trainen.

Voedingswaarde van gangbare voedingsmiddelen

De nieuwe dieettrend van koolhydraatarme voeding heeft ervoor gezorgd dat veel mensen flink wat vet en eiwit eten. Daarbij komen ze belangrijke micronutriënten tekort die voorkomen in volkorenproducten, fruit, groenten en andere voedingsmiddelen die je bij een koolhydraatarm dieet niet mag eten.

Het lijkt misschien gemakkelijker om dagelijks een multivitaminepreparaat te gebruiken dan om evenwichtige voeding te eten. Toch kleven er aan vitamines en mineralen uit een potje twee flinke nadelen. Ten eerste bevatten vitaminepillen geen vezels, dus dan ontbreekt er een belangrijk ingrediënt. Ten tweede bevatten voedingsmiddelen heel veel andere voedingsstoffen dan alleen vitamine C en E, en het belang van al deze voedingsstoffen, fytochemicaliën genaamd, beginnen we nu pas enigszins te beseffen. 'Een evenwichtige voeding bevat duizenden antioxidanten. In pilvorm krijg je er maar enkele van die duizenden,' aldus dr. Edgar Miller, arts aan de John Hopkins University in Baltimore.

Toch kleven er aan vitamines en mineralen uit een potje twee flinke nadelen.

Om te controleren hoe compleet je voeding is, kun je het voedingslabel van de voedingsmiddelen lezen en kijken hoeveel vitamines en mineralen ze bevatten, en bepalen hoeveel je ervan binnenkrijgt. Als dat minder is dan je aanbevolen dagelijkse hoeveelheid (ADH) voor die voedingsstoffen, dan hoef je niet in de stress te schieten. Eet gewoon meer van de voedingsmiddelen waarin de vitamines en mineralen zitten die je tekort komt.

Vitaminen en mineralen

	vitamine A (mcg)	vitamine B1 (mg)	vitamine B6 (mg)	foliumzuur (mcg)
ADH voor vrouwen	**700**	**1,1**	**1,3**	**400**
Aardbeien (225 gram)	1,66	0,03	0,09	40
Aardappelpuree (1 kop)	8,40	0,20	0,50	17
Aardappelsalade (1 kop)	2,93	0,20	0,40	19
Abrikoos (1)	67	0,01	0,02	3
Amandelen (30 gram)	0	0,05	0,03	11
Appel (1 middelgroot)	8	0,02	0,06	4
Appeltaart (1 stuk)	37	0,03	0,04	32
Artisjok (1 middelgroot)	0	0,10	0,15	87
Asperge (1 gemiddelde lengte)	12	0,02	0,01	8
Avocado (1)	122	0,20	0,60	124
Bacon (3 plakjes)	0	0,08	0,07	0,40
Bagel (10 cm doorsnee)	0	0,15	0,05	20
Banaan (1 middelgroot)	7	0,04	0,40	24
Bier 330 cc	0	0,02	0,18	21
Bieten (225 gram)	3	0,02	0,05	74
Bindsla (½ kop)	81	0,02	0,02	38
Bloemkool (1 kop)	2	0,06	0,22	57
Boerenkool, gekookt (225 gram)	1542	0,08	0,24	177
Bonen, gebakken (225 gram)	13	0,40	0,34	61
Bonen, kidney (225 gram)	0	0,28	0,21	230
Bonen, lima (225 gram)	32	0,12	0,16	22
Bonen, marine, gekookt (225 g)	0,36	0,40	0,30	255
Bonen, opgewarmd (225 gram)	0	0,07	0,36	28
Bonen, pinto, gekookt (225 gram)	0	0,17	0,16	294

vitamine C (mg)	vitamine E (mg)	calcium (mg)	magnesium (mg)	potassium (mg)	selenium (mcg)	zink (mg)
75	**15**	**1000**	**320**	**3500**	**55**	**8**
97	0,50	27	22	253	1	0,20
13	0,04	46	38	621	2	0,60
19	0,14	14	36	551	1	0,60
3,50	0,30	5	3,50	90	0,03	0,07
0	6	71	86	180	0	1
6	0,25	8	7	148	0	0,06
4	1,87	13	8	76	1	0,20
15	0,24	56	77	474	0,26	0,60
1	0,18	4	2	32	0,37	0,10
16	3	22	78	1204	0,80	0,84
0	0,06	2	6	107	12	0,70
0	0,04	16	26	90	28	1
10	0,12	6	32	422	1	0,20
0	0	18	21	89	2,50	0,04
3	0,03	11	16	221	0,50	0,24
7	0,04	9	4	69	0,10	0,06
46	0,08	22	15	303	0,60	0,30
35	1,67	266	38	220	1	0,50
8	1,35	127	81	752	12	4
2	0,05	62	74	717	2	1,80
9	0,12	27	63	485	1,70	0,70
1,64	0,73	127	107	670	11	1,90
15	0	88	83	675	3	3
1,37	1,61	72	70	495	19	1,70

	vitamine A (mcg)	vitamine B1 (mg)	vitamine B6 (mg)	foliumzuur (mcg)
ADH voor vrouwen	**700**	**1,1**	**1,3**	**400**
Bonen, witte, gekookt (225 gram)	0	0,20	0,17	145
Bonen, zwarte, gekookt (225 gram)	1	0,40	0,12	256
Bosbessen (500 gram)	17	0,11	0,15	17
Bosbessenmuffin (1)	13	0,10	0,01	42
Boterhamworst, salami (3 plakken)	0	0,10	0,08	0,34
Braadworstje (1 stuks)	0	0,05	0,01	0,26
Broccoli (225 gram)	213	0,05	0,11	50
Bruinbrood, volkoren (1 snee)	0	0,11	0,10	30
Cake (1 plak)	20	0,10	0,03	27
Cake, geglazuurd (1 plak)	10	0,01	0,02	7
Canadese bacon	0	0,40	0,20	2
Champignons, gesneden (225 g)	0	0,09	0,10	12
Cheddar (1 plak)	75	0,01	0,02	5
Chili met bonen (225 gram)	87	0,12	0,30	59
Chips, light (30 gram)	0	0,05	0,22	8
Chocolade (45 gram)	20	0,05	0,01	5
Citrusvruchten en geconcentreerd diepvriesvruchtensap (400 cc)	7	0,17	0,30	31
Crackers (12)	0	0,17	0	0
Donut (1)	17	0,10	0,03	24
Druivensap (2 dl)	1	0,07	0,16	8
Eieren (1 groot)	84	0,03	0,06	22
Engelse muffin, volkorengranen (1)	0,09	0,25	0,05	36
Frambozen (10)	0,38	0,01	0,01	4
Frisdrank met cafeïne (400 cc)	0	0	0	0
Garnaal (4 grote)	0	0,01	0,03	0,77

vitamine C (mg)	vitamine E (mg)	calcium (mg)	magnesium (mg)	potassium (mg)	selenium (mcg)	zink (mg)
75	**15**	**1000**	**320**	**3500**	**55**	**8**
0	1,74	161	113	1004	2,30	2,50
0	0,14	46	120	610	2	1,90
28	1,65	17	17	223	0,30	0,50
0,63	0,47	32	9	70	6	0,30
0	0,05	1,34	2,86	63	4	0,54
0	0,03	1,30	1,56	25	1,87	0,24
66	0,33	34	18	230	2	0,30
0,08	0,09	24	14	53	8	0,30
0,11	0,11	76	10	63	9	0,25
0,04	0	18	14	84	1,40	0,30
0	0,16	5	10	181	11	0,80
2	0,10	5	10	355	8	0,70
0	0,08	204	8	28	4	0,90
4	1,46	120	115	934	3	5
3,40	0,62	10	18	285	2	0,17
0	0,83	78	26	153	2	0,83
324	0,24	85	68	1336	1	0,41
0	0	28	12	48	2,40	0,20
0,09	0,90	21	9	60	4	0,30
0,25	0	23	25	334	0,25	0,13
0	0,50	25	5	63	15	0,50
0	0,26	101	21	106	17	0,61
5	0,17	5	4	28	0,04	0,08
0	0	10	3	3	0,34	0
0,48	0	9	7	40	9	0,30

	vitamine A (mcg)	vitamine B1 (mg)	vitamine B6 (mg)	foliumzuur (mcg)
ADH voor vrouwen	**700**	**1,1**	**1,3**	**400**
Gebakken mosselen (175 gram)	101	0,11	0,07	41
Gedroogd fruit (350 gram)	380	0,14	0,50	13
Gehakt (1 plak)	20	0,10	0,14	12
Graham cracker (1 stuks)	0	0,03	0,01	6
Granolareep (1)	2	0,06	0,02	6
Groentesap (2 dl)	188	0,10	0,30	51
Ham (1 plak)	0	0,20	0,10	1
Hamburger, snackbar, met saus en groenten (1)	4	0,30	0,12	52
Havermout (225 gram)	0,12	0,12	0,10	13
Honingmeloen (150 gram)	5	0,07	0,16	34
Hot dog, snackbar (1)	0	0,44	0,09	85
IJsbergsla (225 gram)	8	0,02	0,03	31
Kalkoen, zonder vel (½ borst)	0	0,16	2,26	31
Kaneelbroodje (1)	0	0,12	0	17
Kersen, vers (225 gram)	30	0,07	0,05	5,80
Ketchup (1 eetlepel)	7	0	0,02	2
Kikkererwten, gekookt (225 gram)	4	0,19	0,22	282
Kip, zonder vel (½ borst)	4	0,04	0,32	2
Kippenpastei	256	0,30	0,20	41
Kippensoep, crème (2 dl)	179	0,07	0,07	7
Kiwi (1 middelgrote)	3	0,02	0,07	19
Knoflook (1 teen)	0	0	0,04	0,09
Koekje, chocolade- (1)	0,04	0,01	0,01	0,90
Koffie (2 dl)	0	0	0	5
Komkommer met schil (8 eetlepels)	10	0,01	0,02	7

vitamine C (mg)	vitamine E (mg)	calcium (mg)	magnesium (mg)	potassium (mg)	selenium (mcg)	zink (mg)
75	**15**	**1000**	**320**	**3500**	**55**	**8**
11,25	0	71	16	366	33	1,60
12	2	119	121	2482	1,50	1,56
0,62	0,10	43	22	295	0	4
0	0,05	3	4	19	1	0,10
0,22	0,32	15	24	82	4	0,50
67	12	26	27	467	1	0,50
0	0,10	2	5	94	6	0,50
2	0,42	126	23	251	20	2
0	0,26	19	51	175	0	1,43
32	0,04	11	18	403	1,24	0,16
0,09	0,10	108	27	190	29	2
2	0,02	11	4	84	0,28	0,10
0	0,30	39	109	1142	95	5
0,06	0,48	10	3,60	19	5	0,10
10	0,20	21	16	325	0,90	0,09
2	0,20	3	3	57	0,04	0
2	0,60	80	79	477	6	2,50
0,71	0,08	6,50	16	150	11	0,50
2	4	33	24	256	0,70	1
1,24	0,25	181	17	272	8	0,67
70	1	26	13	237	0,15	0,10
0,90	0	5	0,75	12	0,40	0
0	0,26	2,50	3	14	0	0,06
0	0,05	2	5	114	0	0,02
2,76	0	7	6	75	0	0,10

	vitamine A (mcg)	vitamine B1 (mg)	vitamine B6 (mg)	foliumzuur (mcg)
ADH voor vrouwen	**700**	**1,1**	**1,3**	**400**
Kool (225 gram)	955	0,07	0,11	18
Lasagne, vlees (225 gram)	61	0,19	0,20	16
Linzen (1 eetlepel)	0,05	0,02	0,02	22
Macaroni en kaas (250 gram)	48	0,25	0	0
Mager rundergehakt (100 gram)	0	0,06	0,24	7
Magere kwark (2 dl)	25	0,05	0,15	27
Magere yoghurt (2,5 dl)	2	0,10	0,09	24
Maïs (225 gram)	0,26	0,06	0,16	115
Melk, magere (2 dl)	5	0,10	0,10	12
Mie (225 gram)	4	0,08	0,09	14
Nachos met kaas (6-8)	170	0,20	0,20	12
Nectarine (1)	23	0,05	0,03	7
Oester (1 middelgroot)	4,20	0,01	0,01	1,40
Olijven (1 eetlepel)	1,70	0	0	0
Ontbijtsandwich, fastfood (bacon, ei en kaas)	0	0,53	0,16	73
Pannenkoeken (2 stuks)	7,60	0,16	0,07	28
Pasta met tomatensaus (150 gram)	0	0,13	0,10	4
Pasteitje (1)	148	0,20	0,20	15
Patat (10 stuks)	0	0,07	0,16	8
Peen (1)	734	0,04	0,08	12
Peer (1 middelgroot)	1,60	0,02	0,05	12
Pepsels (10 stokjes)	0	0,30	0,07	103
Perzik (1 middelgroot)	16	0,02	0,02	4
Pinda's (30 gram)	0	0,12	0,07	41
Pindakaas (2 eetlepels)	0	0,03	0,15	24

vitamine C (mg)	vitamine E (mg)	calcium (mg)	magnesium (mg)	potassium (mg)	selenium (mcg)	zink (mg)
75	**15**	**1000**	**320**	**3500**	**55**	**8**
33	1	180	23	417	1,17	0,23
12	0,94	220	41	372	28	3
0,19	0	2	4	46	0,35	0,16
0	0	102	0	111	0	0
0	0,15	7	19	265	0	4
0	0,02	138	11	194	20	0,86
1,70	0	415	37	497	11	1,88
12	0,15	8	44	343	1,54	1,36
2	0,10	301	27	406	5	1
1	0,40	6	11	122	0,10	0,12
1	0	311	63	196	18	2
7	1	8	12	273	0	0,23
0,52	0,12	6	7	22	9	13
0	0,14	7	0,30	0,67	0,08	0
2	0,60	160	25	211	36,0	2
0,15	0,65	96	15	133	10	0,30
6	1,40	41	13	207	11	0,66
0	0,90	17	12	57	6,30	0,30
6	0,12	4	11	211	0,20	0,20
4	0,40	20	7	195	0,06	0,15
7	0,20	15	12	198	0,17	0,17
0	0,21	22	21	88	3	0,50
6	0,70	6	9	186	0,10	0,17
0	2	15	50	186	2	1
0	0	12	51	214	2	1

	vitamine A (mcg)	vitamine B1 (mg)	vitamine B6 (mg)	foliumzuur (mcg)
ADH voor vrouwen	**700**	**1,1**	**1,3**	**400**
Pizza, kaas (1 punt)	74	0,20	0,04	35
Pizza, vegetarisch (1 punt)	58	0,40	0,50	116
Popcorn (16 eetlepels)	0,80	0,02	0,02	2
Pruim (1)	21	0,03	0,05	1,45
Ricotta, halfvol (½ kop)	132	0,03	0,02	16
Rijst, bruine (225 gram)	0	0,20	0,30	8
Rijst, witte (225 gram)	0	0,03	0,15	5
Rode paprika (12 reepjes)	78	0,04	0,13	13
Rode peper, rauw (½ peper)	21,6	0,03	0,23	10,35
Rode wijn (115 cc)	0	0	0,03	2
Roggebrood (1 snee)	0,26	0,14	0,02	35
Roomijs (1 portie)	6	0,03	0,04	11
Rozijnen (50 gram)	0	0,05	0,08	1,28
Runderlever (100 gram)	8042	0,16	0,86	215
Saladedressing, light (1 eetlepel)	0	0	0	0
Salade zonder dressing (350 gram)	146	0,40	0,40	101
Salsa (8 eetlepels)	44	0,05	0,16	21
Selderij, schoongemaakt (225 g)	55	0,03	0,10	45
Sesamzaadkoekjes (2 koekjes)	3	0,05	0,02	11
Snoep (geen chocola)	0	0	0	0
Sojabonen, gekookt (225 gram)	14	0,47	0,10	200
Sojamelk (2 dl)	0	0,15	0,16	40
Spaghetti met gehakt (24 eetlepels)	46	0,38	0,43	101
Spareribs (100 gram)	1,91	0,26	0,22	3
Spinazie (225 gram)	140	0,02	0,06	58

vitamine C (mg)	vitamine E (mg)	calcium (mg)	magnesium (mg)	potassium (mg)	selenium (mcg)	zink (mg)
75	**15**	**1000**	**320**	**3500**	**55**	**8**
1	0	117	16	113	13	1
79	2	189	65	548	23	2
0	0	1	11	24	0,80	0,30
6	0	3	5	114	0,30	0,07
0	0,09	337	19	155	21	1,70
0	0,06	20	84	84	19	1
0	0,06	16	19	55	12	0,80
70	0,36	7	6,46	105	0	0
65	0,30	6	10	145	0,20	0,12
0	0	8	13	111	0,20	0,10
0,13	0,11	23	13	53	10	0,36
0,46	0	72	19	164	1,65	0,40
2,30	0,30	12	13	350	0,26	0,08
1,62	0,43	5	18	300	31	4,50
0	0	0	0	2	0,20	0
16	0	235	49	401	37	3
18	1,53	39	17	275	0,50	0,30
4	0,33	50	14	322	0,50	0,16
0,10	0,21	20	9	66	1	0,12
0	0	0	0	0	0	0
31	0,02	261	108	970	3	1,64
0	0	80	60	440	3	0,90
24	4	138	66	718	39	5
0	0,20	30	15	204	24	3
8	0,60	30	24	167	0,30	0,16

Glycemische belasting van voedingsmiddelen uit het Wasborddieet

Pinda's	1
Magere yoghurt, gezoet	2
Wortelen	3
Grapefruit	3
Doperwten	3
Magere melk	4
Peer	4
Watermeloen	4
Bieten	5
Sinaasappel	5
Perzik	5
Pruim	5
Appel	6
Kiwi	6
Tomatensoep	6
Gebakken bonen	7
Kikkererwten	7
Druiven	7
Ananas	7
Volkorenbrood	7
Popcorn	8
Sojamelk	8
Tacovullingen	8
Volkorenontbijtgranen	9
Grapefruitsap	9
Hamburgerbroodje	9
Kidneybonen uit blik	9
Linzensoep	9
Havermoutkoekjes	9
Zoete maïs	9
Amerikaans roggebrood	10
Kaastortellini	10
Diepvrieswafels	10
Honing	10
Limabonen	10
Magere yoghurt, gezoet met suiker	10
Pintobonen	10
Witbrood	10
Ontbijtgranen	11
Appelsap	12
Banaan	12
Kaiserbroodje	12
Jus d'orange	12
Crackers	12
Cornflakes met vezels	13
Havermout	13
Grahamcrackers	14
Special-K-ontbijtgranen	14
Vanillewafels	14
Tarwemuffin	15
Frans stokbrood	15
Druiven-notenmuesli	15
Tarweontbijtgranen	15
Broodmix	16
Kaaspizza	16
Volkorenspaghetti	16
Zwartebonensoep	17
Bosbessenmuffin	17
Donut	17
Druiven-noten ontbijtgranen	17
Instanthavermout	17

Rijstwafels	17	Couscous	23
Zoete aardappel	17	Linguine (pasta)	23
Bruine rijst	18	Rijst, langkorrel	23
Fettuccine	18	Witte rijst	23
Angelcake	19	Bagel	25
Cornflakes	21	Gepofte aardappel	26
Patat	22	Spaghetti	27
Tickles	22	Rozijnen	28
Macaroni	22	Macaroni met kaas	32
Rice Krispies ontbijtgranen	22	Instantrijst	36

Hoe je dit overzicht moet gebruiken

De getallen in dit overzicht vertegenwoordigen de glycemische belasting (GB) van alledaagse voedingsmiddelen. De GB is het product van de glycemische index (GI) en de hoeveelheid koolhydraten per portie. De GB is een schatting van hoe snel de bloedsuikerspiegel stijgt na consumptie van een bepaald voedingsmiddel. Hoe hoger de GB van een voedingsmiddel, hoe groter de kans dat het veel koolhydraten en calorieën bevat. Probeer daarom je voeding op te bouwen rond voedingsmiddelen met een GB van 19 of minder en probeer de GB niet hoger dan 120 per dag te laten zijn.

Register

A

aardappelpuree 65
aardbeien 53, 140, 181, 190
actieve houdingen voor sportieve vrouwen
uitstappen Amazonestijl I 263
uitstappen Amazonestijl II 264
sportieve plié 265
acupressuur 347
adenosine 206
adipocyten, *zie* vetcellen
adrenaline 210
alcohol 18, 53, 77, 78, 94, 102, 103, 114-115, 212, 347
alvleesklier 23, 92
amandelen 122-123, 194
aminozuren 138, 139
amputatie 24
andijvie 125
antidepressiva 196
antioxidanten 53, 81, 139
apneu 24-25
appel 53, 93, 140
appeltaart, klein stukje 43
arteriosclerose 77
artisjok 54
arugula 125
aspartaam 347
asperges 81
aspirine 53
astma 25
Atkinsdieet 97, 98, 99, 100, 105
augurk 52
avondgerechten 160-172

B

baarmoederkrampen 347
bananen 347
beginselen van het Wasborddieet 17-18
basketbal 29
beroerte 24, 51, 76
bètacaroteen 124, 125, 126, 197
bevalling, trainen na de 358, 360
bier 114
bijnieren 23
bindsla 125
blessures, voorkomen van 27
blindheid 24
bloedarmoede 207
bloeddruk 48, 50-54, 72, 76, 78, 98, 119, 123, 126
bloedsuikerspiegel 68, 99, 355
bonen 123-124
borstkanker 102, 103, 349
borstvoeding 359-360
bosbessen 139-140, 206
botstructuur 87, 88
bramen 53
broccoli 81, 103, 126, 127, 194
buikspieren 267-269
buikspieren, bovenste 268
buikspieren, onderste 268
buikspieren, rechte 267
buikspieren, schuine 217, 267, 268
buikspieren, transversale 268
buikspieroefeningen 222, 268, 269
buikvet 11, 20, 24, 25, 83, 88

C

cafeïne 206, 212
calcium 54, 63, 74-75, 119, 126, 127, 130, 131, 132, 134, 194, 356
caloriebehoefte 190
calorieën 16, 24, 41, 43-47, 48, 49, 55, 57, 74, 90, 98, 101, 133, 134, 189-190

calorieën tellen 189-190
cardiotraining 45, 46, 47, 48, 205, 220, 222
carpaal tunnelsyndroom 30
cashewnoten 54
cheddar 194
cheeseburgers 26
China, kindertjes in 181
chips 19, 49
chocolade 196, 204, 347
cholesterol 48, 54, 61, 63, 64, 65, 76-81, 96, 99, 120, 128, 137, 348, 349
cholesterol (HDL) 61, 62, 76-81, 349
cholesterol (LDL) 61, 62, 76-81
chroom 81
circuittraining 218, 224, 269
citrusvruchten 347
computerspelletjes 10
coördinatievermogen 139
cortisol 20, 58, 203, 210, 212, 213, 371
cranberrysap 79
creatine 133
cysteïne 104

D
depressief 206, 350
diabetes 22, 24, 61, 62, 68, 69, 84, 92-94, 97, 103
diepvries 191
diëten 12, 13, 35, 37, 38, 39, 40, 48, 49, 59, 96-101, 105-107, 173, 188, 201, 208
dikkedarmkanker 94
donuts 19
dood 24, 76
dorst 115
dressing 211
drive-inrestaurant 63
drop 54
dumbbells 33, 132, 256-257

E
eetlust 71
eierdooiers 81
eieren 65, 129, 132
eiwit 48, 56-58, 66, 122, 129, 132, 133, 193, 207, 351, 356
eiwitpoeder 138-139
eiwitsynthese 47
endorfinen 347
evenwicht 139
extreem overgewicht 10, 30

F
feestjes op het werk 198
fitnesscentrum 45, 223
flavonoïden 53, 139
foliumzuur 81, 125, 126, 355, 356
Food and Drug Administration (FDA) 61
frambozen 53, 139-140, 181
frisdrank 71, 72
frituurpan 80
fructosestroop (HFCS) 70-72
fruit 101, 349
fytochemicaliën 409

G
geboorteafwijkingen 354, 356
gedeeltelijk gehydrogeneerde olie 62
gefrituurde producten 62, 80
gewicht, ideale 87
gezichtsvermogen 139
gezondheid 11, 12, 20, 22, 24, 25
ghreline 197
glucose 23, 68, 70, 92, 93, 94, 101
gluteus maximus 29
gluthation 104
glycemische belasting 73, 420-421
glycemische index 67, 68, 73, 94
glycogeen 23, 45, 46
grapefruit 54, 78, 140

groenten 101
groentesap 199

H

hamburger 66
hamstrings 29, 327
hardlopen 205
hart 20, 23, 44, 51, 61, 76, 193
hart- en vaatziekten 22, 53, 54, 61, 63, 64, 65, 80, 84, 103, 139
hartaanval 24, 51
havermout 93, 128-129
havermoutkoekjes 80
heilbot 54
hielklachten 30
honger 57, 71, 201, 202
hoofdpijn 347, 350
hoop 212
hormonen 345-352
houding, rechte 217
huidplooimeter 84, 88
huilerigheid 204
hyperthyreoïdie 351, 352
hypofyse 351, 352
hypothyreoïdie 351, 352

I

ijsbergsla 125
ijzer 124, 133, 193, 207, 356
ijzertekort 207
immuunsysteem 119
indool-3-carbinol 103
insuline 20, 68, 69, 92, 93
insulineresistentie 92
intervaltraining 219, 220, 252-254
in-vitrofertilisatie (IVF) 354
Iron Yoga 391

J

Jackson, Janet 9
jam 53

K

kaas, *zie* ook zuivel 103, 131
kalium 52, 53, 54
kalkoen 133-135
kanker 21, 22, 24, 62, 63, 67, 78, 93, 97, 102-104, 119, 139
kauwgom 200
keizersnede 353
kickstart 405
kikkererwten 54
kip 133-135
knoflook 81
knolraapolie 193
koffie 206, 347
koolhydraatarme diëten 96-101, 105-107, 409
koolhydraten 45, 57, 60, 67, 70-71, 73, 94, 97, 99, 100, 137, 138
koolhydraten, enkelvoudige 67
koolhydraten, geraffineerde 24, 354
koolhydraten, samengestelde 67
koolrabi 126
koper 207
kortetermijngeheugen 139
krachttraining 46, 47, 130, 131, 205, 222, 224, 349
krachtvoedingsmiddelen 17-18, 34-39, 73, 109-115, 118-140, 189, 192, 194
- amandelen en andere noten 122-123
- bonen en peulvruchten 123-124
- eieren 129, 132
- extra eiwitpoeder 138-139
- frambozen en rode vruchten 139-140
- havermout 128-129
- kalkoen en mager vlees 133-135
- olijfolie 136-137
- pindakaas 135-136
- spinazie en groen groenten 124-127

krachtvoedingsmiddelen *(vervolg)*
- volkorenbrood en ontbijtgranen 137-138
- zuivel 127-128

L
lactoseintolerantie, *zie* melkallergie
lasagne 201
last-minute-afslankplan 225
leptine 71, 134, 197
lever 20, 23
lichaamstype 255
lichaamsvetpercentage 21, 22, 60, 66, 72, 84, 88, 89
lijnzaad 64, 65, 134
lijnzaadolie 64, 134, 193
limabonen 54
limoensap 103
lipiden 19, 76
lipoproteïnes 62, 76
longen 44
lunchgerechten 153-159
luteïne 52, 81, 126
lycopeen 52

M
magnesium 54, 125
maïsolie 54
McDonald's 35, 351
melk, *zie* ook zuivel 130, 131, 134, 198
melkallergie 194
menopauze 348-350
menstruatie 345-348
metabolisme, *zie* stofwisseling
meten van succes
- body mass index (BMI) 83
- gewicht 82-83
- heup-middelverhouding 83-84,
- lichaamsvetpercentage 84, 86
- tailleomvang 89
migraine 347
milt 23
mineralen in voedingsmiddelen 410-419
moeheid 207
motivatie 205
multivitaminesupplement 199, 409

N
natrium 52, 119
naverbranding ('afterburn') 46, 47, 218, 252
neoxanthine 104
niacine 78, 133
nieren 23, 51
nierstoornissen 51
noten 81, 122-123, 193

O
obesitas, *zie* extreem overgewicht
obliquus externus 217
obliquus internus 267
oefeningen
basisoefeningen
armbuigen 244
armtrekken 234
bankdrukken 232
been strekken 242
beenbuigen 246
doorgaand uitstappen 248
hurken 230
rechtop roeien 238
schouderdrukken 236
steppen 250
triceps strekken 240
barbell, met
armbuigen 244
bankdrukken 232
barbell-rollen 304
doorgaand uitstappen 248,
hurken 230, 334
rechtop roeien 238
schouderdrukken 236

oefeningen *(vervolg)*
benen, oefeningen voor de
beenbuigen 246, 247
beenstrekken 242, 2434
doorgaand uitstappen 248, 249
duiken 258
hurken 230, 231
hurken en wijd stappen 260
knietje 261
schaarsprong 262
steppen 250, 251
wegstappen 259
bevalling, na de
bankdippen 367
bekken optrekken 362
binnenkant bovenbeen optillen 363
brandkraan 366
hurken 368
opdrukken 364
standaardcrunch 361
supermam 365
voorwaarts strekken 369
biceps, oefening voor de
armbuigen 244, 245
buikspieren, bovenste
aangepaste crunch met voeten van de vloer 273
crunch met hoofd omlaag 274
gooien met medicine ball 279
klassieke crunch 271
liggende kabelcrunch 275
Siciliaanse crunch 280
staande crunch 272
tenen tikken 278
verzwaarde crunch 276
verzwaarde crunch met gestrekte armen 277
buikspieren, onderste
de schaar 287
figuur-8-crunch 286
handen onder de billen 282
hangend knieheffen 283
knieheffen met gebogen knieën 281
knieheffen Zwitserse bal 288
kniestrekken met benen van de vloer 285
omgekeerde crunch met medicine ball 289
wegduwen 290
zittende crunch 284
buikspieren, schuine
een V-maken 291
houthakker 294
romprotatie met medicine ball 295
snelle rotatie zijwaarts 293
zijwaarts buigen in Saksische stijl 292
zijwaarts zakmes 296
buikspieren, transversale
barbell-rollen 304
brug 297
brug Zwitserse bal 301
handdoek rollen 303
intrekken Zwitserse bal 302
negatieve crunch 300
tweepunten brug 299
zijwaartse brug 298
buikspieroefeningen, supersnelle
combinatie van de crunch en zijwaarts buigen 309
crunch en draai 311
crunch met opgetrokken knie 310
crunch met stok 312
drievoudige cable crunch op de knieën 317
dubbele crunch 324
dubbele crunch met kruis 326
eenzijdige verzwaarde crunch 314
fietscrunch met gestrekte benen 321
fietsen 313

hangend knieheffen met één been 316
hangend knieheffen met zijwaartse draai 315
in V-vorm tenen tikken 319
knieheffen met zijwaartse val 323
kurkentrekker 320
Russische draai zijwaarts 318
V-vormen 325
zijwaarts werpen met medicine ball 322

cardio-kickboksinterval
duiken 258
hurken en wijd stappen 260
knietje 261
schaarsprong 262
wegstappen 259

dumbbells, met
armbuigen 245
beenbuigen 247
doorgaand uitstappen 249
eenzijdige verzwaarde crunch 314
houthakker 294
hurken 231
hurken op één been 340
rechtop roeien 239
schouderdrukken 237
Siciliaanse crunch 280
snelle rotatie zijwaarts 293
verzwaarde crunch met gestrekte armen 277
voorovergebogen roeien 235
voorovergebogen triceps strekken 241
zijwaarts buigen in Saksische stijl 292

kabelmachine, met de
armtrekken 234
drievoudige cable crunch op de knieën 317
liggende kabelcrunch 275
staande crunch 272
triceps strekken 240

medicine ball, met de
dubbele crunch 324
figuur-8-crunch 286
gooien met medicine ball 279
knieheffen met zijwaartse val 323
omgekeerde crunch met medicine ball 289
romprotatie met medicine ball 295
zijwaarts werpen met medicine ball 322

onderlichaam, voor een strak
niveau 1
achterwaarts uitstappen 335
hurken 334
zijwaarts stappen en hurken 336
niveau 2
achterwaarts uitstappen met knieheffen 338
plié 337
zijwaarts uitstappen met knieheffen 339
niveau 3
hurken op één been 340
uitstappen met sprong 341
zijwaarts uitstappen, hurken en springen 342
total body oefening 343
uitstappen
doorgaand uitstappen met gestrekte armen 332
uitstappen als een flamingo 333
uitstappen in pentavorm 329
uitstappen met rechtop roeien 328
uitstappen op de Bosu-trainer 330
uitstappen, schoppen en armbuigen 331

oefeningen *(vervolg)*
onderrug, voor de
de rugslag 308
rugstrekken 305
rugstrekken met zijwaartse draai 306
superman op de Zwitserse bal 307
schouders, voor de
rechtop roeien 238, 239
schouderdrukken 236, 237
triceps, voor de
triceps strekken 240, 241
Zwitserse bal, met de
brug Zwitserse bal 301
intrekken Zwitserse bal 302
knieheffen Zwitserse bal 288
superman op de Zwitserse bal 307
oefeningen, samengestelde 218-219
oestrogeen 345, 346, 347, 348, 349
olijfolie 136-137
omega-3-vetzuren 53, 64, 65, 66, 103, 134, 193, 206, 349
omega-6-vetzuren 64, 65
ontbijt 80, 191
ontbijtgerechten 147-152
ontbijtgranen 137-138
ontgiften 104
oprispingen, zure 25
opvliegers 348, 350
osteoporose 119, 125, 130-131, 348, 356
ouderdomsdiabetes 93
overgang, *zie* menopauze
overgewicht 10, 20, 24, 25, 26, 30, 40, 78, 97, 102
overwerken 197

P
paksoi 125
papaya 54
pasta 24
pastasaus 104
patat met mayonaise 19, 80
pectine 140
perziken 140, 181
peulvruchten 123-124
pijnvermindering 30
pil, de 347
Pilates 45, 370, 372, 396, 405
Pilatesoefeningen
been zwaaien 402
beencirkel 400
kriskras 401
liggende zwaan 399
rugstrekken met draai 403
schouderbrug 404
teen dippen 398
zwemmen 397
pindakaas 135-136
Pitt, Brad 9
pizza 35, 104, 198, 201
plaque 51, 53, 76, 77
polyfenolen 79
pompoenzaadjes 54
popcorn 123, 206
portiegrootte 191
powershakes 65, 112-113, 129, 138, 139, 142-146, 147, 201
poweryoga 45
premenstrueel syndroom (PMS) 203, 345-347
prikkelbare darmsyndroom (PDS) 195-196
progesteron 348
prostaglandine 347

R
radijs 103
recepten
powershakes
Aarbeienpowershake 143
Bananensplitpowershake 143

Bosvruchtenpowershake 144
Chocoladepowershake 146
Chocoladetherapie 145
Citroenzure powershake 146
Granengigant 143
Honingneusjepowershake 145
Pindakaaspowershake 144
Pompoenenpowershake 146
Rode afslankpowershake 145
Ultimate powershake 142
Zomerpowershake 144
ontbijt
Eisandwich Royale 148
Feta Fantastisch 150
Grutten Speciaal 152
Ik-heb-nog-geen-koffie-gedronken-sandwich 149
Mintconditie 150
Ontbijt met Barbie 151
Ontbijtburger met baceon 148
Texaanse Wafels 150
Tonijn Anders 149
Wilde Maïs 151
lunch
De 'ik-ben-niet-echt-aan-het-eten' salade 153
Garnaal de luxe 159
Hete tonijn 155
Knabbeltijd 155
Meloenbanket 159
Popeye en Olijfje 158
Snelle Curry 156
Soep van de dag 154
Tonijn met avocado 156
Tortilla met kalkoen 154
Tortilla totaal 157
Twee kippen in een hok 157
Zuurkool en feta op rogge 158
avond
BBQ King 163
Brutale Braziliaanse kip 169
Chili con kalkoen 161
Chilipeperstseak 162
Gaan vissen 165
Garnalen met noten 168
Gehakt met ballen 160
Kip Italiano 168
Kip King Kong 162
Kolonel Mosterd 167
Sinaasappel & goud 167
Spaghettaboudit! 164
Supersandwich rosbief-kaas 161
Terra Ricotta 166
Torilla Godzilla 164
Zalman Rushdie 166
tussendoortjes
Komkommerstaafjes 171
Pindapowerappels 171
Smeer je slank 172
Yoghurtijsjes 172
rectus abdominis 267
restaurant, in het 211
restjes van de kinderen 197
rettich 103
ricotta 139
rijst, bruine 54
roken 77, 81, 102
rompspieren 29
roomijs 65, 253
rug, zwakke 27, 29
rugklachten 29
rundvlees, mager 133-135
ruststofwisseling 44, 90

S
sabeltandtijger 210
salicylzuur 53
sandwich, gezondste van de wereld 99
schildklier 351-352
seksleven 12, 25-26
seksuele bevrediging 26
serotonine 206, 207, 371
sinaasappels 140

sinaasappelsap 53, 103, 126, 140
slaapstoornis 25
slaaptekort 207, 212, 350
slapen 44, 197, 212
sloomheid 206
smokkelen 18, 28, 116, 117, 201
Snack Wells 106
snoepen 54
soja 48, 58, 193
spaghetti 66
spieren als vetverbranders 14, 15, 38, 45
spierweefsel, afbreken van 13, 46
spijsvertering 43
spinazie 54, 104, 124-126, 131, 355
sporten 29, 30, 81
spruitjes 181
stanolester 79
stofwisseling 43, 44, 47, 173, 218, 220, 351
streefgewicht 87-88
stress 48, 50, 52, 58, 99, 197, 203, 208, 210, 212, 347, 370-372
suikervervangers 100
suikerziekte, *zie* diabetes
sulfaat 132

T

televisiekijken 44
tennis 29
testosteron 48, 115, 129, 136
thee 53, 78, 103, 104, 115
thermogene effect 43, 48
thermogenese 23
tofoe 58
tomaten 54, 104, 181
tomatensap 199
tonijn 53, 64, 66
total-bodykrachttraining 223, 226-228
total-body-oefening 343
training 44
trainingsprincipes 216-220
transverse abdominis 267
transvetzuren 60-62, 80
tussendoortjes 111, 120, 170-172, 173, 200
tyrosine 125

V

varkensvlees 48
vegetariërs 58, 192-194
velamming 76
veroudering 396
vet 59-65, 66
vetarme voeding 59, 60, 105, 106, 107
vetcellen 19, 20, 23
vetten, enkelvoudig onverzadigde 65, 122, 136
vetten, meervoudig onverzadigde 64-65
vetten, verzadigde 63-64
vetweefsel 24
vezels 80, 101, 104, 125, 128, 129, 134, 137, 177, 190, 357
vis 53, 64, 66, 134, 206, 349
vis, kwikgehalte in 206
visceraal vet 11
visoliesupplement 64
vitamine B 81, 103
vitamine B12 132, 193
vitamine B6 133
vitamine C 54, 139
vitamine D 119, 131, 132
vitamine E 94, 347
vitaminen in voedingsmiddelen 410-419
vleeswaren 52, 63, 65
vochttekort 207
voedingslabels 41, 43
voedingsmiddelen, de meest verzadigende 192
volkorenbrood 101, 137-138
vrije radicalen 53
vrije vetzuren 20

vruchtensap 199

W
wandelen 371
water 81, 115, 123, 198, 199, 207, 225, 350
waterkers 125
watermeloen 181
wei-eiwit 104
wei-eiwitpoeder, *zie* eiwitpoeder
welvaartsziekten 20, 22
wijn 103, 114, 347
winkelen 349
wortelsap 103
wratmeloen 181

Y
yoga 45, 347, 370, 371, 372, 391, 405
yoga-oefeningen
intensief poseren
achterwaarts buigen 385
cobra 390
neerwaartse hond 388
plank 389
stoel 387
voorwaarts buigen 386
Iron Yoga
boomhouding met armdrukken en draai 393
stoelhouding met roeien 392
strijder II met heffen en buigen 394
strijder III met achteruit strekken 395
klassiek yoga
boom 375
klassieke ontspanning 384
liggend beenheffen 373
liggende draai 383
neerwaartse hond 378
ploeg 377
ruggengraat rekken 374
stratenmaker 380
strijder I 379
triangel 382
uitstappen 381
voorwaartse held 376
yoghurt, *zie* ook zuivel 131, 194

Z
zalm 64, 66, 103
zeaxantine 126
zeevruchten 64
zeswekenprogramma 17-18
zilverkaars 350
zoethoutwortel 54
zoetigheid 97
zonnen 102
zorgen maken 210
zout 52, 53, 119, 123, 225
zuivel 63, 65, 74, 75, 127-128, 193, 194
zwangerschap 353-358
Zwitserse kaas 194

Ook verschenen:

Een Wasbord voor altijd

ISBN 978 90 274 2714 4

In *Een Wasbord voor altijd* laat de auteur van *Het Wasborddieet* zien hoe je met simpele oefeningen en duidelijke trainingsprogramma's je goede vorm en slanke lijn kunt vasthouden en zelfs nog verder kunt verbeteren.